ビュールク トーヴェ
BJÖRK, Tove

二代目市川團十郎の日記にみる

享保期江戸歌舞伎

図書出版
文学通信

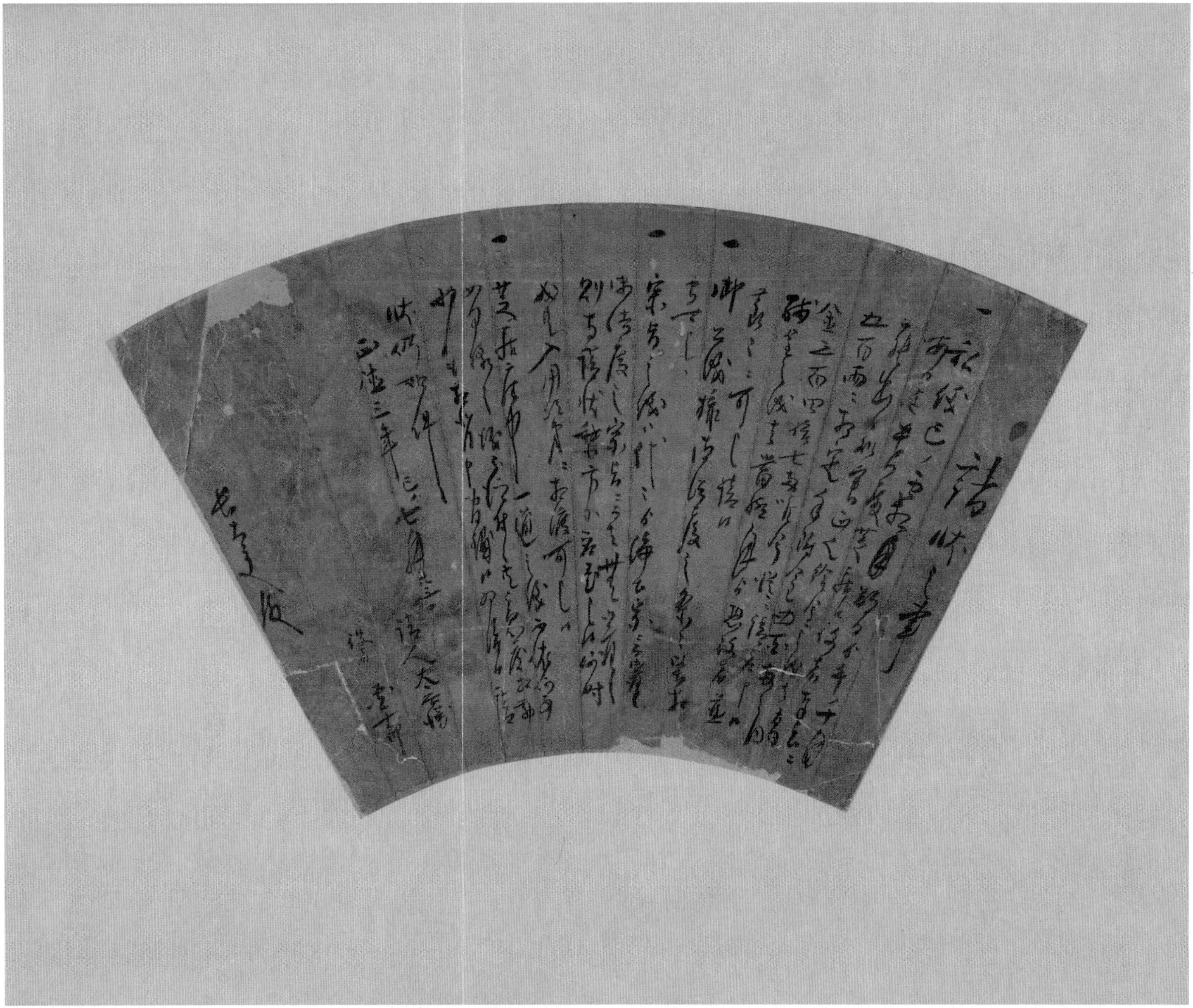

二代目市川團十郎直筆の請状（正徳 3 年〔1713〕年、早稲田大学演劇博物館蔵、70 ページ＊9 参照）

鳥居清朝画「二代目市川團十郎の口上姿」（享保８〔1723〕年、個人蔵）

鳥居清忠画「二代目市川團十郎の暫」（享保期、個人蔵）

二代目市川團十郎の日記にみる享保期江戸歌舞伎・目次

第二部　享保期江戸歌舞伎の興行

口絵

二代目團十郎直筆の請状（正徳三〔一七一三〕年、早稲田大学演劇博物館蔵）

鳥居清忠画「二代目市川團十郎の誓」（享保期、個人蔵）

鳥居清朝画「二代目團十郎の口上姿」（享保八〔一七二三〕年、個人蔵）

二代目市川團十郎の日記にみる享保期江戸歌舞伎

ビュールク　トーヴェ

はじめに

享保期の江戸歌舞伎

歌舞伎の演技は四百年にわたり、代々の歌舞伎役者らによって脈々と伝えられてきたが、江戸初期に制作された「阿国歌舞伎図屏風」（寛永期、出光美術館蔵）や江戸中期の「歌舞伎図屏風」（元禄期、東京国立博物館蔵）などを見ると、現在の演技・演出や劇場とは驚くほど異なっている。その理由を求めて、江戸初期から後期におよぶ膨大な資料を博捜すると、享保の改革（享保元（一七一六）年〜享保二十（一七三五）年）前後に歌舞伎の演技・演出、また歌舞伎劇場の経営に大きな転換が行われていることがわかった。

元禄期、歌舞伎劇場は木造で苫葺き屋根だったが、享保期になると建て替えによって土蔵造りで瓦屋根になった。舞台は拡大し、大道具や小道具も豪華になった。こうした変化は、正徳四（一七一四）年から始まる貨幣切下げや、享保の改革の一環として実施された出版物に対する改善（享保八（一七二三）年）、また火災予防のための建築物の改善（享保九（一七二四）年）などと緊密に関わっているであろう。

中世末以降の舞台芸能については守屋毅、小笠原恭子氏、山路興造氏らが、また明暦元禄期の若衆歌舞伎と野郎歌舞伎については武井協三氏が明らかにするなど、元禄末までの歌舞伎には多くの先行研究がある。さらに、寛政文化期以降についても服部幸雄らによる研究が多数あり、なかでも『歌舞伎の原像』『江戸歌舞伎論』両書所収の劇場経営に関する論考は示唆に富んでいる。

ところが、江戸前期から後期への転換期である享保期の江戸歌舞伎の実態については、土田衞氏が享保期を江戸歌舞伎の「展開と仕込みの時期」[*1]として位置づけ、佐藤知乃氏による女形瀬川菊之丞《せがわきくのじょう》についての研究があるものの、資料がきわめて少ないため、これまで十分に研究されてきたとは言い難い。

二代目團十郎の日記

そのようななか、享保期の江戸歌舞伎に関する好資料が手つかずの状態にあることがわかった。歌舞伎役者二代目市川團十郎の日記である。

二代目團十郎の日記には日常生活に関する記述や俳諧・狂歌などの他、自身の演技・演出に影響したと思われる読書歴や神仏への祈り、煙草など個人的嗜好、また座頭として歌舞伎劇場の運営に関わった記録など、歌舞伎についての記述が多く、享保期の江戸歌舞伎について多くの知見を得ることができる。

さらに、二代目團十郎の日記を通読することで、歌舞伎の演技・演出とそれを支えた環境との間に深い関係性があることもわかってきた。

そこで、守屋毅が採用した歴史的演劇研究の手法[*2]を踏襲し、二代目團十郎の日記を精読することにした。守屋は、舞台上で行われる演劇の内容や意義と、舞台興行を可能とする劇場経営や関係者の力学を「芸態論」と「環境論」の二面に分けて論じ、いずれも演劇の社会的役割の解明につながると指摘した。

これを踏まえ、本書では、第一部「享保期の江戸歌舞伎」で二代目團十郎の演技・演出（芸態論）について、第二部「享保期歌舞伎の興行」で劇場経営と二代目團十郎の果たした役割（環境論）について解き明かしていく。

二代目團十郎は役者として活躍する一方、歌舞伎興行を成功させるために、上演作品の演出や役者の出演料などについて座元と相談し、また芝居茶屋と協力して集客に尽力するなど、劇場の運営に深く関わった。

さらに、寺社が本尊（不動明王）を公開する開帳興行や「もぐさ売り」など宣伝効果の高い演出を行ったり、上演中評判となったせりふを書き出した「せりふ正本」など出版物を刊行した。こうした要素を多く盛り込むことで、「不動」「助六」などの演目が市川家の「歌舞伎十八番」として定着していった。

歌舞伎劇場を取りまく環境としては、享保の改革による不景気により休座した歌舞伎劇場を再建するため、周辺の商人らが「控櫓《ひかえやぐら》」と呼ばれる臨時の営業権を取得する際にも二代目團十郎は尽力した。これにより劇場は入場料の収入だけで支出を賄うことができなかったにも関わらず、江戸の町から歌舞伎劇場がなくなることはなくなった。この控櫓の仕組みによって歌舞伎劇場を中心とした経済構造が発展し、劇場に直接関係する歌舞伎役者らだけでなく、芝居茶屋や版元など周辺の関連業者をも巻き込んだ一大商業圏が形成されていったのである。

こうして享保期の歌舞伎界は、正徳四（一七一四）年の江島生島事件以後衰えかけていた歌舞伎を蘇生させ、さらに江戸後期に大きく発展する礎を造りだしていたのだった。

本書の概要

本書第一部「享保期の江戸歌舞伎——二代目團十郎と演出の種々相」では、享保期歌舞伎においてどのような演出が行われていたか、また、なぜ二代目團十郎の演出が当時の観客に好評をもって迎えられたかについて考察する。

第1章「二代目團十郎の読書体験と演技・演出」では、二代目團十郎の日記に記された書物について分析し、文学的知識や教養がいかに当時の観客と共有されていたか、またそれらがいかに演技・演出に反映されていたかについて、『曾我物語《そがものがたり》』と二代目團十郎がその晩年に曾我ものに取り入れた景清の演技について考察する。また『三国志演義《さんごくしえんぎ》』と関羽の演出にも言及する。

第2章「江戸の開帳興行――不動明王の演技・演出を中心に」では、江戸中期に行われた開帳興行と、二代目團十郎の不動明王の演出について詳述する。

元禄期、寺社の開帳興行に合わせて歌舞伎の舞台に神仏がしばしば登場するようになり、享保期になると、開帳興行の会場への集客を促す演出が行われるようになっていった。こうした状況のもと、二代目團十郎がどのように寺社関係者と相談し、寺社と連携した演出を行ったかについて分析する。

第3章「宣伝の演出と印刷物の制作――もぐさ売りを中心に」では、二代目團十郎出世のきっかけとなったもぐさ売りの役がもたらした宣伝効果、またせりふ正本や番付など出版物制作への二代目團十郎の関与について考察する。

二代目團十郎は宝永六(一七〇九)年、初めてもぐさ売りの役を演じた。商人姿で舞台に登場し、薬箱や薬包などの小道具を用いた演技が当たり、モデルとなったもぐさ売りの店は大繁盛した。またこの時期より、芝居中のせりふを書き出した「せりふ正本」や、上演を告知する番付など出版物が多数刊行されるようになった。二代目團十郎はこれらの出版物制作にも深く関わっていた。その経緯について解説する。

第4章「『助六』と喫煙の演出」では、天正期日本に伝来した煙草がいかに庶民に流布し、喫煙の習慣が定着していったかについて、またそれを取り入れた「助六」の場面の演出や小道具の変化、また助六という役柄がいかに定型化していったかついて考察する。

第二部「享保期江戸歌舞伎の興行」では享保期の歌舞伎劇場がどのように経営されたか、またいかにして運営を継続させたかといった劇場をとりまく環境と、二代目團十郎が果たした役割について考察する。

第5章「享保期江戸歌舞伎の劇場経営」では、享保期の劇場経営と二代目團十郎の座頭としての役目に焦点を当てた。

享保の改革による不景気により経営不振に陥った歌舞伎劇場は休座に追い込まれ、あるいは借金で訴えられた。こうした状況のもと、その経営を立て直すために二代目團十郎は座頭として奮闘した。ここでは劇場経営に関わる座元や座頭、役者、狂言作者らの複雑な力関係を明確にし、座元の相談役を兼ねた二代目團十郎が、興行を成功させるために果たしたさまざまな役割について明らかにする。

第6章「森田座の休座と控櫓による河原崎座の旗揚げ」では、「控櫓」成立の経緯とその影響について考察する。「控櫓」とは、幕府に公認された歌舞伎劇場の営業権である「本櫓」をもつ劇場に代わって劇場運営を許可された代理の営業権のことである。絵島生島事件による山村座の廃絶後、二十年の試行錯誤を経て河原崎座が控櫓を取得し、享保二十（一七三五）年に開業した。このときの控櫓取得の経緯について、申請段階から関わっていた二代目團十郎ら歌舞伎界関係者の動向を詳述する。

第7章「享保期の芝居茶屋」では、歌舞伎劇場と芝居茶屋の関係、また芝居茶屋と役者や観客との関係について考察する。

近世初期、劇場に出演した役者らは芝居茶屋で売色したが、芝居茶屋はやがて劇場に飲食を提供するようになった。芝居茶屋が提供するサービスがどのような変遷をたどったか、その経緯を追って行く。

第8章「江戸歌舞伎の観客」では、江戸の歌舞伎劇場を訪れた観客について調査分析を試みた。

近世期、江戸歌舞伎劇場の内部の様子が描かれた絵画資料三十四点を取り上げ、そこに描かれた観客について、桟敷席と土間席における割合、それぞれの男女比、また観客の属性などの分析を行い、江戸歌舞伎劇場における客層の推移について論じる。また二代目團十郎および大和郡山藩藩主柳沢信鴻《やなぎさわのぶとき》の日記に登場する歌舞伎の観客について吟味する。

以上二部8章の論考から、江戸歌舞伎劇場が享保期、芝居茶屋や版元、商店、寺社などを巻き込んだ一大商業圏を築き、身分を問わず誰もが参加できる公《おおやけ》の空間「公共圏」*3に位置付け得るという考えを提出した。

日記諸本について

二代目團十郎の日記原本は文化初期、狂歌師鹿都部真顔《しかつべのまがお》に貸与中焼失してしまったが、幸い享保十八（一七三三）年十二月から寛延三（一七五〇）年九月までの分を写した「老《おい》のたのしみ」「柿表紙《かきびょうし》」「柏莚日記《はくえんにっき》」「病中日記《びょうちゅうにっき》」「市川團十郎日記発句集《いちかわだんじゅうろうにっきほっくしゅう》」の写本五種類が残された。

「老のたのしみ」は、五代目市川團十郎が享和二（一八〇二）年九月、早逝した息子六代目團十郎の追善として孫の玉木屋金次郎*4に贈るため、戯作者山東京伝《さんとうきょうでん》にその制作を依頼したもので、京伝の注が記載されている。これを元に国立国会図書館本（文化元〔一八〇四〕年写）、刈谷図書館村上文庫本（文化五〔一八〇八〕年写、嘉永四〔一八五一〕年写）、早稲田大学演劇博物館本（天保十四〔一八四三〕年写）、天理大学附属天理図書館本が作られ、さらに、柿衞文庫本（文政十三〔一八三〇〕年写、山東京伝の弟で戯作者山東京山の朱入り）も制作された。

「柿表紙」と「柏莚日記」は、享和二（一八〇二）年夏、鹿都部真顔の主治医弄月亭が一日だけ真顔より日記をまた借りし、息子とともに写し取ったものである。「柿表紙」は、享保十九（一七三四）年正月から十月まで、および元文元（一七三六）年十二月から寛延三（一七五〇）年九月までの記述を収録。一方「柏莚日記」は享保二十（一七三五）年正月から四月まで、元文四（一七三九）年から寛延三年までの日記文、および宝暦五（一七五五）年から八（一七五八）年までの発句のみを抜粋したもの。これら資料は大正六年、伊原青々園筆注による写本『柏《はく》莚遺筆集《えんいひつしゅう》』にまとめられ、早稲田大学演劇博物館に現存する。原本はいずれも黒須広吉が所蔵中、大正十二（一九二三）年の関東大震災で失われたとされていたが、二〇一五年、早稲田大学演劇博物館の新出資料のなかから「柏莚日記」写本が発見された。

「病中日記」は享保二十年七月から十一月にかけて大病を患った二代目團十郎がその療養中、中村座の木戸番里郷に送ったものである。ここには病気回復への祈念や、手慰みに詠んだ狂歌などが収録されている。これも原本は存在しないが、木村黙老《きむらもくろう》著随筆『聞《き》ま丶記《き》』（天保初期、神宮文庫本など）に収録された。さらに文化二（一八〇五）年、俳人緑亭沾玉《りょくていせんぎょく》が享保十九年から寛延三年までの発句千二百句を抜き出した「市川團十郎日記発句集」（洒竹文庫蔵）にも収録されている。

これらの写本はいずれも翻刻され『資料集成二世市川團十郎』（和泉書院、一九八八年）に日付順に収録され、またいくつかの注釈本がある。*5

『資料集成二世市川團十郎』では底本を区別するために次の記号が用いられており、本書でもこれに従う。

「老のたのしみ」（▽）
「柿表紙」（○）
「柏莚日記」（●）
「病中日記」（△）

「市川団十郎日記発句集」（▼）

なお本書では本文中、役者名に全盛期のものを使用し、引用文の旧字を改めた。宝暦期までの演目名の表記は土田衞編「補訂版『歌舞伎年表』」（演劇研究会会報二十七号～四十二号収録）に準じる。役者評判記の書名は歌舞伎評判記研究会編『歌舞伎評判記集成』（岩波書店、一九七二年）に拠った。

注

＊1 土田衞著「享保歌舞伎〈江戸〉」（岩波講座歌舞伎・文楽第二巻『歌舞伎の歴史Ⅰ』岩波書店、一九九七年）
＊2 守屋毅著『近世芸能興行史の研究』（弘文堂、一九八五年）
＊3 Jürgen Habermas, *Strukturwandel der Öffentlichkeit*, Suhrkamp Verlag, 1962.
＊4 和泉屋おすみの子。後の七代目團十郎、またはその兄弟か。
＊5 日記本注釈書一覧
岩本活東子注「老のたのしみ抄」（『燕石十種』第五巻、中央公論社、一九八〇年）
内藤耻叟・小宮山綏介標註「老の楽」（『温知叢書』博文館、一八九一年所収）
博文館編輯局校訂「老の楽」（『校訂俳優全集』博文館、一九〇一年所収）
郡司正勝校注『老のたのしみ抄』（『近世芸道論』日本思想体系61、岩波書店、一九七二年所収）
伊原青々園注「柿表紙」（『柏莚遺筆集』、大正六（一九一七）年写、早稲田大学演劇博物館蔵）
伊原青々園注「柏莚日記」（『柏莚遺筆集』、大正六（一九一七）年写、早稲田大学演劇博物館蔵）

第一部　享保期の江戸歌舞伎

――二代目團十郎と演出の種々相

二代目團十郎の生いたち

二代目團十郎は元禄元（一六八八）年、父初代團十郎と母お戌（法名栄光院）の長男として江戸に生まれた。[*1] 幼名は九蔵。元禄十（一六九七）年、十歳のとき、初舞台の中村座「兵根元曾我《つわものこんげんそが》」（初代團十郎作）で不動明王（通力坊）を演じた。元禄十七（一七〇四）年二月十九日、市村座「移徙十二段《わたましじゅうにだん》」上演中、初代團十郎が生島半六《いくしまはんろく》に刺殺されると、[*2] 九蔵はすぐに二代目團十郎を襲名した。しかし、まだ若い二代目團十郎の評判は芳しくなく、端役しか与えられなかった。

半六の師匠である生島新五郎《いくしましんごろう》は自身の門下が起した事件に責任を感じたのか、さまざまな演目で二代目團十郎に役を与え共演し、甲斐甲斐しく二代目團十郎を援助した。新五郎は濡れ事や和事を得意としたため、新五郎との共演をとおして和事を習得、初代團十郎から荒事の芸を受け継いでいた二代目團十郎は荒事と和事のいずれの演技も身に付けることになった。

宝永六（一七〇九）年、初代團十郎の七回忌追善興行として上演された山村座「傾情雲雀山《けいせいひばりやま》」において二代目團十郎はもぐさ売りの役を演じ、これが大評判となった。その後、助六や虚無僧などの役によってさらに人気を拡大し、正徳四（一七一四）年、江戸の役者評判記の「役者目録」（人気役者の番付）で二番目に位置するまでになった。このとき役者目録の巻頭に名を連ねていた生島新五郎が同年、絵島生島事件の引責によって江戸から追放されると、二代目團十郎は名実ともに江戸歌舞伎界の中心人物となったのであった。

享保二十（一七三五）年、二代目團十郎は四十八歳のとき大病に罹り、半年以上舞台にあがることができなかった。その後全快し、同年十一月、市村座「混源七小町《こんげんななこまち》」の顔見世興行（翌年出演する役者が一堂に会する、毎年十一月に上演される興行）において團十郎の名跡を当時十四歳だった息子升五郎に譲り、自らは海老蔵を襲名した。以後、舞台を三代目團十郎に任せ、本人は引退の準備を進めていたが、寛保二（一七四二）年、三代目が二十一歳の若さで早逝すると、再び積極的に舞台上で活躍するようになった。

宝暦八（一七五八）年、七十一歳でこの世を去った二代目團十郎は、六十年におよぶ役者人生において、興行二百二十六回、のべ三百六十五役を演じた。その活躍ぶりは人々の心に深く刻み込まれ、死後数年を経てもなお、役者評判記に生前の華々しい演技について述懐されるほどであった。[*3]

注

＊1　伊原敏郎（青々園）著『團十郎の芝居』（早稲田大学出版部、一九三四年）、坪内逍遥閲、伊原青々園編『市川團十郎の代々』（近世文芸研究叢書第二期芸能篇十二、歌舞伎十二、クレス出版、一九九七年所収）、服部幸雄著『市川團十郎代々』（講談社、二〇〇二年）、田口章子著『二代目市川團十郎：役者氏神』（ミネルヴァ書房、二〇〇五年）。

＊2　初代團十郎刺殺事件については諸説ある。事件の翌年刊行の錦繡堂著『正徳追善曾我』（正徳六（一七一六）年、『新群書類従』第三巻、国書刊行会、一九〇八年所収）には、事件の目撃証言として次のように記されている。「見物の貴賤、鼠木戸を猫舂に成て押破り、欠出、年寄たるものは、桟敷よりつき落され、女童子は、踏たをされ、茶弁当の湯にて身を焼、火縄の火焼指《ひさし》

にて、羽織著物のすそをこがし、蛍なんどの飛にひとしく、飛ありく有様、興覚て何事と問ども、其分知たる人なし、かゝる処へ三十歳計成男、かい〲しく見えにしが、月行持と言者にや、金棒をかまひそしく、挽来る彼を招て、ひそかにいか成故ぞと問ければ、彼者申様は、意趣の次第は未知れず候得ども、楽屋にて市川の團十郎を生嶋半六指ころして候と語捨て、いそがしく行ぬ」。また動機については、半六は初代團十郎の演技に敵わなかったからとする。事件現場は楽屋とされているが挿絵では舞台上になっている。青々園は挿絵に描かれた衣装から、演目を「不破伴左衛門」と推測している（『市川團十郎の代々』）。

講釈師馬場文耕は次のようにまとめている。「此才牛は、世上一統に知る処、元禄の始め、市村座にて、狂言の折から横死をとげたり。其仔細を尋ぬるに、杉山半六と言へる役者、何やら才牛を恨める事ありと見え、真剣をひそかに隠し持ち、不意に刺殺したり。是ふしぎの大変、以の外周章せし事なり。其後公儀へ、半六召捕へられて、御詮議有りけれども、唯恨ありて候とばかりにて、何の白状にも及ばず、御咎は御制法の通り、半六解死人と成り、御仕置相済みけり」（『江戸著聞集』宝暦七（一七五七）年、塚本哲三編、有朋堂文庫、一九一五年所収）。文耕は、初代團十郎が半六の不貞を咎めたことが真の原因ではないかという。「杉山半六」は半六の本名で、生島新五郎入門後「生島」を名乗ったとする（『市川團十郎の代々』）。「恨みありて候とばかり」という発言は、赤穂事件で浅野内匠頭が吉良上野介を江戸城松の廊下で切りつけた理由「遺恨あり」を思わせる。

狂歌師東随舎は半六が、息子の嫁との密通を初代團十郎に咎められ、しかもそれを次回演目の題材とされたため殺害したとしている（東随舎著『古今雑談思出草』天保十一（一八四〇）年成立、『日本随筆大成』第三期第四巻、吉川弘文堂、一九七七年所収）。

＊3 二代目團十郎の没後、役者評判記では四代目團十郎の演技が、しばしば二代目團十郎と比較された。役者評判記『役者談合膝』（宝暦九（一七五九）年正月）、『役者年越草』（宝暦十二（一七六二）年正月）、『役者吉野山』（宝暦十三（一七六三）年正月）、『役者今川状』（宝暦十四（一七六四）年三月）、『役者久意物』（明和二（一七六五）年正月）の序文に二代目團十郎の演技や人物像についての記述がある。

第1章　二代目團十郎の読書体験と演技・演出

二代目團十郎の日記にはさまざまな書物について記述されている。これら書物の読書体験は、二代目團十郎の演技や演出にどのような影響を与えたのだろうか。本章では、二代目團十郎の文化的原体験ともいうべき文学的経験について考察する。

二代目團十郎の父初代團十郎は江戸歌舞伎の狂言作者（劇作家）としても活躍した。初代團十郎作「兵根元曾我《つわものこんげんそが》」や「成田山分身不動《なりたさんふんじんふどう》」の絵入狂言本（歌舞伎演目の筋書きを絵と文章で紹介したもの）を見ると、さまざまな謡本や説話などをもとに台本を制作していたことがわかる。また初代團十郎は俳諧も嗜んでいたため、二代目團十郎は身近に文学がある家庭環境のもとに生まれ育ったということができる。幼くしてさまざまな書物や文学に慣れ親しんだのであろう。

幼少の二代目團十郎に読み書きを教えた人物がいた。

享保十九（一七三四）年八月二十三日「雨此日予ガ手習ノ師長岡佐次兵衛殿被参約束ニテ朝六ツニ起待　乍去雨天故不見　今ハ休意ト名ヲ改メ隠居ノヨシ　赤坂水野監物様御屋敷ニ居ラレ候也」（〇）。この日二代目團十郎は、幼少期の手習の師で赤坂水野監物邸[*1]にて隠居生活を送る長岡佐次兵衛（隠居名休意）[*2]と再会する予定だったが、雨のため会えなくなったという。その三日後、二人は「四十年ブリニ」（〇）、念願の再会を果たした。

休意に読み書きの手ほどきを受けた二代目團十郎は、さまざまな書物に目を通すようになった。こうした読書体験が、のちに幅広い役の演技や多くの舞台演出に生かされていったのであろう。

第1節　日記に登場する書物

二代目團十郎の日記には、俳諧書、和歌集、漢詩・漢籍、歴史書、儒学・仏教書、軍記、伝記、脚本・演劇書、中世物語、茶書、談義本、随筆、翻訳書など多岐にわたる書名あるいは引用文が五十八ヶ所に記されている。それらをまとめ表1（34ページ）とした。どのような書名が掲載されているか概観しよう。

『吾妻紀行《あずまきこう》』や『花見車《はなみぐるま》』など俳諧書が全体の約四分の一を占め、なかでも『武蔵曲《むさしぶり》』など松尾芭蕉《まつおばしょう》一門の俳書が多い。二代目團十郎の句も掲載されている雲津水国《くもつすいこく》[*3]追善集『雨《あめ》のをくり』や、桑岡貞佐《くわおかていさ》[*4]追善集『一碗光《いちわんこう》』、俳諧の参考書『鳥跡後集新歌《とりのあとこうしゅうしんか》さゝれ石《いし》』や『歌行詩諺解《かこうしげんかい》』など、和歌集や漢詩集がしばしば登場する。これは二代目團十郎が日頃から俳諧を嗜んでいたことを示すであろう。その他、禅書『江湖風月集《こうこふうげつしゅう》』や儒学書『桂苑椎《けいえんつい》儲《ちょ》』などにも言及している。二代目團十郎はこれらの分野にも興味をもっていた。軍記物『平家物語《へいけものがたり》』や『曾我《そが》物語《ものがたり》』、『北条五代記《ほうじょうごだいき》』、歴史書『東鑑《あずまかがみ》』、『将軍記《しょうぐんき》』、『本朝通紀《ほんちょうつうき》（記）』、中国の歴史小説『三国志《さんごくし》』や『通俗三《つうぞくさん》国志《ごくし》』などの書籍もあり、二代目團十郎が演じた役に影響を与えたであろう。

池須賀散人著『市川栢莚舎事録《いちかわはくえんしゃじろく》[*5]』には「扨毎年書物虫干とて蔵より取出し自身指図を以て申付干けるに殊之外人歩の掛りし事也　先歌書一通り其外源氏六十帖　扨誹書集物　扨唐軍和軍神書和漢の珍書絵本絵双紙絵其外の書物等　中々筆に尽かたき程の書物也」とあり、二代目團十郎は相当数の書物を所有していたことがわかる。虫干しの作業もさぞ苦労しただろう。

当時の歌舞伎界のさまざまな情報を網羅した書物に『新撰古今役者大全《ここんやくしゃたいぜん》』*6がある。同書は歌舞伎贔屓に向け、歌舞伎の歴史や歌舞伎役者の来歴や上演作品を解説したものだが、ここでもさまざまな古典から多数引用がなされている。そこで二代目團十郎の蔵書とこの『古今役者大全』に引用された書名を比較検討した。

二代目團十郎の日記には辞書類が記載されていないが『新撰古今役者大全』にはあり、『新撰古今役者大全』には歴史書がないが二代目團十郎にはあるというわずかな違いがあるものの、和歌や漢詩、漢書、俳諧書などはおおむね共通していた。二代目團十郎と当時の歌舞伎贔屓は同じような文学的素養を身につけていたといえるであろう。

二代目團十郎はこれら古典を用いた演出を行っていた。

享保七（一七二二）年十一月、中村座の顔見世狂言「豊歳太平記《ほうねんたいへいき》」において二代目團十郎は「和哥野殿とのぬれごといやみなし．哥仙百人首をおしへられ．菊江殿へは四書をおしへらる〻．和漢の書のおしへわけ」*7と述べ、『百人一首《ひやくにんいつしゆ》』や儒学の四書『大学《だいがく》』『中庸《ちゆうよう》』『論語《ろんご》』『孟子《もうし》』などを演出に用いた。二代目團十郎はこれらの書物に親しんでいたのだろう。また「哥書と儒書と取ちがへて．両方へおしへて当りをとらる〻は．いかふ前かた成せんさく．此形は本間の狂言、宗論より出てむかしから．色々と手をかへてする事」*8とあるように、歌書や漢籍を同時に用いる演出は上方では以前より行われ、観客もこれらの文学書に親しんでいたのであろう。

他の例もある。二代目團十郎は享保十六（一七三一）年十一月、中村座の顔見世興行「和合一字太平記《わごういちじたいへいき》」で中国の兵法書である武経七書（『孫子《そんし》』『呉子《ごし》』『尉繚子《うつりようし》』『六韜《りくとう》』『三略《さんりやく》』『司馬法《しばほう》』『李衛公問対《りえいこうもんたい》』）を*9、また享保十八（一七三三）年、市村座の顔見世興行「正本太平記《しようほんたいへいき》」で『太平記《たいへいき》』を用いた手習いの場面を演出し、観客から好評を得たという。[*10]

こうしたことから、歌舞伎の作り手と観客が、これらの文学的素養を共有していたということができるだろう。

第2節 『曾我物語』の記録と演技

元禄期以降、歌舞伎に謡曲が取り入られることが多くなった。曾我兄弟の敵討ちにまつわる謡曲は二十曲以上もあるため、江戸歌舞伎で演じられた曾我ものはこれら謡曲によるものが多いが、二代目團十郎は『曾我物語』原本および異本に親しんでいたことから、こうした体験が曾我ものの演出に影響を及ぼしたであろう。

元禄期までは、歌舞伎で曾我ものが上演されたのは曾我兄弟の命日である五月二十八日前後、盆狂言（毎年七月七日前後より上演される興行）、そして追善興行（役者が亡くなったとき、その死を悼む興行）などにおいてであり、御霊信仰との関わりが強かった。[*11] ところが、宝永六（一七〇九）年正月、市村座、森田座、そして山村座がともに曾我ものを上演、いずれも大当たりを呼んだため、中村座も同年三月から「傾城嵐曾我《けいせいあらしそが》」を上演、こちらも賑わった。そしてこれ以降、江戸ではすべての劇場が正月に曾我ものを上演したとされているが、享保六（一七二一）年から享保十六（一七三一）年までは、正月でも曾我もの以外の演目が八回上演されている。[*12] 正月に曾我ものの上演が定着するのはそれ以降であろう。

とはいえ、享保期には曾我ものの上演回数が多くなり、追善の意味も薄れ、さまざまなやつし芸や男伊達の雁金文七、万屋助六らが登場するなどの趣向が盛り込まれるようになった。こうして曾我ものは江戸歌舞伎においてもっとも上演頻度の高い演目となり、そのバリエーションも増えていった。

日記中の『曾我物語』

ここで、二代目團十郎の日記における『曾我物語』の記録と、曾我ものの演技・演出について検討しよう。

享保十九（一七三四）年五月十九日「報恩謝徳闘諍集と云本あるよし　是は曾我物語の箱根本と云物にてはなきかと　須原屋清二郎物語　松諏《ママ》訪殿の本の由　箱根本と云は御文庫におさまり有故　外にては此名あるかと清二郎はなし也」（▽）。「報恩謝徳闘諍」とは「本朝《ほんちょう》報恩《ほうおん》合戦《かっせん》謝徳《しゃとく》闘諍集《とうそうしゅう》」で、真名本『曾我物語』の別称である。須原屋《すはらや》清二郎《せいじろう》は武鑑類や江戸図類の版権をもつ版元須原屋《すはらや》茂兵衛《もへえ》が出版する書籍を販売する書店主で、この日、二代目團十郎に真名本『曾我物語』の異本について話したという。

享保十九年八月十七日「本ヤ清二郎書本二冊持参　予ニヨメトテ持来リ　又外題ハ本朝報恩合戦謝徳闘諍集ト有　肩書ニハ曾我物語ト有　是ハ曾我物語ノ異本メツラシキ物也」（○）。清二郎が真名本『曾我物語』として二冊の書物（写本）*13を持参したというのだ。

このように二代目團十郎は、異本も含め『曾我物語』に親しんでいた。しかも、二代目團十郎は書物だけではなく、曾我物語ゆかりのさまざまな品にも興味をもっていた。

享保十九（一七三四）年八月十七日、畳屋伊左衛門が質物として預かっていた駿河国鷹岡《たかおか》八幡宮《はちまんぐう》（現静岡県富士宮市）の木像と書簡を携えて市川家を訪れ、これらを神社に返却する前に二代目團十郎に見せた。この書簡には「祐成ノ手跡」として「ケフ出テメクリ逢ズレハ小車ノコノ輪ノウチニナシトコソシレ」（○）と記されていた。この和歌は真名本『曾我物語』第六巻にある兄弟の母に別れ形見を置く場面「今日出でて巡り逢はずは小車のこの輪の内になしと知れ君」*14を指しているのであろう。

また二代目團十郎が「兄ノ歌ハマリコ川ニテトイフ前書」「オヤノカタキニト云コトヨクヨメタリ」（○）と記すのは、真名本『曾我物語』第七巻の曾我兄弟が鞠児川を渡る場面、「十郎、向ひの岸にうち上がりて、『五月雨に浅瀬も見えぬ鞠児川波に争ふ我が波だかな』五郎も、『渡るより深くぞ頼む鞠児川親の敵に逢ふ瀬と思へば』」[*15]を指しているのであろう。創作として作られた『曾我物語』中に出てくる手紙は現存するはずもなく、いずれの手紙も贋作であろうが、二代目團十郎は「イヅレモ殊勝成物也」（○）と感動しているのである。贋作であれ、『曾我物語』にまつわる品に触れたことで、二代目團十郎は自身の演技・演出に何らかのひらめきがあったのではないだろうか。

さらに享保十九年九月一日（○）には以下の記述がなされている。

> 甲子ノ大コク殿ノカケ物カクル　但シ甲子ニテハナシ　楠美入道寂心、大見宇佐美伊藤三ケ所ヲ束テ楠美ノ庄ト申ス　万却御前　利券文書ヲ取イダシ　金石十三ト申セシニハ宇佐美宮藤次助経ト名ノラセ一ノ馬塞ハ大見ノ小藤太　ハヤ助通モコラヘカネヱボシ親ノ実平ガ俣野ガ詞ニケナサレテ本意ナゲニ見エケレバ　平家ノ御恩天山ニカフムリテ

市川家では毎年九月一日、大黒の縁日として大黒の掛物を飾る習慣があった。しかし、このとき二代目團十郎は大黒の掛物ではなく、『曾我物語』にまつわる自作の掛物を飾ったのだ。この掛物には、曾我兄弟の敵である工藤祐経《くどうすけつね》が兄弟の祖父伊東祐親《いとうすけちか》に欺かれていたことを知る場面が描かれていた。伊東祐親の娘で工藤祐経の妻万《まん》却御前《こごぜん》が秘密を明かす手紙を祐経に渡すのだが、こうした場面は『曾我物語』には存在しない。さらに掛物には「平

家ノ御恩天山ニカフムリテ」と書かれている。これは『平家物語』第四巻「湛増は、平家の御恩を天山とかうむッたれば、いかでか背き奉るべき」[*16]からの引用である。二代目團十郎は自由な解釈によって、曾我の世界と平家の世界を融合させ、日常生活にその逸話を取り入れていたのだ。

曾我ものの演技

『曾我物語』や『平家物語』に関するこうした興味は、曾我ものを演じる二代目團十郎の演技・演出に影響を及ぼした。

二代目團十郎は『曾我物語』を元にした演目に五十一回出演し（36ページ表2、ゴシック体の演目）、なかでも曾我五郎を二十二回演じた。ところが、出演の時期には偏りがある。元禄十（一六九七）年から享保十九（一七三四）年までに二十回演じたのに対し、それ以降は曾我五郎一回、五郎の幽霊一回、また曾我ものとは別に、太平記ものの（「宮柱太平記《みやばしらたいへいき》」元文五〈一七四〇〉年十一月、中村座）や隅田川もの（「恋染隅田川《こいぞめすみだがわ》」宝暦八〈一七五八〉年三月、市村座）でそれぞれ五郎の幽霊を演じたのみである。

なぜこうした偏りが生じたのだろうか。

二代目團十郎は享保二十（一七三五）年、大病からの復帰後、息子に三代目團十郎を譲り、自身は海老蔵を名乗った。この名跡の変更後、演じる役柄も変わっていった。海老蔵襲名前は荒事や濡れ場の役が多かったが、襲名後は不老不死とされた景清や不動明王など崇高な役柄が増えていった。曾我ものでは、曾我兄弟の養父曾我太郎介信や曾我家の家来鬼王など、また悪七兵衛景清[*17]や熊谷直実[*18]、俣野景久[*19]ら『平家物語』の登場人物を多く演じるようになった。

虚無僧や男伊達の助六に身をやつす曾我五郎、また矢の根五郎などについては、すでに伊原青々園著『団十郎の芝居』（早稲田大学出版部、一九三四年）はじめ多く言及されているので、ここでは、曾我もので二代目團十郎が演じた景清について考察しよう。

二代目團十郎は景清を十九回演技したが、ほとんどの場合、景清は頼朝を暗殺するために身をやつした。『平家物語』で景清は壇ノ浦の合戦から逃げ出したのであったが、遁走の理由は生き延びて頼朝を討つためであった。『平家物語』を元に作られた謡曲では、景清は年老いた人物として描かれていたが、初代團十郎は牢をも破る力強い景清を演じた。[20] 二代目團十郎の演出はその延長線上にあるものだった。

二代目團十郎は曾我もので景清を十三回演じた。その演出の例をみてみよう。

元文四（一七三九）年正月、市村座「初《はつ》髻《もとゆい》通《かよい》曾我《そが》」で景清は、源頼朝を狙うために布売りに身をやつす。[21] 寛保元（一七四一）年正月、中村座「菜花《なのはな》曙《あけぼの》曾我《そが》」で景清は、農民や琵琶法師に変装する。[22] 延享二（一七四五）年正月、中村座「羽《は》衣《ごろも》寿《ことぶき》曾我《そが》」[23] に登場する景清も「頼朝卿を討ん為工藤祐経と成」[24] った。延享三（一七四六）年正月、中村座「富士《ふじの》雪《ゆき》年貢《みつぎ》曾我《そが》」では景清は達磨像となって頼朝を狙う。[25]

このように二代目團十郎が繰り返し演じることによって、本来『平家物語』の登場人物であった景清が、曾我ものの人物として定着していった。[26]

歌舞伎興行は作者や役者が一致協力して制作するため、景清の演技・演出を二代目團十郎がひとりで創作したわけではないが、二代目團十郎の好みも十分反映されていただろう。二代目團十郎のさまざまな読書体験が、曾我ものと平家の世界を融合させていったのであろう。

二代目團十郎やその他歌舞伎関係者は『曾我物語』の史実を解説する歴史的資料も通読していた。

享保十九年八月二十五日（○）、二代目團十郎は鎌倉幕府の時政を書いた歴史書『東鑑』を長唄の語り手坂田兵四郎に、その一ヶ月後の九月二十五日（○）、江戸時代までの歴史を記した『本朝通記』を狂言作者二代目津《つ》打治兵衛《うつじへえ》の養子津打門三郎《つうつもんざぶろう》に貸与した。曾我兄弟の仇討ちが行われた鎌倉時代について研究したのだろうか。

このように当時の歌舞伎関係者は歴史書にも広く目を通すことで、曾我もののバリエーションを作り続けていたのではないだろうか。

第3節　唐物の演出

歌舞伎成立以前に作られた謡曲には、樊噲《はんかい》ら中国古典の登場人物が現れるが、これは『史記《しき》』などの歴史書から取り入れられたものだ。江戸初期の歌舞伎はこれらの謡曲を踏まえて作られたが、二代目團十郎は謡曲に依拠しない作品をいくつも手掛けた。二代目團十郎はさまざまな漢籍に触れており、謡曲からではなくこれら書籍から着想して作品を創作したのであろう。

二代目團十郎がどのような漢籍に触れたかみてみよう。

享保十九（一七三四）年三月四日「鎌倉雪ノ下七左衛門来ル　桂苑椎儲上下儒学ノ書也」（○）。鎌倉から七左衛門（未詳。版元か）が、漢書儒学の入門書『桂苑椎儲』を持参した。同書は八世紀に新羅で刊行され、天和三（一六八三）年に最初の和訳が刊行、享保十八（一七三三）年にも出版された。[*27] この日、七左衛門は唐代の歴史書『五《ご》代史《だいし》』、仏教書『心経《しんぎょう》附《ふ》註《ちゅう》』、漢詩や医学書などの漢籍を紹介した漢文集『好青館漫筆《こうせいかんまんぴつ》』も持参した。

享保十九（一七三四）年九月八日、岩槻村（現埼玉県岩槻市）にある仙眼山浄国寺から二代目團十郎のもとに『歌行詩諺解』が届けられた。これは「野馬台《やばだい》」「長恨歌」「琵琶行《びわこう》」「長恨歌伝」の漢詩原文に日本語の注釈が附された解説書である。二代目團十郎はこれら漢籍の書名や抜粋を日記に書き留めている。漢詩や漢籍に並々ならぬ興味をもっていた証であろう。

享保十九年九月二十三日、「万ヤ清兵衛ヨリ三国志借ル」（〇）。万屋清兵衛《よろずやせいべえ》は江戸で京都の版元八文字屋が出版する役者評判記などを販売する、歌舞伎界と関係の深い書店店主である。『三国志』は西晋代の歴史書、あるいは明代の歴史小説『三国志演義《さんごくしえんぎ》』のことであろう。この『三国志演義』の訳書は元禄二（一六八九）年『通俗三国志』として出版され、出版後、上方では「通俗傾城三国志《つうぞくけいせいさんごくし》」*28や「諸葛孔明鼎軍談《しよかつこうめいかなえぐんだん》」*29など『三国志演義』をもとにした浄瑠璃が上演されるようになり、また画賛のテーマともなるなど、広く人気を博すようになった。

二代目團十郎は翌二十四日「三国志ヲ習魚丈へ借ス」（〇）。友人で印鑑彫り師習魚に『三国志』を貸し出した。十月七日「朝　習魚丈ヨリ三国志帰ル　又通俗三国志カス」（〇）。二代目團十郎は習魚に貸し出した『三国志』を受け取ると、引き換えに『通俗三国志』を貸し出した。二代目團十郎ら歌舞伎関係者は三国志の貸し借りを繰り返すなどして、『三国志演義』に親しんでいたのだ。

二代目團十郎は漢書の登場人物のうち漢期末の将軍関羽《かんう》を五回演じた。

関羽は『三国志演義』に登場する人物で、二代目團十郎が初めて関羽を演じたのは元文二（一七三七）年、河原崎座「閏月仁景清《うるうづきににんかげきよ》」だった。当時の役者評判記には「景清唐人姿にて．のり頼くはんげんの場へ忍び入時．重忠又くはんうと成てあらごと大当り」*30とあり、景清（二代目團十郎）が関羽の像となり、また畠山重忠（市川團蔵）も関羽となって、二人が荒事の競演を見せたのだった。

二年後の元文四（一七三九）年十一月、市村座の顔見世狂言「瑞樹太平記《ときわぎたいへいき》」でも二代目團十郎は関羽を演じ、三代目團十郎は『三国志演義』の登場人物である左将軍呂布《りょふ》を演じた。[31]

寛保二（一七四二）年九月、大坂佐渡島座「東山殿旭扇《ひがしやまどのあさひのおうぎ》」の関羽（二代目團十郎）の姿は「四番目唐士蜀の関羽雲長の掛軸の抜画姿」[32]のようだったという。この頃墨絵の題材としてしばしば取り上げられた関羽の姿に酷似していたのだろう。

翌寛保三（一七四三）年十一月、中村座「艤貢太平記《ふなよそおいみつぎたいへいき》」は『太平記』を元にした作品だが、そのクライマックスで篠塚伊賀守《しのづかいがのかみ》（二代目團十郎）が関羽となり、「五関破り」の立ち回りを見せた。

二代目團十郎が最後に関羽を演じたのは宝暦六（一七五六）年、市村座の顔見世興行「復花金王桜《かえりばなこんおうざくら》」であった。『三国志』の物語に親しんでいない観客に配慮したのだろうか、本作が表すのは『平家物語』や『太平記』の世界であり、関羽が登場するのは「東山殿旭扇」同様、物語に関わりのない絵姿を模したものだった。

＊　＊　＊

以上のように、二代目團十郎の演技・演出には、さまざまな読書体験が影響を及ぼしていた。版元や書店など多くの歌舞伎関係者らと資料の貸し借りを行い、さまざまな文学作品や歴史書・漢籍に広く親しむことで、文学的教養を深めていった。享保期歌舞伎は、こうしてその演技・演出の幅を広げていったのであった。

歌舞伎は文学的素養のない人々でも楽しめるものであったが、広く文学に親しんでいた大名や高僧らも観劇した（222ページ参照）。歌舞伎関係者らは、こうした知識人にも満足してもらえるよう、演技・演出に古典の要素を取り入れた。歌舞伎関係者と観客が身分を超えてこうした文学的素養を共有していたということができるだろう。

表1　書物一覧（未定稿）

二代目團十郎日記に記載されている書物名と引用文の一覧。原典が確認できた書名は◇、未確認のものは◆、原典が確認できた引用文は☆、未確認のものは★を附した。

書名	著者	成立・刊年	内容	掲載日
俳諧書				
『吾妻紀行』◇	谷口重以	元禄4年刊	谷口重以の京都から江戸や宇都宮への旅を題材にした和歌・俳諧・漢詩集	享保19年3月
不明★	池西言水、立羽不角、榎本其角		「公家衆を召す」を題した句	享保19年5月1日
不明★			「古筆　是はたちてよめぬ所有　やう〳〵よめたり　木瓦の雨こそかはれ城の月　其角」＊33	享保19年5月5日
『すゝきちごんしの集』◆	松本淡々か＊34			享保19年5月5日
『花見車』◇	高島轍士編	元禄15年刊	京都・大阪・江戸や諸国の点者二百十五人を遊女に見立てた俳諧評判記	享保19年5月10日
『雨のをくり』／『水国終焉記』◇	桑岡貞佐編	享保19年刊	雲津水国の追善集	享保19年5月15日
『発句宝市』◆				享保19年9月1日
『宗瑞只尺万句』◆	中川宗瑞・大場咫尺編か＊35			享保19年9月19日
『太里万句』◆				享保19年9月19日
『甲府ノ集』◆			松木珪琳が送る手紙集	享保19年9月19日
『一碗光』◇	超波編	享保20年刊	桑岡貞佐の追善集	享保20年3月17日
『俳諧考通天橋』◇☆	山口黒露（雁山）編	享保2年刊	山口素堂の一周忌追善集	元文5年2月22日
『別座敷』◇		元禄7年刊	上方の俳人子珊が編集した俳諧集。松尾芭蕉が最後の上方旅行に発つ際贈った	元文5年2月22日
『武蔵曲』◇☆	望月千春編	天和2年刊	望月千春が京都から江戸に下ったとき、蕉門の俳人を中心に編んだ書	寛保3年8月24日
和歌・漢詩				
『鳥跡後集新歌さゝれ石』◇☆	了寿編	元禄16年刊		享保19年3月4日
「佐々木玄龍の詩」★か＊36			「姨捨山勢至堂ノ壁ノ額　池庵　佐玄龍書　手引の歌　右所中は人の名　左宮中には書の名　左には年号」	享保19年5月21日
「御詠歌」			秩父三十四観音霊場の御詠歌が記された書物	享保19年6月12日
「公家衆寄合筆」＊37◆			一月から十二月を題にした和歌記載の十二枚の色紙	享保19年9月7日

『歌行詩諺解』◇		貞享元年刊	「野馬台」「長恨歌」「琵琶行」「長恨歌伝」収録	享保19年9月8日
不明★			中院様＊38の二首	享保20年3月17日
『和歌拾遺集』＊39か☆				享保20年9月25日
「花見の記」★				享保20年9月27日
「能因の歌」＊40★				享保20年9月29日
「菅原此御歌」＊41★				寛保元年7月28日
漢籍				
『桂苑椎儲』、『桂園椎儲』◇☆	田青岑、原弘度編	享保18年刊か	八世紀の新羅から渡った儒学書。菅原道真も読んだ	享保19年3月4日
『好青館漫筆』◇☆	木下道円（菊所元高）編	宝永5年刊	古典漢籍の引用文集	享保19年3月4日
『三国志（演義）』か◇				享保19年9月23日
				享保19年9月24日
				享保19年10月7日
『論語』◇				享保20年11月12日
「唐人の狂言本」◆				寛保2年4月15日
歴史書				
『将軍記』◆★				享保19年6月25日
『東鑑』◇			鎌倉幕府の通史	享保19年8月25日
『本朝通紀（記）』◇	長井定宗編	元禄11年刊	神武天皇から後陽成天皇（慶長十六年）までの通史	享保19年9月25日
儒学・仏教書				
『江湖風月集』＊42◇☆			南宋期の禅誌と賦	享保19年3月
『無門関』◇☆	南宋の慧開編		禅書・公案集	享保19年5月1日
軍記もの				
「池上上人身延山モメ扱ノ書」＊43◆			「身池対論」を扱った写本	享保19年9月12日
『報恩謝徳闘諍集　曾我物語』◇			『曾我物語』の異本（箱根本）	享保19年5月19日
『北条五代記』＊44◇☆				享保19年6月25日
『本朝報恩合戦謝徳闘諍集　曾我物語」◇か			「題は本朝報恩合戦謝徳闘諍集と有、肩書には曾我物語と有」『曾我物語』の異本	享保19年8月17日
『平家物語』☆				享保19年9月1日
伝記				
『玄賓庵略記』＊45☆か			玄賓僧都にまつわる伝説集	享保19年6月4日
「浄国寺の縁起」◆か				享保19年9月8日
『本朝列仙伝』◇☆	田中玄順編	貞享3年刊	仙人の寿命を養う方法について語る	享保20年9月29日
脚本・演劇書				
「小栗忠孝車」＊46◆★		（天和2年8月、市村座上演）		享保19年3月4日

「二人照手姫」＊46◆★		（貞享4年3月、市村座上演か）		享保19年3月4日
『今昔操年代記』◇☆	西沢一風	享保12年刊	人形浄瑠璃史書	享保19年2月後半
『持統天皇歌軍法』◇	近松門左衛門	正徳5年刊	人形浄瑠璃丸本	享保19年6月11日
「今川物語」か◆				享保19年6月13日
中世物語				
『西行物語』か★				享保19年6月4日
『中将姫』◇				享保19年6月13日
『小敦盛』◇				享保19年6月13日
茶書				
『利休茶湯書』◇☆		延宝8年刊	巻一～四「利休茶湯書」、巻五「利休聞書秘伝」、巻六「百数寄道具客并会席」	享保19年3月
「お茶の書物」◆				享保19年9月13日
談義本				
「談議本」◆				享保19年6月27日
『即心念仏安心決定談義本』◇☆	安楽院光謙	享保13年刊		享保19年7月17日
随筆				
『徒然草』☆	兼好法師			享保20年9月25日
通俗もの				
『通俗三国志』◇	湖南文山訳	元禄2年刊	『三国志演義』の和訳	享保19年10月7日
その他				
「註」◆★			二代目團十郎の自作狂歌に本人による註か	享保20年9月26日 享保20年11月15日

表2　二代目團十郎の芝居（未定稿）

曾我ものは演目をゴシックに、曾我五郎は役名をゴシックにした。データは『歌舞伎年表』『歌舞妓年代記』『金の揮』『元禄歌舞伎傑作集』『歌舞伎評判記集成』『絵入狂言本集』国立国会図書館蔵の絵入狂言本資料、国立国会図書館蔵『芝居紋番付』、ケンブリッジ大学図書館蔵『三座せりふよせ』を元にしたものだが、これ以外の上演があった可能性もある。

年月	演目	劇場	役名	備考（『歌舞伎年表』補訂考証版）
元禄10年5月	**兵根元曾我**	中村座	通力坊、後成田不動尊の化身	
元禄11年9月	源平雷伝記	中村座	子つな若、国綱	
元禄11年11月	吉野静碁盤忠信	中村座	佐藤忠信の子忠若	

元禄12年3月	根元信田和合玉	中村座	山中殿養子娘小松姫	
元禄12年7月	一心五界玉	中村座	甲賀三郎娘呉竹	
元禄13年2月	和国御翠殿	森田座	小松姫	所作事卒塔婆小町の謡
元禄13年5月または秋	**大日本鉄界仙人分身曾我か**	森田座	念力五郎	曾我五郎（初代團十郎）の口から出て、五郎の身ぶり、中のりにての動き
元禄13年11月	坂田公平六条通	中村座	公平一子怪童丸	初めてせりふを言う
元禄14年正月	傾城王昭君	中村座	山上源内左衛門子山上八王	
元禄14年5月	日本祇園精舎宝寺開帳	中村座	文覚の口から出る雷	天竺の精舎の鐘を雷となりて撞く、中のり
元禄14年7月	当世酒呑童子	中村座	芝刈老人	
元禄14年11月	葛城呉越戦	中村座	丹波助太郎	
元禄15年正月	家の鎌田兵大黒柱	中村座	ぜかい坊	
元禄15年7月	新板高館弁慶状	中村座	弁慶	初代團十郎とともに「二人弁慶」
元禄15年10月	夕顔の観音方便	中村座	信徳丸	
元禄15年11月	天地人筒守	森田座	和泉小次郎	「暫」大当たり
元禄16年正月	式三番柱暦	森田座	名かぢ金剛兵衛	
元禄16年4月	成田山分身不動	森田座	金剛界の不動明王	
元禄16年7月	小栗十二段	森田座	今池の庄司、不動明王	初代團十郎とともに「二体の不動」
元禄16年11月	源氏六十帖	市村座	石山源太左衛門子源太荒王丸	
宝永元年7月	あいごの若	山村座	大江八刀丸、はだの助	二代目團十郎となる
宝永2年正月	源氏繁昌しのだ妻	山村座	平井保昌弟きどう丸	
宝永2年3月	けいせい吉長染	山村座	薬師寺主税之助	
宝永2年4月以降	信田三種神祇	山村座	茨木彦太郎	
宝永3年正月	娵飛弾内匠	山村座	うきん龍きばとん	
宝永3年2月	薄雪今桜川	山村座	遠山くん八	
宝永3年7月	三国伝来仏	山村座	あらち山まゆわの助	
宝永3年11月	帰花武勇鏡	山村座	坂田金時	
宝永3年11月22日	泰平出世景清	山村座	佐々木四郎	
宝永4年正月	頼政五葉松	山村座	猪の早太	
宝永4年3月	傾情顧本尊	山村座	久米八郎輝虎	
宝永4年11月	行平尾花狐	山村座	紀の名虎	
宝永5年7月	**傾情一張弓**	山村座	**箱王丸**	
宝永5年月不詳	日南山薬師開帳	山村座	ばらもん王	
宝永5年11月	頼政式三番	山村座	隼太	
宝永6年7月	傾情雲雀山	山村座	久米の八郎	もぐさ売り大当たり

宝永6年11月	泰平御国歌舞妃	山村座	荒獅子男之助	
宝永7年正月	**傾情伊豆日記**	山村座	真田与市	
宝永7年2月19日	（門松四天王）	山村座	鳴神	初代團十郎の追善公演
宝永7年9月	近江源氏	山村座	藤五郎	
宝永7年11月	神力定家東遊	山村座	家老大江左衛門	
正徳元年春	**弓勢嫁曾我**	山村座	**曾我五郎**	
正徳元年11月	信田金色鱗	山村座	浮島弾正	
正徳2年春	福嚢弓勢頼政	山村座	猪の早太	
正徳2年8月	太平記八番続	山村座	篠塚五郎	
正徳2年冬	万歳大仏供養	山村座	遠藤武者盛遠	
正徳3年正月	石山源太鬼門破	山村座	石山源太荒王	
正徳3年3月	花屋形太平愛子	山村座	助六じつは田畑之助	
正徳3年7月	仏力難波池	山村座	本田善幸	
正徳3年11月	磊那須野両柱	山村座	かづさの助広常	
正徳4年5月	あいごの若	森田座	大道寺田畑之介	「暫」好評
正徳4年7月	金花山大友真鳥	森田座	兼道	扇売りやつし
正徳4年11月	万民大福帳	中村座	鎌倉権五郎景政	「暫」が定着
正徳5年正月	**坂東一幸曾我**	中村座	**曾我五郎**（虚無僧）、鳴神	5月28日に鳴神が加わる
正徳5年7月	三舛名古屋	中村座	不破伴左衛門	もぐさ売り
正徳5年9月9日	和合太平記	中村座	夢の義定、篠塚五郎	
正徳5年11月	金冠婚礼頼政	中村座	似せ猪早太じつは遠藤武者盛任	
正徳6年2月	**式例和曾我**	中村座	総角の助六じつは**曾我五郎**	
享保元年盆	**禅師曾我**	中村座	**曾我五郎**、禅師坊、茜屋半七	二番目「あかね屋心中」
享保元年11月	三巴家督開	中村座	今井四郎兼平	からくりの目黒不動尊のなかから出る
享保2年2月	**街道一棟上曾我**	中村座	雁金文七じつは**曾我五郎**	
享保2年5月	国姓爺宝船	中村座	和藤内	江戸三座で「国姓爺」上演
享保2年7月	**星合雷曾我**	中村座	大経師茂兵衛じつは禅師坊	
享保2年9月	重陽小栗節句	中村座	馬子小栗関蔵	
享保2年11月	奉納太平記	森田座	篠塚五郎	
享保3年正月	**若緑勢曾我**	森田座	曾我十郎	外郎売り
享保3年9月	式例今川状	森田座	清十郎	
享保3年秋	名古屋	森田座	不破伴左衛門か	
享保3年11月	**平仮名伊豆日記**	中村座	河津三郎	「暫」
享保4年正月	**開闢月代曾我**	中村座	**曾我五郎**、平野屋徳兵衛	浅草の開帳興行を取り入れる。4月より「曾根崎心中」を「曾我崎心中」と一字違いにして出した

享保4年9月	菊重金礼祝儀	中村座	葛の恨之介、たばこ売忠七	四番目から「お染久松心中」、たばこ尽くしせりふが当たる
享保4年11月	万民太平記	森田座	似せ村上彦四郎じつは畑六郎左衛門	
享保5年正月	**楪根元曾我**	森田座	**曾我五郎**、井筒屋徳兵衛、井筒屋源蔵	二番目に初代團十郎の追善狂言「十七回忌追善心中重井筒」
享保5年夏	お染久松心中袂の白絞	森田座	鎌田又八	
享保5年11月	会合咲分四天王	森田座	渡辺の竹綱	
享保6年正月2日	**賑末広曾我**	森田座	与次郎兵衛じつは**曾我五郎**	
享保6年夏	心中天の網島	森田座	紙屋治兵衛	
享保6年11月	鳥坂城鶴巣籠	中村座	関東小六重安	
享保7年正月	**大竈商曾我**	中村座	**曾我五郎**、淀屋辰五郎	
享保7年夏	花氈二ツ腹帯	中村座	八百屋嘉十郎	
享保7年9月	九日座禅氈達磨	中村座	八百屋嘉十郎	
享保7年11月	豊歳太平記	中村座	新田義貞	
享保8年正月	**曾我暦開**	中村座	**曾我五郎**	二番目に「兄弟三人よみうり」
享保8年2月	寿太平綱引	中村座	口上	中村座百年創立記念公演
享保8年5月	義経勲功記	中村座	源義経	
享保8年9月	和歌浦幼小町	中村座	小仏小兵衛	
享保8年11月	女御教書	中村座	佐野源左衛門常世	
享保9年正月	松飾鎌倉開	中村座	山上源内左衛門じつは佐野の源左衛門常世	
享保9年2月	入船隅田川	中村座	左甚五郎じつは山田の四郎、宮川かが之進	人形の彫物師
享保9年2月3日	けいせい浅間嶽	中村座	花岡権太郎	中村七三郎十七年忌
享保9年7月	**稔来星星曾我**	中村座	**曾我五郎**	
享保9年11月	太平御国歌舞妓	中村座	荒獅子男之助	
享保10年正月	**舩伊豆日記**	中村座	真田与市、駕籠舁き土肥太郎	
享保10年4月	**曾我**	中村座	団三郎	
享保10年5月5日	碁盤忠信	中村座	白粉屋佐藤四郎兵衛、佐藤忠信	
享保10年7月	信田要石	中村座	千原左近之助	
享保10年9月	和合太平記	中村座	鎗屋亭主楠正行	
享保10年11月	小栗長生殿	中村座	小栗判官家来池の庄司	
享保11年正月	門松四天王	中村座	鳴神上人、酒呑童子	初代團十郎二十三年忌、外郎売りのせりふ
享保11年5月	**大桜勢曾我**	中村座	**曾我五郎**	
享保11年6月	二道唐崎松	中村座	鏡山十内	
享保11年7月	末広名護屋	中村座	不破伴左衛門	秩父の巡礼のせりふ
享保11年9月	日蓮記	中村座	七面大明神	
享保11年11月	顔見世十二段	中村座	鎌倉権五郎景政	

享保12年春	**楪根元曾我**	中村座	**曾我五郎**、小あげ	宗十郎との掛け合いせりふ正本あり
享保12年3月3日	婚礼音羽滝	中村座	薬箱持にらみの介、うつみ新太郎	この間に「国性爺」が上演されたか
享保12年4月1日	甲陽軍卯花重	中村座	武田信玄	通俗孔明伝（三国志か）の川中島合戦、五月のぼりに絵
享保12年5月5日	本領佐々木鑑	中村座	荒岡源太	
享保12年7月16日	賑鞍馬源氏	中村座	薬箱持にらみの介、鹿島五兵衛じつは常陸坊、似せ熊坂	
享保12年11月1日	八棟太平記	中村座	楠正成、篠塚伊賀守	三代目團十郎の初舞台あり。高砂の歌詞をせりふに取り入れる。卒塔婆小町のもどきか
享保13年正月	**曾我蓬莱山**	中村座	**曾我五郎**	元服・小袖曾我の場面あり。紋つくしのせりふ正本あり。初代團十郎の追善として、三代目が外郎売りのせりふを披露
享保13年11月	兜碁盤忠信	中村座	佐藤忠信	毛抜きの場面あり
享保14年正月2日	**扇恵方曾我**	中村座	**曾我五郎**、荒五郎茂兵衛	矢の根五郎大当たり。せりふ正本あり
享保14年7月	粧富士太鼓	中村座	あし高だん介	
享保14年11月	梅暦婚礼名護屋	中村座	名古屋山三郎	西国三十三ヶ所巡礼と坂東三十三ヶ所巡礼
享保15年正月	**蔵開宝曾我**	中村座	**曾我五郎**、わしの尾喜三太、鞍馬山僧正坊、高尾の文覚	虚無僧の掛け合いせりふ正本あり
享保15年4月	唐錦国姓爺合戦	中村座	和藤内	4月29日、和藤内の銀塗下駄によって咎めをうけ、5月2日番所に呼び出される。下駄を処分
享保15年5月	一心二河白道	中村座	清玄	
享保15年盆	外題不詳	中村座	清十郎	
享保15年秋	名月五人男	中村座	雷庄九郎	せりふ正本あり
享保15年11月	**入船蛭小嶋**	中村座	河津三郎	
享保16年正月	傾城福引名護屋	中村座	不破伴左衛門	瀬川菊之丞の「傾城道成寺」の「無間の鐘」が好評で7月まで続く。「年玉扇子売り」せりふ正本あり
享保16年6月2日	お染久松瓦橋二蔵	中村座	八百屋嘉十郎（休演か）	休演か
享保16年7月15日	**妻迎鶏曾我**	中村座	**曾我五郎**	霊祭のせりふ正本あり
享保16年8月	聟伝授錦手綱	中村座	後藤左衛門	
享保16年8月	首途烏帽子下地	中村座	大住源太	
享保16年11月	和合一字太平記	中村座	楠正行	切狂言
享保17年正月2日	**初暦商曾我**	中村座	鬼王新左衛門、喧嘩屋五郎右衛門	
享保17年5月23日	嫐前太平記	中村座	市原野鬼同丸、平太郎良門	
享保17年7月15日	東山宝伝記	中村座	不破伴左衛門	せりふ正本あり
享保17年冬	大銀杏繁栄景清	中村座	景清	牢屋ぶり、名所尽くしのせりふ正本あり
享保17年11月	兵根元源蛭小嶋	市村座	真田与市	化け物つくしのせりふ正本あり
享保18年正月2日	**栄分身曾我**	市村座	**曾我五郎**、荒五郎茂兵衛、曾我十郎	二番目、竹之丞の助六、白酒売りなどのせりふ正本あり。狂言絵本あり

享保18年7月	相栄山鳴神不動	市村座	鳴神上人、不動明王	せりふ正本あり
享保18年9月9日	四天王正木蔓	市村座	坂田金時	
享保18年11月	正本太平記	市村座	篠塚伊賀守、楠正成	せりふ正本あり
享保19年正月2日	**七種繁曾我**	市村座	**曾我五郎**	せりふ正本あり
享保19年3月16日	繁扇隅田川	市村座	粟津六郎、雷庄九郎	せりふ正本あり
享保19年5月	八棟菖源氏	市村座	猪の早太	せりふ正本あり
享保19年7月15日	根源今川状	市村座	不破伴左衛門	せりふ正本あり
享保19年11月1日	陸奥勝源氏	市村座	三浦平太大国妙、渡辺綱	せりふ正本あり
享保20年正月2日	**振分髪初買曾我**	市村座	鬼王新左衛門、三浦文蔵	せりふ正本あり。4月から休演
享保20年7月15日	東山殿東日記	市村座	荒獅子男之助（休演か）	休演
享保20年11月1日	混源七小町	市村座	秦大全武虎	海老蔵に改名
元文元年4月5日	帆柱太平記	市村座	吉田兼好、篠塚五郎	初代團十郎三十三回追善、毎日新作の狂歌を舞台で披露する
元文元年7月	東海道湯汲車	市村座	後藤左衛門、虫売り	虫売り、せりふ正本あり
元文元年9月9日	四人不動	市村座	目黒不動	
元文元年11月1日	順風太平記	河原崎座	篠塚五郎、畑六郎左衛門	暫
元文2年正月	**御前角力稚曾我**	河原崎座	股野五郎	
元文2年3月15日	婚礼隅田川	河原崎座	粟津六郎左衛門	
元文2年7月	傾情照手財車	河原崎座	後藤左衛門	
元文2年11月1日	閏月仁景清	河原崎座	悪七兵衛景清じつは畠山重忠、関羽	
元文3年正月	初緑豊年調	河原崎座	畠山重忠	兜壇ノ浦軍記の趣向
元文3年2月12日	風俗七小町	河原崎座	衛士のひさ介、ほうとう仙人、三枡屋十兵衛、玉屋の与次	
元文3年7月15日	足利染泰平手綱	河原崎座	不破伴左衛門、一休和尚、井筒女之介	
元文3年11月1日	貢船太平記	市村座	篠塚五郎、畑六郎左衛門、亘新左衛門、くりう左衛門	せりふ正本あり
元文4年正月15日	**初髻通曾我**	市村座	悪七兵衛景清、京の次郎、隠れ家の茂兵衛じつは股野五郎	せりふ正本「いろは短歌読み売り」あり、京の次郎「水売りせりふ」で三代目に黒子袖を渡す
元文4年3月3日	**助六定紋英**	市村座	隠れ家の茂兵衛じつは股野五郎	通曾我の続き。三代目の助六、髯の一休初登場
元文4年7月	**累解脱蓮葉**	市村座	羽生村与右衛門じつは景清、隠れ家の茂兵衛じつは股野五郎	通曾我の続き。赤沢相撲のせりふあり
元文4年11月	瑞樹太平記	中村座	吉田兼好、守屋の大臣、蜀の関羽、赤松入道円心	せりふ正本あり。徒然草執筆の場面、二代目團十郎は関羽、三代目は呂布
元文5年正月2日	豊年永代蔵	市村座	吉田兼好、講釈師梅龍軒じつは備後三郎	
元文5年2月15日	姿視隅田川	市村座	元興寺赤右衛門じつは粟津六郎	七つ面の初演か
元文5年月不詳	外題不詳	市村座	ものぐさ太郎、三浦大助	

元文5年6月3日	阿弥陀池妹背鏡	市村座	秦の川勝	
元文5年8月1日	花橘栄源氏	市村座	三浦大介、物くさ太郎	
元文5年11月1日	宮柱太平記	中村座	**曾我五郎**の神霊、畑六郎右衛門	矢の根
寛保元年正月15日	**菜花曙曾我**	中村座	悪七兵衛景清	
寛保元年8月20日	潤清和源氏	中村座	頼光阿闍梨、平将門神霊、綱伯母、平井保昌、播磨守阿倍晴明	
寛保元年11月	万国太平記	佐渡島座	畑六郎左衛門	外郎売り、梅の花の詠歌、せりふ正本あり
寛保元年12月11日	**八的勢曾我**	佐渡島座	**曾我五郎**、曾我十郎	
寛保2年正月16日	雷神不動北山桜	佐渡島座	久米寺弾正、鳴神上人、不動明王	
寛保2年7月15日	星合栄景清	佐渡島座	面打元興寺赤右衛門じつは悪七兵衛景清	
寛保2年8月26日	土佐次郎妹背鑑	佐渡島座	土佐次郎、百姓五六兵衛	
寛保2年9月16日	東山殿旭扇	佐渡島座	不破伴左衛門じつは伴の字組棟梁伴左衛門、ささら三八、関羽	
寛保2年11月	凱陣太平記	河原崎座	畑六郎左衛門、篠塚伊賀守	
寛保3年正月15日	根元茶湯楼	河原崎座	唐獅子巌之介	
寛保3年3月15日	名筆隅田川	河原崎座	粟津六郎	
寛保3年8月1日	妹波由良湊	河原崎座	常磐坊海尊、由良の太郎、三途川の婆	休演か
寛保3年11月1日	艤貢太平記	中村座	篠塚伊賀守、とのの兵衛よしたか、畑六郎左衛門	五関破で三つ目に魏の曹操となのり、四つ目に蜀の関羽となる
延享元年正月2日	**硬末広曾我**	中村座	遠藤武者盛任、文覚、恋塚門兵衛	
延享元年2月15日	門松／泰平の綱引	中村座	口上	中村座の百二十年記念に猿若の衣裳や金の麾を披露
延享元年2月15日	駒鳥恋関札	中村座	文覚	二番目
延享元年2月15日	百千鳥娘道成寺	中村座	文覚	
延享元年7月15日	今川忠臣伝	中村座	大館武者之助義弘、不破伴左衛門	
延享元年11月1日	花鳥太平記	中村座	吉田兼好、片桐弥七宗清	
延享2年正月2日	**羽衣寿曾我**	中村座	工藤左衛門祐経じつは悪七兵衛景清、とんぼう売七兵	
延享2年9月	東山殿宝礎	中村座	渡辺民部	
延享2年11月4日	**扇伊豆日記**	中村座	熊野別当弁真、曾我太郎祐信	弁慶を取り入れる
延享2年12月11日	帰花北山桜	中村座	曾我太郎祐信	
延享3年正月	**富士雪年貢曾我**	中村座	悪七兵衛景清	だるまの像となる
延享3年9月		中村座	藤川平九郎、上京の名残に舞台上で海老蔵に隈取りをしてもらう	
延享3年11月1日	天地太平記	中村座	畑六郎左衛門、篠塚五郎定綱、亘新左衛門、栗生左衛門頼方	嵐小六「女暫」、海老蔵はウケ

延享4年正月3日	**書始和曾我**	中村座	悪七兵衛景清	
延享4年夏	菅原伝授手習鑑	中村座	武部源蔵、雷神	
延享4年11月1日	**伊豆軍勢相撲錦**	中村座	股野五郎景久、坂東八平六	歌書の趣向あり
寛延元年正月2日	**餝鰕鎧曾我**	中村座	悪七兵衛景清	長十郎の重忠との駕籠舁きの趣向
寛延元年5月5日	義経千本桜	中村座	鮓屋弥左衛門、能登	太夫、三味線、人形遣を稽古に呼び、浄瑠璃を参考にした
寛延元年7月15日	千秋発小栗実記	中村座	鬼沢源五国茂、鬼陰法師、明王太郎	
寛延元年11月1日	女文字平家物語	中村座	重盛奴伊勢海老あかん平じつは長谷長兵衛信連、渡部源三瀧口	「丹前」「暫」あり。せりふ正本あり
寛延2年正月2日	**男文字曾我物語**	中村座	股野五郎景久、熊谷二郎、俊寛、巴御前、悪七兵衛景清、助六じつは京の二郎	お七、無間の鐘、人魚、3月から「助六廓の家桜」、吉原に桜が植えられたための趣向
寛延2年6月16日	仮名手本忠臣蔵	中村座	天川屋儀兵衛、大館熊之介	三座ともに忠臣蔵
寛延3年正月7日	**大餝徳曾我**	中村座	古郡新左衛門、股野五郎景久、三味線大臣竹屋平右衛門、悪七兵衛景清	
寛延3年5月5日	汐満珠風折小町	中村座	猿丸太夫、はだの大せん武虎	
寛延3年11月1日	帰陣太平記	市村座	篠塚伊賀守、栗生弾正左衛門、亘新左衛門、畑六郎左衛門	暫
宝暦元年正月15日	初花隅田川	市村座	粟津六郎、福禄寿	外郎売り
宝暦元年5月5日	女俠東雛形	市村座	粟津六郎	
宝暦元年7月15日	佐々木三郎藤戸日記	市村座	鳴神上人不動尊像、佐々木三郎盛綱	
宝暦元年9月9日	おやつの太鼓	市村座	未詳	
宝暦元年11月1日	神迎賑源氏	市村座	長谷部長兵衛信連、渡辺源三きわう	笠売り、せりふ正本あり
宝暦2年正月2日	**楪姿見曾我**	市村座	工藤左衛門祐経、悪七兵衛景清	せりふ正本あり、景清に似せ五郎（調伏曾我か）
宝暦2年7月15日	一奏太平名護屋	市村座	不破伴左衛門	
宝暦3年11月	百万騎兵太平記	中村座	篠塚伊賀守、栗生弾正左衛門、婆羅密女、唐人朱責、畑六郎左衛門	せりふ正本あり
宝暦4年正月2日	**百千鳥艶曾我**	中村座	工藤左衛門祐経、悪七兵衛景清、熊谷次郎直実、**曾我五郎の亡霊**	西大寺釈迦如来の開帳に会わせた上演で矢の根五郎
宝暦4年7月15日	根元阿国歌舞妓	中村座	山本勘介、山中鹿之介	
宝暦4年11月1日	三浦大助武門寿	中村座	三浦大助、為朝神霊、和田小太郎	松本幸四郎が四代目團十郎を襲名する祝いとして、二代目團十郎が連日新作の狂歌を詠む
宝暦5年正月2日	**若緑錦曾我**	中村座	工藤左衛門祐経、悪七兵衛景清、熊谷蓮生、粂寺弾生、鬼王新左衛門	
宝暦5年6月1日	江戸鹿子松竹梅	中村座	悪七兵衛景清	
宝暦5年8月1日	信田長者柱	中村座	浮島弾正、平親王将門神霊	
宝暦5年11月1日	惶弓勢源氏	中村座	長谷部長兵衛信連、源氏寺本尊波切不動明王	

宝暦6年2月3日	**寿三升曾我**	中村座	鬼王新左衛門、悪七兵衛景清	
宝暦6年7月15日	月湊英雄鑑	中村座	国性爺作者近松門左衛門じつは尾形三郎輝国	
宝暦6年8月20日	菅原伝授手習鑑	中村座	菅丞相神べんの雷	
宝暦6年11月1日	復花金王桜	市村座	渋谷金王正俊、長谷部長兵衛信連、関羽	せりふ正本あり、暫あり
宝暦7年2月7日	**染手綱初午曾我**	市村座	悪七兵衛景清	外郎売り、せりふ正本あり
宝暦7年7月15日	傾城鬼界島原	市村座	ちんせい八郎為朝	休演
宝暦8年3月12日	恋染隅田川	市村座	**五郎時宗の神霊**	矢の根

注

＊1 三河岡崎藩藩主水野監物の所在地について、『江戸図鑑綱目』（元禄二（一六八九）年、国立国会図書館蔵）、『享保御江戸図』（享保十（一七二五）年、国立国会図書館蔵）には赤坂に「水野平右」とあるが、これは水野監物とは別系統。『江戸図正徳四年』（正徳四（一七一四）年、国立国会図書館蔵）には、三田に「水野監物」が、赤坂の南、溜池の傍に「水野セツ」がある。享保十年刊『享保御江戸図』では、溜池の傍は日向守下総結城藩藩主水野勝政の屋敷とある。『享保武鑑』（享保十五（一七三〇）年、二十（一七三五）年刊、『江戸幕府役職武鑑編年集成第九巻』原書房、一九九七年所収）でもここは水野勝政邸。元禄十五（一七〇二）年、「水野家」といえば赤穂浪士九名が水野監物屋敷へ預けられたことが有名なため、二代目團十郎の勘違いか。

＊2 このとき二代目團十郎は四十七歳、休意は八十一歳であった。休意は二代目團十郎七歳のときの師で、当時四十一歳。

＊3 雲津水国（天和二（一六八二）年～享保十九（一七三四）年）。通称佐次兵衛。貴志沾洲の門人。江戸大門通りの釘銅物商伊勢屋の二代目。三十歳の頃吉原三浦屋の遊女高尾を身請けして隠居し、俳諧の宗匠となった。

＊4 桑岡貞佐（寛文十二（一六七二）年～享保十九（一七三四）年）。名は永房。通称は平三郎。榎本其角に学ぶ。元禄十四（一七〇一）年、水間沾徳と京都へ旅し、赤穂浪士の大高源吾らと交わる。江戸座の中心として活躍した。

＊5 池須賀散人著『市川栢莚舎事録』（明和六（一七六九）年、『資料集成二世市川団十郎』和泉書院、一九八八年所収）

＊6 八文字其笑・瑞笑著『新撰古今役者大全』（寛延三（一七五〇）年、『日本庶民文化史料集成』第六巻、三一書房、一九七三年所収）

＊7 『役者春空酒』（享保八（一七二三）年正月）

＊8　『役者春空酒』（享保八〔一七二三〕年正月）

＊9　『役者春子満』（享保十七〔一七三二〕年正月）

＊10　『役者三津物』（享保十九〔一七三四〕年正月）

＊11　服部幸雄著『市川團十郎代々』（講談社、二〇〇二年）

＊12　享保期中、正月には曾我もの以外の演目も上演されていた。享保九（一七二四）年正月中村座「松飾鎌倉開」（『役者三友會』享保九年三月）、享保十一（一七二六）年正月市村座「鶏奥州源氏」（『役者拳相撲』享保十一年三月）、享保十一年中村座「門松四天王」（『役者拳相撲』享保十一年三月）、享保十三（一七二八）年正月市村座「浦嶋太郎七世孫」（『役者評判一の富』享保十三年二月）、享保十六（一七三一）年正月市村座「初午青葉笛」、同十六年中村座「傾城福引名護屋」、同十六年森田座「佐々木問答二頭」（『二の替芸品定』享保十六年三月）など。

＊13　現在、鶴舞中央図書館（愛知県名古屋市）と彰考館（徳川ミュージアム、茨城県水戸市）が『曾我物語』二冊本（写本）を所蔵する。鶴舞中央図書館本は大石寺本系のかな交じり真名本の写し。彰考館本は徳川光圀に仕え、暦書『大日本史』編纂に参画した佐々宗淳が元禄五（一六九二）年に写した「真字曾我物語」（天文二十三〔一五五四〕年）。

＊14　『曾我物語』（新編日本古典文学全集53、小学館、二〇〇二年）

＊15　『曾我物語』（新編日本古典文学全集53、小学館、二〇〇二年）

＊16　『平家物語』（新編日本古典文学全集45、小学館、一九九四年）

＊17　二代目團十郎が悪七兵衛景清演じた演目は以下のとおり。享保十七（一七三二）年冬中村座「大銀杏繁栄景清」、元文二（一七三七）年十一月河原崎座「閏月仁景清」、元文四（一七三九）年正月市村座「初髻通曾我」、同四年三月市村座「助六定紋英」、同四年七月市村座「累解脱蓮葉」、寛保元（一七四一）年正月中村座「菜花曙曾我」、同二年七月佐渡島座「星合栄景清」、延享二（一七四五）年正月中村座「羽衣寿曾我」、延享三（一七四六）年正月中村座「富士雪年貢曾我」、延享四（一七四七）年正月中村座「書初和曾我」、寛延元（一七四八）年正月、中村座「鰐鎧曾我」、寛延二（一七四九）年正月中村座「男文字曾我物語」、寛延三（一七五〇）年正月中村座「大鰐徳曾我」、宝暦二（一七五二）年正月市村座「楪姿見曾我」、宝暦四（一七五四）年正月中村座「百千鳥艶曾我」、宝暦五（一七五五）年正月中村座「若緑錦曾我」、同五年六月中村座「江戸鹿子松竹梅」、

宝暦六年二月中村座「寿三升曾我」、宝暦七（一七五七）年二月中村座「染手綱初午曾我」。

＊18 二代目團十郎が熊谷直実を演じた演目は以下のとおり。寛保元（一七四一）年正月中村座「菜花曙曾我」、寛延二（一七四九）年正月中村座「男文字曾我物語」、宝暦四（一七五四）年正月中村座「百千鳥艶曾我」。

＊19 二代目團十郎が俣野景久を演じた演目は以下のとおり。延享四（一七四七）年十一月中村座「伊豆軍勢相撲錦」、寛延二（一七四九）年正月中村座「男文字曾我物語」、寛延三（一七五〇）年正月中村座「大餝徳曾我」。

＊20 郡司正勝校注『歌舞伎十八番集』（日本古典文学大系98、岩波書店、一九六五年）

＊21 伊原敏郎（青々園）著『歌舞伎年表』（岩波書店、一九五六年）

＊22 『役者二追玉』（寛保元（一七四一）年三月）

＊23 「景清白竜を殺して羽衣を奪取しを、白竜が亡魂景清に付まとひ、羽衣を返せ〳〵と云が狂言の筋なり」（計魯里観主人著『中古戯場説』文化二（一八〇五）年、『燕石十種』第四巻、中央公論社、一九七九年所収）。景清は頼朝討伐に必要な羽衣を手に入れるため、天女の羽衣をもつ漁師を殺害。すると天女でなく猟師の亡霊が謡曲『羽衣』の有名なせりふ「返し給へ」を彷彿させながら景清を追うという、やや特殊な設定。

＊24 『役者紋二色』（延享二（一七四五）年三月）

＊25 『役者見好桜』（延享三（一七四六）年三月）

＊26 『役者三輪杉』（延享四（一七四七）年三月）

＊27 田青岑著、原弘度編『桂苑椎儲』。八世紀、新羅から渡った儒学書で、菅原道真が読んだとされる。天和三（一六八三）年に和訳が刊行され、享保十八年には『桂園椎儲』の書名で出版された。

＊28 「通俗傾城三国志」宝永五（一七〇八）年初演、土佐少掾橘正勝作。

＊29 「諸葛孔明鼎軍談」享保九（一七二四）年初演、竹田出雲作。

＊30 『役者年徳棚』（元文三（一七三八）年正月）

＊31 『役者恵方参』（元文五（一七四〇）年正月）

＊32 『役者和歌水』（寛保三（一七四三）年正月）

＊33　「市川柏莚稿本『老の楽』ニ見ユルモノ（中略）此句五元集及所撰集ニモ所見ナシ」という（『蕉門名家句集』古典俳文学大系9、集英社、一九七二年）。

＊34　淡々は享保十九（一七三四）年、京都から江戸へ旅し、俳諧集『紀行誹談二十歌仙』を編むが、本書との関係は未詳。

＊35　中川宗瑞、大場咫尺は享保十八（一七三三）年俳諧集『百番句合』、享保十九（一七三四）年『柿むしろ』を編纂。しかし日記に記載の書かは不明。

＊36　書家佐々木玄龍（号・池庵）は幕府に仕えた。漢詩書『玄竜書八景詩並歌』（天和三〈一六八三〉年）などがある。

＊37　二代目團十郎は本書を「松平近江様」（〇）により贈られた。

＊38　中院様は公卿で歌人中院通躬か。中院通躬は「享保十九年十二月廿四日月次和歌御会」を制作。

＊39　二代目團十郎が「三千年になるてふ桃の今年より花さく春に逢にけるかな」（△）と引用するが、出典は『拾遺和歌集』（巻五・賀）躬恒「亭子院歌合」「三千年になるてふ桃の今年より花咲く春にあひにける哉」（新日本古典文学大系七、岩波書店、一九九〇年）か。

＊40　二代目團十郎は歌人能因作「都をは青葉とともに出しかともみちちらしく白河の関」（△）を引用。この歌の出典は未詳だが、「都をば霞とともに立ちしかど秋風ぞ吹く白河の関」は『後拾遺集』（巻九、羈旅、五一八、新日本古典文学大系八、岩波書店、一九九四年）にある。

＊41　菅原道実の歌か。

＊42　いくつかの和訳があるが、刊行時期が近いものに月坡道印訳（享保三〈一七一八〉年刊）がある。

＊43　書名は未詳。寛永七（一六三〇）年、身延久遠寺と池上本門寺が寺領について論争、これを「身池対論」という（藤井学著『法華衆と町衆』法藏館、二〇〇三年）。

＊44　三浦浄心著『北条五代記』（寛永十八〈一六四一〉年）の北条家の歴史を踏まえた物語と、同名前の浄瑠璃の絵入本（元禄十〈一六九七〉年）がある。

＊45　『玄賓庵略記』（刊行年未詳、原田信之著「大和国三輪の玄賓僧都伝説」『立命館文學』六三〇号、二〇一三年）。二代目團十郎が引用する歌「とつ国は水草清し事しけき都の内はすまぬまさり」は大江匡房談・藤原実兼記『江談抄』（新日本古典文学大

系32、岩波書店、一九九七年）に類似した歌がある。

＊46 「二人照手忠孝車」とあるが、「二人照手姫」と「小栗忠孝車」か。

第2章　江戸の開帳興行——不動明王の演技・演出を中心に

歌舞伎創始者お国による作品「茶屋遊び」において、お国は不動明王や毘沙門ら神仏を模して舞った。[*1] このように、歌舞伎と神仏とは深い縁で結ばれているといえよう。初代市川團十郎はさまざまな神仏を演じ、二代目團十郎は初舞台の際「不動明王の申し子」と紹介され、代々の團十郎らも不動明王によって名声を高めてきた。伊原青々園は初代および二代目團十郎が個人的な信仰心から不動明王を演じたといい、[*2] 服部幸雄は江戸庶民が広く信仰に篤かったため元禄歌舞伎の神霊事が発展し、初代および二代目團十郎もその文脈で不動明王を演じたとする。[*3] こうした不動明王の演技・演出はどのように発生し、変遷していったのだろうか。

また歌舞伎では、寺社が催す開帳興行の趣向を演出に取り入れた。開帳興行とは中世以降、寺社が通常非公開の本尊などを公開し、参拝者から布施や賽銭を集めようとしたもの。近世期には、三十三年ごとに開帳興行の開催が許可されるようになり、都市部から離れた寺社は京都、大坂、江戸の寺社を借り、「出開帳」という形で実施することで集客を図った。

不動明王や毘沙門、弁財天などの神仏が登場する演目の多くは、その上演と同時期に開催された開帳興行と密接な関係をもっており、開帳興行の趣向を演目に取り入れた劇場には多くの観客が集参した。[*4]

また比留間尚氏は、歌舞伎が開帳興行の盛況を利用しただけでなく、歌舞伎の上演が開帳興行の参拝者を増加させ、両者が利益を得たというが、[*5] 個々の歌舞伎役者と寺社との間にどのような関わりがあったかは明らかにされていない。

本章では、初代・二代目團十郎が演じた不動明王の演技・演出の変遷、および江戸の開帳興行と二代目團十郎の関係について明らかにし、不動明王の演技が開帳興行から独立し、いかにして市川家「歌舞伎十八番」に定着していったかについて考察する。

第1節　初代および二代目團十郎と不動信仰

初代および二代目團十郎の不動明王の演技は彼らの信仰心から発展したといわれているが、不動信仰とはどのようなものであろうか。また初代および二代目團十郎はどれほど不動明王を信仰していたのであろうか。

不動信仰は七世紀ごろ中国に流布した。不動明王は大日如来の化身とされ、九世紀頃、真言宗、天台宗とともに日本に伝来、広く信仰されるようになった。

その後鎌倉初期、真言宗、天台宗の不動信仰が信者を地獄から救うとした浄土宗と結びつき、不動明王が死者を浄土へ導くという形で民間に流布、近世期には厄除け、出世、恋愛成就のご利益ももたらすようになった。[*6]

江戸中期、浄土宗の最高位である大本山増上寺《ぞうじょうじ》の第三十六代大僧正祐天上人《ゆうてんしょうにん》が真言宗の新勝寺《しんしょうじ》の不動尊に祈願し、学力が備わったといわれた。[*7] 宗派間に厳密な区別がなされていなかったため、こうしたことがいわれたのであろう。僧侶らの宗派を問わないこうした行動も相俟って、浄土宗と不動信仰はさらに密接な関係をもつようになっていった。

市川家ではいかなる宗派を信仰していたのだろうか。
初代團十郎は自身の宗派について明言していないが、日記には折にふれ三宝荒神、元三大師、大日如来、不動明王、愛染明王など、さまざまな宗派の神仏に祈願する様子が記載されている。とくに決まった神仏あるいは宗派を信仰していたわけではなさそうだ。[8]
二代目團十郎は正徳三（一七一三）年、山村座座元長太夫宛の請状に「宗旨之儀ハ代々より浄土宗ニ而御座候」[9]と記しており、市川家は代々浄土宗だったとしている。初代團十郎の墓は常照院《じょうしょういん》（浄土宗最高位の増上寺山内）にあり、二代目團十郎も増上寺第四十代大僧正衍誉利天《えんよりてん》[10]や祐天寺《ゆうてんじ》第二代方丈祐海《ゆうかい》[11]と面会していることからも、その宗派は浄土宗だったのだろう。
二代目團十郎は不動明王も信仰していた。「成田山不動尊に、親よりは能役者に成下さるべし」[12]、親を超える役者となれるよう祈願したところ、「親團十郎は八百両、拙者は千二百七十両まで相取」と、二代目團十郎は初代を超えて千両役者となり、願いが叶った。そのため、翌享保六（一七二一）年十二月には新勝寺にお礼参りを行った。[13]
二代目團十郎の母お戌は、不動尊がある目黒泰叡山瀧泉寺《りゆうせんじ》近くに位置する市川家の別荘で隠居生活を過ごしており、二代目團十郎も休暇中はこの別荘に滞在した。享保十九（一七三四）年六月には、瀧泉寺へ三回（享保十九年六月十八日〇、二十三日〇、二十八日〇）参拝した。
享保二十（一七三五）年、大病を患った二代目團十郎は大黒や恵比須[14]にも回復を祈願しており、初代同様、もっぱら不動明王のみ信仰していたというわけではなかった。しかし、三代目團十郎（升五郎）が新勝寺に参詣すると大病が快癒したと大いに喜んでおり、やはり二代目團十郎にとって不動明王は特別な存在だったことがわかるだろう。*[15]

二代目團十郎は不動明王の篤信者だったが、こうした不動信仰は当時の歌舞伎界に広く見られた。

宝永六（一七〇九）年、前年夏より体調不良を訴えていた市村座座元八代目市村羽左衛門《いちむらうざえもん》は諸宗山無縁寺回向《えこう》院《いん》（現墨田区両国）において行われていた京都大本山清浄《しょうじょう》華《け》院《いん》の出開帳による泣不動明王のご利益によって全快した。*[16] しかも、この趣向を取り入れた同六年の市村座盆狂言「あいごの若」が大当たりしたというのだ。

このように歌舞伎関係者の不動明王への関心が高かったことから、歌舞伎に早くから不動明王が取り入れられることになった。そして、その演出が好評をもって受け入れられたということは、観客にも不動信仰が浸透していたことを示していよう。

第2節　元禄歌舞伎における不動信仰

江戸初期、広く信仰されるようになった不動明王だが、不動明王の演技・演出はいつからはじまったのだろうか。また初代市川團十郎がしばしば演じた不動明王の演技・演出はどのように移り変わり、また開帳興行との関係はどのように変遷していったのだろうか。

不動明王の演出の由来

鎌倉初期、不動明王が信仰されるようになると、それを題材とした説話や絵巻物が作られるようになっていった。*[17]

不動明王が初めて舞台上に登場したのは宝徳四（一四五二）年頃作とされる謡曲「泣不動《なきふどう》」[18]で、前シテは童子、後シテは不動明王、ワキは山伏だった。寛文三（一六六三）年上演の古浄瑠璃「一心二河白道《いっしんにがびゃくどう》」では、不動明王が阿弥陀如来の利剣で桜姫を冥土から救い出した。

江戸歌舞伎では元禄八（一六九五）年七月、山村座「一心二河白道」で初代團十郎が初めて不動明王を演じた。[19]以降八年間、毎年不動明王が演じられ、しかも元禄十（一六九七）年、同十四（一七〇一）年、十六（一七〇三）年には複数回上演された（67ページ表3参照）。

江戸では、不動明王が公開される開帳興行が元禄十五（一七〇二）年に一回、同十六（一七〇三）年に三回、宝永元（一七〇四）年に二回、同二（一七〇五）年に一回開催された。ところが宝永二年以降はその頻度が減り、舞台への登場もおよそ五年に一回となる。江戸では元禄期末に不動明王が大流行していたといえるだろう。[20]歌舞伎に不動明王が初登場したのは開帳興行のそれに七年先んずることから、歌舞伎における不動明王の人気に便乗して開帳興行が催されたと考えることができよう。

初代團十郎の不動明王の演技・演出

初代團十郎は、不動明王の演出とともに開帳興行に関する演出についても工夫を凝らした。

初代團十郎が執筆した台本には不動明王が頻出する。不動明王が登場するものとして、以下の七演目が知られており、多くは自身が演じた。

①元禄八（一六九五）年七月、初代團十郎は山村座「一心二河白道」で初めて不動明王を演じたが、仔細については未詳。

②元禄十（一六九七）年五月、中村座「兵根元曾我《つわものこんげんそが》」で初代團十郎は二代目團十郎（当時九蔵）を「不動明王の申し子」と紹介した。[21] この演目は謡曲「調伏曾我《ちょうぶくそが》」にちなんだもので、曾我五郎（初代團十郎）が不動尊に祈念すると、超人的な力が漲った。さらに謡曲「泣不動」を踏まえ、通力坊（二代目團十郎）が童子仙人の姿で舞を見せたのち、不動明王に変身する。[22] 團十郎親子が出演したこの興行は大当たりで、「不動の申し子」をひとめ見ようと多くの観衆が来場した。[23] そして興行後、團十郎親子は成功のお礼に新勝寺に参詣した。[24]

③元禄十年十一月、山村座顔見世興行「小栗十二段《おぐりじゅうにだん》」で團十郎親子は不動明王を演じるが、このときは不評だった。[25]

④元禄十一（一六九八）年九月、中村座「源平《げんぺい》雷《なるかみ》伝記《でんき》」は『太平記』の「一角仙人」伝説やそれに関わる謡曲をもとに作られた。[26] 鳴神上人（初代團十郎）が龍神を封印したため雨が降らず、干魃で人々は困窮していた。そこで美女が酒と色香で鳴神上人の神通力を弱め龍神を解き放つと、これに激昂した鳴神上人は不動明王像を破壊する。このとき不動明王は役者ではなく立像だったようだ。

⑤元禄十四（一七〇一）年三月、中村座「出世隅田川《しゅっせすみだがわ》」で山川彦五郎《やまかわひこごろう》が不動明王を演じたようだが、詳細は不明である。

⑥元禄十六（一六〇三）年四月、森田座「成田山分身不動《なりたさんふんじんふどう》」は④「源平雷伝記」同様「一角仙人」伝説を元にしてはいるが、黒主仙人を名乗る鳴神（初代團十郎）は酒を飲まされたため神通力を失い落胆、そこで成田山の不動尊を参詣すると胎蔵界（初代團十郎・ふた役）と金剛界（二代目團十郎）のふたりの不動明王が現れ、鳴神は心の平穏をとり戻した。この演目は好評を博した。

⑦同十六年七月、森田座「小栗十二段」は③「小栗十二段」を再演したものである。

このように、初代團十郎はさまざまな演出のもと不動明王を演じてきた。しかし、他の役者らは不動明王を演じなかったのだろうか。

同時期の元禄九（一六九六）年六月、山村座「後藤左衛門地獄《ごとうさえもんじごく》さんだん」では山村長太夫が、翌元禄十（一六九七）年二月、森田座「岩屋《いわや》不動《ふどう》」では坂東又太郎《ばんどうまたたろう》が、元禄十四（一七〇一）年、山村座「愛護十二段《あいごじゅうにだん》」では生島大吉《いくしまだいきち》がそれぞれ不動明王を演じた。不動明王はもっぱら初代團十郎のみが演じたというわけではなく、むしろ服部幸雄が述べるように、江戸庶民の不動明王への関心から、歌舞伎役者らは競って不動明王を演じていたのだ。

初代團十郎と新勝寺の開帳興行

初代團十郎の不動明王の演技・演出が成功したのは、寺社が催す開帳興行と相関関係を築くことができたからであろう。初代團十郎は開帳興行をどのように演出に取り入れたのだろうか。

⑥森田座「成田山分身不動」が上演された元禄十六（一七〇三）年四月二十七日から六月二十八日まで、新勝寺の初の江戸出開帳が深川（現江東区）永代寺《えいたいじ》で行われた。[*27] 生島新五郎《いくしましんごろう》や同門の大吉ら人気の役者が多数駆けつけ、尾張国名古屋藩藩主の奥方など身分の高い女性ら多数が参詣した。團十郎親子や女方荻野沢之丞《おぎのさわのじょう》、森田座座元三代目森田勘弥《もりたかんや》らが寄進し、新勝寺は二千百二十両を上廻る金額を集め、森田座の興行も大入りが続いた。

続く同元禄十六年七月、⑦森田座「小栗十二段」再演で初代團十郎は、③「小栗十二段」の二人の不動明王の場面に新勝寺の不動尊の趣向を取り入れた。新勝寺の開帳興行はすでに七月に終わっていたが、この趣向をさらに利用しようとしたのであろう。

前述⑥「成田山分身不動」は、演出に新勝寺の出開帳の趣向を取り入れ大成功をおさめたが、本作はどのような経緯で上演されたのだろうか。

人形浄瑠璃の作品には、早くから開帳興行の趣向が用いられていた。[28] こうしたことが影響し、上方歌舞伎では、開帳興行の趣向が頻繁に舞台に取り上げられた。江戸では、延宝五（一六七七）年、浅草で開帳興行が行われ、市村座で「浅草観音開帳《あさくさかんのんかいちょう》」[29]が上演された。

こうした経緯を踏まえ、元禄十一（一六九八）年、初代團十郎は開帳興行を取り入れる演出を行った。

元禄十一年六月、中村座「龍女三十二相《りゅうにょさんじゅうにそう》」は深川の弁財天開帳を取り入れ、毘沙門（初代團十郎）、弁財天（荻野沢之丞）が登場する。

元禄十四（一七〇一）年には鈴聲山真正極楽寺《しんしょうごくらくじ》（現京都市左京区）の阿弥陀如来の出開帳の趣向を取り入れた三つの演目が上演された。[30] ひとつめは元禄十四年三月、山村座「愛護十二段」で、女方生島大吉が不動明王を演じた。[31] ふたつめは同年三月、中村座「出世隅田川」（初代團十郎作）で、立役山川彦五郎が不動明王を演じた。三つめの同年五月、中村座「日本祇園精舎宝寺開帳《にっぽんぎおんしょうじゃたからでらかいちょう》」（初代團十郎作）は、神仏は登場しないが大詰で文覚（初代團十郎）が口から放った雷を二代目團十郎が宙乗り[32]で演じた。

元禄十四年七月、中村座「当世酒呑童子《いまようしゅてんどうじ》」（初代團十郎作）には毘沙門天（初代團十郎）が登場した。開帳した寺社は未詳だが、「七月はしぎのびしや門かい帳」[33]とあり、開帳興行と関連する作品であることがわかる。

このように、初代團十郎は開帳興行の趣向を取り入れた演目を繰り返し上演した。こうした演目を68ページ表4にまとめた。

これまで、初代團十郎は新勝寺がある下総の出身であったため不動信仰に篤く「成田山分身不動」を上演したといわれていた。しかし、これに加えて、本作を上演した理由がふたつ考えられる。

ひとつは、前項「初代團十郎の不動明王の演出」で見たように、元禄八（一六九五）年以降、歌舞伎界では競って不動明王が演じられたからである。

ふたつめは開帳興行の趣向を演出に取り入れた演目が各劇場で競って上演されたからである。元禄十四（一七〇一）年三月、京都真正極楽寺の江戸出開帳を踏まえ、山村座が「愛護十二段」を上演すると、初代團十郎の⑤「出世隅田川」が中村座で上演、山川彦五郎が不動明王を演じた。「愛護十二段」は同年三月から十一月まで続けられ、この上演は人気を集めたのであろう。すると初代團十郎は五月から「日本祇園精舎宝寺開帳」を中村座の舞台にかけた。本作は出開帳を踏まえつつ、宙乗りなど派手な演出を取り入れ、山村座に対抗した。

元禄十六（一七〇三）年にも競演が行われた。正月、山村座「傾城浅間曾我《けいせいあさまそが》」で富沢半三郎《とみざわはんざぶろう》が不動明王に変身する新開荒四郎《しんかいあらしろう》を演じた。このとき、元禄十五（一七〇二）年から十七（一七〇四）年にかけて江戸で少なくとも開帳興行が六回催された。本作上演はそのどれかが関係しているのであろう。そしてこれに対抗して、初代團十郎は新勝寺の出開帳を踏まえ⑥「成田山分身不動」を舞台にかけた。

初代團十郎は当時の歌舞伎界の状況を巧みに利用し、「成田山分身不動」の大成功を収めたのだ。

第3節　二代目團十郎の開帳興行の演出

享保期になると、開帳興行に関連する演目は元禄期ほど頻繁には上演されなくなっていった。そうしたなか、二代目團十郎が関係した開帳興行の趣向を取り入れた三つの演出の記録が残されている。これらの演目は初代團十郎のものとは異なる特徴をもっていた。

二代目團十郎の開帳に関わる演出

二代目團十郎の開帳に関わる演出として、金龍山浅草寺《せんそうじ》、新勝寺、そして金龍山一月寺《いちがつじ》で行われた三つの開帳興行について検討する。

①享保四（一七一九）年三月十八日から五月二十八日にかけ、浅草寺（現台東区）で観世音の開帳興行が行われた。[*34]それに先立つ同年正月、中村座で「開闢月代曾我《かいびゃくげんぷくそが》」[*35]が上演、浅草寺における開帳興行の趣向を取り入れていた。第一番目では、名刀友切丸を探す曾我五郎（二代目團十郎）が開帳場である浅草寺で荒事の演技を見せる。二番目にはお初と徳兵衛が大坂天満宮の茶屋前で会う「曾根崎心中《そねざきしんじゅう》」の趣向を取り入れるが、ここではお初（佐野川《さのがわ》万菊《まんぎく》）と徳兵衛（二代目團十郎）が、浅草寺門前の茶屋[*36]で出会った。

本作は、元禄期に行われた演出とは異なり、神仏は登場しないが、それに代わって開帳興行の開催地が舞台となっているのである。こうした演出が好評を博し、会場である浅草寺は参拝客で賑わい、本作もお盆まで上演された。[*37]

②享保十八（一七三三）年七月、新勝寺の二回目の開帳興行が行われた。破損した不動堂や金桜堂、仁王門などの改修のため、新勝寺は享保十七（一七三二）年四月、江戸での出開帳興行開催を申請した。当時江戸出開帳は三十三年ごとに認可されており、新勝寺は第一回目の開帳から三十年以上経っていたので、享保十八（一七三三）年七月一日から九月一日まで、第一回目と同様、深川（現両国）にある永代寺で出開帳を開催することになった。[*38]ところが、八月には風邪の瀰漫や悪天候のため参拝客は少なかった。[*39]同年七月、こうした状況のなか二代目團十郎は新勝寺開帳興行の趣向を取り入れた市村座「相栄山鳴神不動《おうさかやまなるかみふどう》」を上演した。ここでは鳴神上人が死者を納め

た籠に跨り、二代目團十郎が幼少期に演じた不動明王の演技を踏まえ、今回は大日大聖不動明王となることを告げた。*40

不人気だった新勝寺の出開帳興行同様、本作も前回のような大当たりとはいかなかった。*41 あるいは疫病による死者に鳴神上人が跨るという不吉な演出が災いしたのかもしれないが、かつて初代團十郎が好んだ不動明王の演出がすでにアピールしなくなってきたともいえるだろう。

③享保二十（一七三五）年三月、一月寺（現千葉県松戸市）の出開帳興行が回向院で行われた。*42 これに合わせ、享保二十年正月、市村座「振分髪初買《ふりわけがみはつかい》曾我《そが》」が上演された。一月寺は虚無僧寺の最高位であることから、三代目團十郎が虚無僧のやつしを演じる演出が取り入れられた。「昨日小かね一月寺より開帳の本尊入仏故こも僧三十人余むかひに出きらひやか成事也」*43（●）と、大勢の虚無僧が一月寺の本尊を出迎えたため、開帳場も賑ったという。

虚無僧とは、天蓋と呼ばれる深い編笠を被り、尺八を吹きながら業を行う普化宗の僧である。元禄九（一六九六）年に浮世草子『好色艶虚無僧《こうしよくつやこもそう》』が刊行され、元禄十二（一六九九）年正月には藤十郎座「けいせい仏《ほとけ》の原《はら》」で初代坂田藤十郎《さかたとうじゆうろう》が仇討ちをする虚無僧を演じたことから、広く虚無僧の演出が流行するようになった。二代目團十郎は正徳五（一七一五）年、中村座正月狂言「坂東一幸曾我」において曾我五郎がやつす虚無僧を演じ、好評を得た。

享保二十年二月五日、「振分髪初買曾我」において伊達姿の虚無僧（三代目團十郎）が登場する場面が掛けられると、二日後には劇場の入り口に「札売切申候間明日御出」（●）の張り紙が貼られるほどの大入りとなった。開帳興行に加えて当時流行の虚無僧を取り入れたことで大当たりを得たのだ。

以上のように、元禄期、初代團十郎は開帳興行の趣向を取り入れ神仏を登場させたのに対し、享保期、二代目團十郎は、開帳場や虚無僧を登場させるなどして好評を得たが、不動明王の演出は不評だった。元禄期から享保期に進むにつれ、開帳興行の演出や評価に変化が表れていた。

歌舞伎と寺社との関わり

歌舞伎は開帳興行の趣向を取り入れたが、開帳興行が歌舞伎の演出を利用することはなかったのだろうか。既述の如く初代團十郎は二代目團十郎とともに元禄十（一六九七）年五月、中村座「兵根元曾我」（54ページ②）に出演し、大当たりを得た。新勝寺が出開帳を展開したのは、その六年後の元禄十六（一七〇三）年である。[44] 團十郎親子が不動明王の演出で大当たりを取り、その後不動明王が五回も演じられたことが、新勝寺の出開帳に影響を及ぼしたのではないだろうか。

また、歌舞伎でしばしば演じられる曾我ものゆかりの神社も、歌舞伎からの影響を受けていた。延宝三（一六七五）年五月、山村座「勝時《かちどき》誉《ほまれ》曾我《そが》」が上演された。これは曾我ものの続狂言（複数の場面がある演目）として初めて上演されたものである。[45] 翌延宝四（一六七六）年正月、中村座「曾我両社賜」[46]が上演されると、わずか二年後の延宝六（一六七八）年には、曾我兄弟が仇討を行った鷹岡村（現静岡県富士宮市）と上井出村（現静岡県富士市）にあるふたつの曾我八幡宮が協力し、江戸出開帳を開催した。そして曾我兄弟の実父河津《かわず》三郎《さぶろう》家所有の系図や什器など『曾我物語』ゆかりの品が展示された。[47]

享保十六（一七三一）年には、鷹岡村曾我八幡宮が二回目の江戸出開帳を回向院で開催し、曾我十郎の愛人虎《とら》御前《ごぜん》の手鏡、源頼朝が曾我五郎に宛てた書状などを展示した。これらの品はすべて贋作とされるが、[48] それでも多くの参拝客が集まったという。鷹岡村曾我八幡宮には、頼朝が曾我五郎時宗に宛てた建久四（一一九三）年五月二十九日付けの書の木版四種類が現存している。

その後も、鷹岡村曾我八幡宮は明和二（一七六五）年に、上井出村曾我八幡宮は安永七（一七七八）年に江戸出開帳を催すなど、曾我ものの上演を受け、江戸出開帳興行が繰り返された。

こうしたことから、寺社は江戸歌舞伎が興した盛況に便乗して開帳興行を催していたといえるだろう。

二代目團十郎と寺社との関係

歌舞伎関係者と開帳興行を開催する寺社とはどのような関係あったのだろうか。二代目團十郎と寺社のやりとりをみてみたい。

享保十九（一七三四）年九月十七日「此朝成田新勝寺ヨリ御礼　芝栗来ル」（○）。この日、二代目團十郎のもとに、新勝寺から贈り物が届けられた。寛保（一七四一）元年四月十七日（●）にも新勝寺から初茸や栗などが季節の挨拶として届けられていることから、市川家と新勝寺は親しい関係にあったことがわかる。

享保二十（一七三五）年正月十日、「一月寺の和尚へ徳弁近付に成る　義好殿引合」（○）。三代目團十郎の尺八の師匠[*49]義好の紹介で、三代目團十郎が一月寺の和尚と面会した。三代目團十郎は尺八が得意で、舞台上で実際に尺八を吹いた。市川家と昵懇な六代目平戸藩藩主松浦篤信《まつうらあつのぶ》（194ページ参照）はその演出に感動し、三代目團十郎に高価な尺八の袋（正月十八日●）や尺八（二月十二日●）を贈るほどであった。

さらに翌享保二十年二月、市村座「振分髪初買曾我」で三代目團十郎が虚無僧を演じた際も、同年三月より開帳興行を催すことになっていた一月寺の関係者と相談したのではないだろうか。

享保十九年八月六日「岩付浄国寺御来義　予在宿ニテ久々ニテ対面　明年四月開帳ノコト御頼也」（○）。このとき自宅にいた二代目團十郎は、武蔵国岩槻村（現埼玉県岩槻市）の仏眼山浄国寺《じょうこくじ》[*50]で翌年四月に行われる開帳興行について依頼を受けた。同年八月十九日「内へ岩付浄国寺御来駕、予御目ニカヽリ（中略）明日国へ御発足ノ由　イトマゴヒニ御出　クレ〲来年ノ開帳ノ御事御頼也」（○）。浄国寺の僧侶が来訪し、開帳興行への協力を念押ししている。九月八日「浄国寺ヨリヱンギ又歌行詩諺解三冊来ル」（○）。漢詩注釈書『歌行詩諺解《かこうしげんかい》』三冊とあわせて浄国寺の縁起も届けられた。しかし、享保二十年正月、市村座「振分髪初買曾我」には一月寺の開帳の趣向が取り入れられており、結局、浄国寺出開帳に関する演出は行われなかった。[*51]

以上のように、二代目團十郎は開帳興行の趣向を取り入れる演出を行う際には寺社の関係者と直接やりとりし、また寺社からも依頼されていたのである。

第4節　不動明王の演技の定型化

初代團十郎と同様、開帳興行の趣向を歌舞伎の演出に取り入れながら、二代目團十郎は初代と違い、舞台上に神仏をほとんど登場させなかった。二代目團十郎はある時期までほとんど不動明王を演じなかったが、やがて不動明王の演技は開帳興行の演出から独立し、市川家の芸として定着していった。こうした不動明王の演技はどのような経緯をたどって固定化したのだろうか。

享保二十（一七三五）年、二代目團十郎は大病を患っていた。同年四月二十四日以降、一時日記の記述が中断している。七月七日に記載された発句「病中順快吟[*52]　七夕や餓鬼の車の我等まて」（△）から、このとき二代目團十郎が病床に臥せっていることがわかる。

そうした状況のなか、顔見世興行が直前に迫った十月十四日、三代目團十郎が新勝寺に参詣すると、二代目團十郎の病は快癒、十一月朔日、市村座顔見世興行「混源七小町《こんげんななこまち》」初日に復帰することができた。

この出来事を期に、二代目團十郎の不動明王の演技は徐々に変化し、開帳興行から独立していく。

幼少の二代目團十郎は、初代團十郎とともに何度も不動明王を演じたが、新勝寺の一回目開帳興行（元禄十六年）から二回目（享保十八年）までのあいだ、不動明王についての口上や不動明王像のからくりを除けば、一度も不動明王そのものを演じていない。ところが大病から復帰した享保二十年以降、二代目團十郎は不動明王を七回も取り上げ、不動明王に扮することも多くあった。どのような演出が行われたか、検討しよう。

①享保二十（一七三五）年十一月、市村座「混源七小町」では、舞台復活を祝う口上で不動明王の力によって本復できたというせりふがあるのみだった。

②翌元文元（一七三六）年九月、市村座「四人不動」では、二代目團十郎が目黒不動を、三代目團十郎が目白不動を、大谷広次《おおたにひろじ》が目赤不動を、そして座元八代目市村羽左衛門が目青不動を演じた。この演目はさほど評判にならなかったようだ。

③寛保元（一七四一）年八月、中村座「潤清和源氏《うるおいせいわげんじ》」は二代目團十郎と三代目團十郎が大坂に上る前の名残の興行で、二代目團十郎が源頼光、渡辺綱、不動明王の三役を、三代目團十郎が四天王と愛染明王を演じた。

④翌寛保二（一七四二）年正月、佐渡島座「雷神不動北山桜《なるかみふどうきたやまざくら》」で二代目團十郎は久米寺弾正、初代團十郎から受け継いだ鳴神上人、そして不動明王の三役を演じて大当たりを取った。その後九年間は不動明王を演じていない。

⑤宝暦元（一七五一）年七月、市村座「佐々木三郎藤戸日記《ささきさぶろうふじとにっき》」で不動明王像を演じた。

⑥宝暦四（一七五四）年正月、中村座「百千鳥艶曾我《ももちどりくるわそが》」で愛染明王を演じた。

⑦翌宝暦五（一七五五）年十一月、中村座「惺《ありがたし》弓勢源氏《ゆんぜいげんじ》」の大詰めで目黒不動を演じた。これが二代目團十郎最後の不動明王の演技となった。

これら七作品のうちもっとも評判となったのは、④「雷神不動北山桜」[53]である。座元の佐渡島長五郎《さどしまちょうごろう》は場面の成立について次のように語る。

四番め鳴神上人をやつこがころす事あり。詰に鳴神の亡霊、雲のたへまにつきしたひがいこつの所作を思ひ付たり。栢莚生得狂言に切殺さるゝ事を忌てせず。予是をさせんと思ひ、四ばんめのがいこつの所、影法師にて拙者勤べしといひければ、左候はゞ殺され申べしと相談出来て稽古云合済、（中略）しかし歌舞妓役者の殺さるゝ役を嫌ふもいか成事か。是とても妙なるべし。[54]

当初は鳴神（二代目團十郎）が刺殺される演出であったが、二代目團十郎は初代から受け継いだ役を演じながら舞台上で殺されるのを好まなかった。当惑した長五郎が機転を効かせて骸骨の所作場面を用意したので、二代目團十郎はようやく同意したという。骸骨の場面が不動明王の登場を正当化したのであろう。父親が舞台上（あるいは楽屋）で実際に刺殺されたその現場を目撃した二代目團十郎の生い立ちを考えれば、舞台上で刺殺される演出を厭うのももっともだろう（ちなみに、二代目團十郎が演じた役が舞台上で殺される演出記録を筆者は見たことがない）。

この興行は、長五郎が「わざ〳〵大坂へ来る人、数を知らず。押も分られぬ大評判大入。京の数寄人は大坂にて見物したる人多し」[55]というほどの大成功を収めた。二代目團十郎はここで、幼少期以来初めて不動明王を演じて好評を得た。大病を克服し、死んだ鳴神が不動明王として復活する演技を亡き父に捧げることで、成功を収めることができたのであろう。

「雷神不動北山桜」で好評を博した二代目團十郎はこれ以降、不動明王の演技を繰り返し行い、また他の役にも転用していった。

前述⑥「百千鳥艶曾我」は開帳興行と関わった最後の演出でもあった。このとき奈良の総本山西大寺《さいだいじ》（現奈良県奈良市）の江戸出開帳が開催されており、その趣向を取り入れた。「矢の根」の場面で、曾我五郎の霊（二代目團十郎）が西大寺の愛染明王の立姿を演じた。

このとき二代目團十郎は五つの役で舞台に登場したが、観客はこの立姿に大いに喜んだ。中村座は西大寺にその姿を描いた絵馬（図1）[*56]を寄進し、二代目團十郎も中村座のために「矢の根蔵」という衣装蔵を建てた。これまでの評判により、不動明王といえば新勝寺のものとするイメージが定着していたからか、このとき以降二代目團十郎が「成田の不動の第一息子」[*57]だったという伝説が広く庶民に知られるようになった。[*58]

図１　愛染明王に見立てる曾我五郎の霊（二代目團十郎）（鳥居清信画、西大寺蔵）

二代目團十郎の不動明王にまつわる逸話が残されている。
二代目團十郎が晩年、高尾山の不動堂に参詣した際、不動堂の和尚から「正身の不動尊の拝したき」[*59]とねだられた。二代目團十郎は一旦は断るが、やがて酒に酔うと「きせるを剣になしてもち火縄をばくの縄にもちて不動の尊容をうつしてにらみけり」[*60]。煙管と火縄を手に不動明王に扮し、見得をした二代目團十郎の姿を見た周囲のひとはどれほど感動したことであろう。二代目團十郎にとっての不動明王は客を喜ばせるだけでなく、自らをも奮い立たせる役柄であったのだろう。

「雷神不動北山桜」以降、市川家では不動明王の演技が繰り返し行われた。二代目團十郎没後、天保三（一八三二）年までの七十四年間に「雷神不動北山桜」は十四回の再演を重ね、不動明王はそれ以外の演目でも十六回演じられた。特に七代目團十郎は若くして七回[*61]も演じるほど強い関心をもっていた。不動明王は市川家にとってかけがえのない役であったため天保三年、市川家は「歌舞伎十八番」に「不動」を収めたのであろう。こうした経緯を経て、不動明王の役は歌舞伎に不可欠なものとして定着した。

＊　＊　＊

初代團十郎が取り入れた不動明王の演技や寺社の開帳興行の趣向を取り入れた演出は、当時の役者や劇場による競演が強く作用していた。

初代團十郎は元禄中期にまき起こった流行に合わせて不動明王を演出し、新勝寺との提携に尽力した。この頃歌舞伎役者や歌舞伎劇場は競って不動明王を上演した。

二代目團十郎は、こうした寺社の開帳興行を取り入れる演出を引き続き行った。不動明王など神仏との関連は薄くなったが、開帳興行の会場や虚無僧などを用いるようになっていった。開帳興行と関連する演出は、寺社にも劇場にも利益をもたらした。

このような江戸歌舞伎劇場と寺社との協力関係は、歌舞伎劇場を中心とした商業圏の発展にも与《くみ》しているのであろう。

大病から快癒した二代目團十郎は、開帳興行から独立して不動明王を演じた。こうした演技が繰り返され、やがて「歌舞伎十八番」として定着していった。

市川家の「歌舞伎十八番」はある種類の著作権と捉えることができるのであろう。

表3　不動明王の演出（未定稿）

○＝初代・二代目團十郎の不動明王、年＝『歌舞伎年表』、傑＝『元禄歌舞伎傑作集』、願＝「元禄九歳市川団十郎願文」（『団十郎の芝居』）、紋＝『芝居紋番付』（国立国会図書館蔵）、国＝国立国会図書館蔵絵入狂言本、金＝『金の揮』、日＝二代目團十郎の日記

年月	題名	劇場名	作者	役者	資料
元禄8年7月	一心二河白道○か	山村座		初代團十郎か	願
元禄9年6月	後藤左衛門地獄さんだん	山村座		山村長太夫	願
元禄10年2月	岩屋不動	森田座		坂東又太郎（不動明王）、西国兵五郎は脇士勢多迦、森田勘弥（金剛不動）	年
元禄10年5月	兵根元曾我○	中村座	初代團十郎	二代目團十郎（金剛明王）	傑
元禄10年11月	小栗十二段○	山村座	初代團十郎	初代團十郎、二代目團十郎「二体不動」	金
元禄11年9月	源平雷伝記○	中村座	初代團十郎	不動像は舞台道具	傑、『歌舞妓十八番考』
元禄14年3月	出世隅田川○	中村座	初代團十郎	山川彦五郎	傑
元禄14年3月	愛護十二段	山村座	中津惣十郎、中津五左衛門	生島大吉（小幡、のち不動明王）	国
元禄16年正月	傾城浅間曾我	山村座	未詳	富沢半三郎（新開荒四郎後不動）	傑
元禄16年4月	成田山分身不動○	森田座	初代團十郎	初代團十郎（胎蔵界の不動）、二代目團十郎（金剛界の不動）	傑
元禄16年7月	小栗十二段○	森田座	初代團十郎	初代團十郎、二代目團十郎「二体不動」	傑
宝永6年盆	あいごの若	市村座		市村竹之丞口上、泣不動	年、『役者謀火燵』
享保元年11月	三巴家督開○	中村座		二代目團十郎の今井四郎兼平がからくり不動像のなかから登場	年、『役者色茶湯』
享保6年11月	鳥坂城鶴顆○	中村座		口上	年、『役者芸品定』

享保13年正月	初緑あいおい曾我	森田座		市川團蔵（鬼王、大山不動堂）	年、『役者色紙子』
享保18年7月	相栄山鳴神不動○	市村座	未詳	二代目團十郎（不動明王）、市村満蔵（こんがら童子）、三代目團十郎（せいたか童子）	『三座せりふよせ』、年、紋、『役者三津物』
享保20年11月	混源七小町○	市村座	江田弥市か	二代目團十郎口上	年、『役者福若志』
元文元年9月	四人不動○	市村座	江田弥市か	二代目團十郎（目黒不動）、三代目團十郎（目白不動）、大谷広次（目赤不動）、八代目市村羽左衛門（目青不動）	年、『役者多名卸』
寛保元年8月	潤清和源氏○	中村座		二代目團十郎（渡辺、頼光、不動明王）三代目團十郎（四天王、愛染明王）	年、日、『役者柱伊達』
寛保2年正月	雷神不動北山桜○	佐渡島座	安田蛙文、田中万助、津打半十郎	二代目團十郎（久米寺弾正、鳴神、不動明王）、大入り	年、日、『歌舞伎台帳集成』第四巻、『佐渡島日記』、『役者披顔桜』、『役者和歌水』
宝暦元年7月	藤戸日記○	市村座		二代目團十郎（鳴神不動尊像）	年、『役者艶庭訓』
宝暦2年正月	楪姿視曾我	市村座	藤本斗文など	愛染明王が五郎（亀蔵）に力を与える	年、『役者独案内』
宝暦4年春	百千鳥艶曾我○	中村座	藤本斗文	二代目團十郎（曾我五郎の幽霊・愛染明王の見立て）	年、『役者大峰入』、『市川栢莚舎事録』
宝暦5年11月	惶弓勢源氏○	中村座	津打治兵衛	二代目團十郎（目黒不動）	年、『役者懸想文』

表4　開帳興行の演出（未定稿）

□＝初・二代目團十郎が神仏を演じた、■＝初・二代目團十郎が演出の関わったが神仏を演じなかった、年＝『歌舞伎年表』、傑＝『元禄歌舞伎傑作集』、金＝『金の揮』、日＝二代目團十郎の日記、国＝国立国会図書館蔵絵入狂言本、紋＝『芝居紋番付』（国立国会図書館蔵）、絵＝『絵入狂言本集』、有＝「江戸開帳年表」

年月	題名	劇場名	作者	役者	開帳興行	資料
延宝5年頃か	浅草観音開帳	市村座	未詳		浅草寺観音の延宝五年開帳か	『西鶴俗つれ〴〵』
元禄11年6月	龍女三十二相□	中村座	初代團十郎、中村明石清三郎、中村清五郎	初代團十郎（蒲田兵衛、のち毘沙門）、荻野沢之丞（弁財天）	深川海一万坪築立弁天	年、絵
元禄14年3月	出世隅田川■	中村座	初代團十郎	山川彦五郎（不動）	真正極楽寺（真如堂）か	傑
元禄14年3月	愛護十二段	山村座	中津惣十郎、中津五左衛門	生島大吉（小幡、のち不動明王）	真正極楽寺（真如堂）	年、国
元禄14年5月	日本祇園精舎宝寺開帳■	中村座	初代團十郎	初代團十郎（文覚）、二代目團十郎（弟子）	真正極楽寺（真如堂）	国
元禄14年7月	当世酒呑童子□	中村座	初代團十郎	初代團十郎（毘沙門）	「七月はしぎのびしや門かい帳」とあるが未詳	金
元禄16年正月	傾城浅間曾我	山村座	未詳	富沢半三郎（新開荒四郎が不動に変身）	元禄十五年～十七年に開帳が六回あるも、どれに関わったかは不明	国、傑
元禄16年4月	成田山分身不動□	森田座	初代團十郎	初代團十郎（胎蔵界の不動）、二代目團十郎（金剛界の不動）	新勝寺	傑

元禄16年7月	小栗十二段□	森田座	初代團十郎	初代團十郎、二代目團十郎「二躰不動」	開帳の名残	傑
宝永元年2月	けいせい角田川	山村座	未詳	四の宮源八じつは融通上人、文殊菩薩	土佐国五台山文殊菩薩	傑
宝永5年中	日南山薬師開帳□	山村座	未詳	ばらもん王（二代目團十郎）	未詳	年
宝永6年盆	あいごの若	市村座	未詳	竹之丞口上、泣不動	京都、浄花院・泣不動	年、『役者謀火燵』
享保4年正月	開闢月代曾我■	中村座	未詳	二代目團十郎（五郎、徳兵衛）佐野川万菊（お初）、	浅草浅草寺	年、『役者五重相伝』
享保6年11月	鳥坂城鶴■■	中村座	未詳	口上	新勝寺の下総国巡業開帳などと関わるか（『成田山新勝寺史料集』）	年、『役者芸品定』
享保12年閏正月	春駒角田川	市村座	未詳		武蔵野隅田川　木母寺、梅若丸か	年
享保17年7月20日から	三国伝来栄花聟	市村座	津打治兵衛	市村羽左衛門（本田よしみつ）、三番目には善光寺如来の水からくり	文中に「八月開帳」と「せんこうじの如来」とあるが未詳	「享保十九年春狂言本」ボストン美術館(2007.57)
享保18年2月	栄分身曾我■	市村座	津打治兵衛	二代目團十郎（曾我十郎、白酒売り）	嵯峨清涼寺、釈迦如来	『役者三津物』、『三座せりふよせ』、国、紋
享保18年7月	相栄山鳴神不動□	市村座	津打治兵衛	二代目團十郎（不動明王）、市村満蔵（こんがら童子）、三代目團十郎（せいたか童子）	新勝寺	『三座せりふよせ』、紋、『役者三津物』
享保20年正月	振分髪初買曾我■	市村座	江田弥市、津打半助	二代目團十郎（鬼王）、三代目團十郎（曾我五郎、虚無僧）	一月寺（「開帳差免帳」（国立国会図書館蔵））	「市村座狂言絵本」国、年、日
宝暦4年春	百千鳥艶曾我□	中村座	藤本斗文	二代目團十郎（曾我五郎の幽霊＝愛染明王の見立て）	西大寺	『役者大峰入』、『栢莚舎事録』

注

＊1　奥平俊六著「カブキモノと阿国歌舞伎の図像」（『出雲阿国展』島根県立美術館、二〇一三年）

＊2　伊原敏郎（青々園）著『團十郎の芝居』（早稲田大学出版部、一九三四年）

＊3　服部幸雄著『市川團十郎代々』（講談社、二〇〇二年）

＊4　郡司正勝著「元禄歌舞伎における開帳の影響」（『国文学研究』第七輯、一九五二年）

＊5　比留間尚著『江戸の開帳』（吉川弘文館、一九八〇年）

＊6　上原昭一、宮次男他著『観音・地蔵・不動』（集英社、一九八九年）

＊7　服部幸雄著『市川團十郎代々』（講談社、二〇〇二年）

＊8　「元禄六歳市川團十郎願文」「元禄九歳市川團十郎願文」（伊原敏郎〔青々園〕著『團十郎の芝居』早稲田大学出版部、一九三四年所収）

＊9　「二世市川団十郎請状」（正徳三〔一七一三〕年、早稲田大学演劇博物館蔵、請求番号：43681、口絵参照）。この頃、キリスト教禁止令により、人々はすべて寺社に籍を登録し、就労などの際には寺社が発行する証書を提出しなければならなかった。本請状は二代目團十郎が山村座座元に提出したもの。

請状之事
一　私儀巳ノ霜月朔日より午ノ十月
晦日迄貴殿芝居江役者奉公ニ
罷出候処実正也給金之儀者高
五百両ニ相定手附金四百両之内
金三百四拾七両唯今慥ニ請取申候
残金之儀者当極月より惣役者並
節々ニ可申請候
一　御公儀様御法度之条々堅相
守可申候
一　宗旨之儀ハ代々より浄土宗ニ而御座候
御法度之宗旨ニ而者無御座候
則寺請状我等方に取置申候何時
成共入用次第ニ相渡可申候
一　芝居座中一道之儀不依何事
如何様之儀被仰付候共急度相勤

少も相背申間鋪候為後日請
状仍如件
正徳三年巳ノ七月廿三日
請人太兵衛
役者團十郎
長太夫殿

＊10　享保十九年六月十一日（▽）。衍誉利天は享保二十年没（郡司正勝校注「老のたのしみ抄」『近世芸道論』日本思想大系61、岩波書店、一九七二年）。
＊11　享保十九年六月十九日（○）。愚蒙とも。天和三（一六八三）年生まれ、没年未詳。増上寺第三十六代僧正祐天の甥。師の初代祐海没後江戸目黒に祐天寺を建立、師を開山として自らは二代目となった。
＊12　近仁斎薪翁著『古今役者論語魁』（明和九〈一七七二〉年、『近世芸道論』日本思想大系61、岩波書店、一九七二年所収）
＊13　『役者芸品定』（享保七〈一七二二〉年正月）
＊14　享保二十（一七三五）年九月二十八日（△）。
＊15　『役者福若志』（享保二十一〈一七三六〉年正月）
＊16　『役者謀火燵』（宝永七〈一七一〇〉年三月）
＊17　小松茂美編『頬焼阿弥陀縁起　不動利益縁起』（中央公論社、一九九五年）
＊18　「泣不動」（田中允編『未刊謡曲集』続十九、古典文庫、一九九六年）
＊19　「元禄九歳市川團十郎願文」（＊8）に「盆十四日よりは一心二河白道、五番続、五番目に不動有り、夥敷はんじやう」とある。
＊20　比留間尚著「江戸開帳年表」（西山松之助編『江戸町人の研究』第2巻、吉川弘文館、一九七三年）
＊21　高野辰之、黒木勘蔵校訂『元禄歌舞伎傑作集』上巻（臨川書店、一九七三年）所収の絵入狂言本による。
＊22　謡曲ではワキは山伏、前シテは童、後シテは不動尊だった。前半では童や怨霊、幽霊などが使う黒頭の鬘やべしみの面を被り、小袖の上に水衣あるいは狩衣を着て、扇子を持ち曲舞するが、後半には打杖で神通力を見せる。通力坊は面こそつけないが他

は「泣不動」のシテそっくりの衣装や小道具を用いている（絵入狂言本『兵根元曾我』）。

＊23　観客は賽銭として一日に十貫文を舞台に投げた（伊原敏郎〔青々園〕著『歌舞伎年表』岩波書店、一九五六年）。

＊24　伊原敏郎（青々園）著『歌舞伎年表』（岩波書店、一九五六年）

＊25　伊原敏郎（青々園）著『歌舞伎年表』（岩波書店、一九五六年）

＊26　郡司正勝校注『歌舞伎十八番集』（日本古典文学大系98、岩波書店、一九六五年）

＊27　「元禄十六年江戸開帳寄進帳」（成田山新勝寺史料集編纂委員会編『成田山新勝寺史料集』第五巻、大本山成田山新勝寺、一九九八年）

＊28　郡司正勝著「元禄歌舞伎における開帳の影響」（『国文学研究』第七輯、一九五二年）

＊29　挿絵「浅草観音開帳」（井原西鶴著『西鶴俗つれづれ』元禄八〔一六九五〕年、新編西鶴全集第四巻・本文篇、二〇〇四年所収）には、玉村吉弥、市村宇左衛門、初代團十郎、今村粂之助、上村掃部、村山しつま、多門庄左衛門、小舞庄左衛門らの役者名が書かれている。これを根拠に土田衞氏はこの挿絵を延宝五（一六七七）年作とする（「『歌舞伎年表』補訂考証_元禄篇3」「愛媛国文研究」二二号、一九七二年）。『浅草寺史談抄』（網野宥俊著、金龍山浅草寺、一九六二年）によると、承応三（一六五四）年、延宝五（一六七八）年三月、貞享四（一六八七）年、元禄五（一六九二）年に観音開帳が行われたとされるが、演目や開帳興行の関係性については不明。

＊30　伊原敏郎（青々園）著『歌舞伎年表』（岩波書店、一九五六年）

＊31　絵入狂言本『愛護十二段』（国立国会図書館蔵）に「あいこゆりひめの枕もとへわうじかつひめのおんりやう出さま〳〵あたをなすをそばなるによらいのみかげつるぎとなりこわたがまくらへおつれハこわたふとうになり二人のおんりやうをきりはらふこれもしんによたうみたのほうへんなれハかいてうせんとて」（翻刻著者）とある。

＊32　これが歌舞伎史上二度目の宙乗り。初回は前年の元禄十三（一七〇〇）年五月または秋、森田座「大日本鉄界仙人」で行われ、曾我五郎（初代團十郎）が五郎の化身（二代目團十郎）を口で吹き飛ばしたときに行われた。ただし、この頃は客席上ではなく、本舞台の上を飛んだか。客席上での宙乗りは宝暦十（一七六〇）年正月、大坂中山文七座「霧太郎天狗酒醼」中に行われた（賀古唯義資料「近世芝居小屋における建築構造の変遷」、埼玉大学人文社会科学研究科主催シンポジウム「日本的演劇空間とは

何か」、二〇一八年三月十日、東京芸術劇場）。

＊33　近藤清春画『金之揮』（享保十三〔一七二八〕年、『資料集成二世市川団十郎』和泉書院、一九八八年所収）

＊34　網野宥俊著『浅草寺史談抄』（金龍山浅草寺、一九六二年）

＊35　『役者五重相伝』（享保四〔一七一九〕年三月）

＊36　門前の茶屋名は、シカゴ美術館蔵の浮世絵（武藤純子著『初期浮世絵と歌舞伎』笠間書院、二〇〇五年所収）では「藤の茶屋」、大英博物館蔵蔵の浮世絵では「てんまや」となっている。

＊37　浅草寺における開帳興行の趣向を取り入れた「開闢元服曾我」は成功し、浅草寺の開帳興行初日に、江戸三座の立役者が開帳場を訪れた。しかし伊原敏郎（青々園）著『歌舞伎年表』（岩波書店、一九五六年）には「三座手明の役者、札売場並霊宝場へ出でしが、間もなく止めらる」とある。開帳場には多数の観覧者が押し寄せ、役者の登場は中止されたという。

＊38　「享保十二年十二月　照朝代江戸佐倉願書控」（成田山新勝寺史料集編纂委員会編『成田山新勝寺史料集』第四巻、大本山成田山新勝寺、一九九五年所収）

＊39　「大坂、京都時行の風邪殊外厳敷、上は親王宮方堂上不残、町々は老少不弁、十人位の処には十人ながら臥す、皆然り、依之七月十四五日六斎念仏夥敷参候共、当年は千菜寺を始め一人も不参、朝暮町々を荷ひ諸色の物売の者も其数少し、物見遊山芝居殊外淋し、上旬の比より江戸街道へうつり、十三日、十四日には江戸中京店の者共、何百にても有次第、風邪相染難儀仕候」（本島知辰編『月堂見聞集』第二十八巻、享保十八年七月、森銑三、北川博邦監修『続日本随筆大成』別巻、近世風俗見聞集、吉川弘文館、一九八二年所収）。

＊40　「鳴神上人方便の勇力せりふ」（享保十八〔一七三三〕年、ケンブリッジ大学図書館蔵）

＊41　『役者三津物』（享保十九〔一七三四〕年正月）

＊42　『開帳差免帳』（国立国会図書館蔵）

＊43　享保二十（一七三五）年二月二十五日（●）。

＊44　服部幸雄著『市川團十郎代々』（講談社、二〇〇二年）

＊45　近藤清春画『金之揮』（享保十三〔一七二八〕年、『資料集成二世市川団十郎』和泉書院、一九八八年所収）

＊46　関根只誠纂録『東都劇場沿革誌料』（国立劇場芸能調査室、一九八三年）

＊47　木本弥太郎著『駿国見聞抄』（天保十三〔一八四二〕年頃、著者は上井出村曾我八幡宮の管理人）に、借用のものは開帳興行中に紛失、または神主が横領したとの記述があるという（遠藤秀男著『富士宮むかし語り』緑星社、一九七五年）。

＊48　遠藤秀男著『富士宮むかし語り』（緑星社、一九七五年）

＊49　江戸後期、虚無僧らは尺八の演奏と指導を独占した（武田鏡村著『虚無僧』三一書房、一九九七年）。三代目團十郎の時代はまだ独占は進んでいなかったが、三代目團十郎の尺八の師も一月寺の僧か。

＊50　『浄国寺日鑑』（『岩槻市史』岩槻市役所、一九八一年所収）

＊51　浄国寺出開帳の演出は取り入れられなかったが、市川家は四月中、浄国寺の開帳興行に四回参詣、開帳場の回向院の池に亀を放すなどした（享保二十〔一七三五〕年四月朔日、七日、十二日、十八日●）。

＊52　二代目湖十編の句集『続花摘』にもある。

＊53　歌舞伎台帳研究会編『歌舞伎台帳集成』第四巻（勉誠社、一九八四年）

＊54　佐渡島長五郎著『佐渡島日記』（『歌舞伎十八番集』日本古典文学大系98、岩波書店、一九六五年所収）

＊55　佐渡島長五郎著『佐渡島日記』（『歌舞伎十八番集』日本古典文学大系98、岩波書店、一九六五年所収）

＊56　鳥居清信画「矢の根五郎」（宝暦四〔一七五四〕年、西大寺蔵）

＊57　『顔見世役者のくさめ』（宝暦四年〔一七五四〕十一月）。このとき二代目團十郎は西大寺の愛染不動明王を演じたが、本書は新勝寺の不動明王を演じたとする。二代目團十郎と新勝寺の関係が広く認知されていた証左である。

＊58　郡司正勝編『歌舞伎十八番集』（日本古典文学大系98、岩波書店、一九七八年）

＊59　池須賀散人著『市川柏莚舎事録』（明和六〔一七六九〕年、『資料集成二世市川団十郎』和泉書店、一九八八年所収）

＊60　池須賀散人著『市川柏莚舎事録』（明和六〔一七六九〕年、『資料集成二世市川団十郎』和泉書店、一九八八年所収）

＊61　国立劇場調査養成部芸能調査室編『通し狂言雷神不動北山桜』（日本芸術文化振興会、一九九六年）

第3章　宣伝の演出と印刷物の制作——もぐさ売りを中心に

享保期江戸歌舞伎では、舞台上にさまざまな商人が登場し、多種多様な商品の宣伝が行われるようになった。寛文期、歌舞伎役者中村数馬《なかむらかずま》が大伝馬町（現中央区日本橋）に香油店を開業したが、[*1]この頃から、他の歌舞伎役者もさまざまな商品を販売するようになった。

享保期になると商店の家紋を衣装や小道具に描いて宣伝したが、やがて商人の役を舞台に登場させるようになっていった。これは、身分の高い登場人物がもの売りに身をやつす、いわゆる「やつし芸」とも関係するが、役者と商人とのあいだに密接な関係があったことを示している。

またこの頃には、歌舞伎興行を宣伝するため、演目や出演者名を掲載した番付や、演目の粗筋を絵で紹介する「狂言絵本」、上演中好評を博した掛け合いせりふなどを書き出した「せりふ正本」などの出版物が制作された。こうした出版物はこれ以降、歌舞伎興行に欠かせないものとなった。[*2]

このような商人の演出や出版物の制作など歌舞伎役者による宣伝活動は、江戸歌舞伎の興隆に大きく寄与したとされているにも関わらず、その詳細はいまだ明確になっていない。

歌舞伎に登場する商人としては「外郎売り」が有名であるが、これについてはすでに先行研究で吟味されている。そのため本書では、商人のなかでも「もぐさ売り」の演技、およびせりふ正本と番付制作に注目し、二代目團十郎がどのような宣伝活動を行ったかについて考察する。

第1節　もぐさ売りの初演まで

いつから舞台上に商人が登場したのだろうか。

十五世紀前半に作曲された謡曲「雲雀山《ひばりやま》」*3には草花などを売る商人が登場するが、やがて天正期以降、都市部において町人らが活躍しはじめると、狂言「酢薑《すはじかみ》」「昆布売《こぶう》り」「饅頭食《まんじゅうくい》」「柿売《かきう》り」など商人が登場する演目が多数上演されるようになった。*4

明暦四（一六五八）年五月二十八日、古都伝内日向太夫座が村上藩藩主松平直矩《まつだいらなおのり》の江戸屋敷に招かれ「かきうりの狂言」などを上演、ここに柿売りが登場した。*5当時古都伝内日向太夫座には、狂言方に加えて若衆や道化方、奴役者も所属しており、歌舞伎と狂言は密接な関連をもちながら上演されていた。*6狂言から影響され、歌舞伎でも商人の演技が取り入れられるようになったのであろう。

歌舞伎の舞台上に初めて商人が現れたのは寛文二（一六六二）年八月二十日「ところてん売り」*7で、これはゆうなん三郎兵衛《さぶろうべえ》の物まね芸「声色」、つまりせりふ術の一種だった。*8

松平直矩の日記『松平大和守日記』や弘前藩江戸屋敷の記録『弘前藩庁日記』*9などには、商人が登場する歌舞伎についての記述が三十ヶ所ある（91ページ表5参照）。ここに挙げられたのは「たばこや衆道」「そば切りおどり」「表具屋」などで、商人に扮した役者らによる所作場面だったのだろう。

元禄十五（一七〇二）年正月、山村座「祭礼鎧曾我《さいれいよろいそが》」の焼き麩売り（初代中村七三郎《なかむらしちさぶろう》）のやつし芸は「近年の出来物大あたり[*10]」と、とくに評判がよかった。

同元禄十五年閏八月、山村座「信田会稽山《しだかいけいざん》」[*11]では煙草店を営む千原左近（初代七三郎）が登場する。このとき初代七三郎は身分の高い登場人物が商人にやつしたが、その商人が実在したかどうかは不明である。[*12]

宝永五（一七〇八）年正月、中村座「傾城嵐曾我《けいせいあらしそが》」では遊郭に通う曾我十郎（初代七三郎）が餅を売る小松屋にやつしたが（図2）、[*13]この小松屋は実際に江戸で営業していた。ここに初めて、歌舞伎の舞台上に実在の商人が登場したのだった。

図2　幾世餅売りに身をやつす曾我十郎（中村七三郎）（奥村政信画、国立国会図書館蔵）

小松屋が売る「幾世餅」については、江戸案内書『続《ぞく》江《え》戸《ど》砂子《すなご》』[*14]に次のような記述がある。

> ○幾世餅　両国ばし西の詰　小松屋喜兵衛
> 餅を一やきざつと焼て餡を点ず、風味美也。元禄十七のとしはじめてこれを製す。今諸所に摸して江都の名物となれり。

喜兵衛の妻は吉原の遊女で名を幾世といったため「女房の名を付て売る餅」と噂された。[*15]二代目團十郎は元文五（一七四〇）年七月二十九日、当時両国の諸宗山無縁寺回向院《えこういん》で行われた信濃国（現長野県）定額山善光寺《ぜんこうじ》の出開帳興行によって幾世餅がよく売れたことを題に狂歌「臼に座すほさつのおかけわするゝな残ほどひかるいく世もち秋」（●）を詠んだ。

この他、黒本『新文字絵尽《しんもじえづくし》』*16挿絵にも小松屋が描かれるなど、この頃かなり評判の店だったようだ。初代七三郎はこの小松屋の主人喜兵衛を演じたのであった。

「傾城嵐曾我」上演の翌二月に初代七三郎が没すると、一ヶ月後の三月中村座で追善興行「追善彼岸桜《ついぜんひがんざくら》」（別称「中将姫京雛《ちゆうじようひめきようびいな》」）が上演され、そこでも幾世餅の趣向が取り入れられた。*17

初代七三郎が没した翌宝永六（一七〇九）年七月、山村座「傾情雲雀山《けいせいひばりやま》」*18で初めて二代目團十郎が「もぐさ売り」を演じた。本作は津打半右衛門《つうつはんえもん》作とされ、謡曲「雲雀山」や近松門左衛門《ちかまつもんざえもん》作「当麻中将姫《たえまのちゆうじようひめ》」と同系の中将姫伝説による演目であった。二代目團十郎は七三郎による小松屋の演技から着想し、もぐさ売りを生み出したのではないだろうか。

「傾情雲雀山」の絵入狂言本や奥村政信《おくむらまさのぶ》作の役者絵（図3）*19によると、このときのもぐさ売りは笠を被り、薬箱を背負っていた。こうした出で立ちは、菱川師宣《ひしかわもろのぶ》画『吉原恋の道引《よしわらこいのみちびき》』*20中の挿絵や近藤清春《こんどうきよはる》画『遊君女郎花《ゆうくんおみなえし》』*21、宮《みや》川長春《かわちようしゆん》画「吉原風俗図屏風《よしわらふうぞくずびようぶ》」*22に見られる商人の姿に酷似している。二代目團十郎演じるもぐさ売りも七三郎同様、実際の商人の姿を模していたのだろう。こうした演出のため、「傾情雲雀山」は大変な人気を呼ぶことになった。

さらに本作は初代團十郎の七回忌の追善興行でもあった。「七年以前親團十郎果られ．其盆狂言より．今團十郎と伝吉殿御口上にてなかるゝ．此人は猶以諸見物も袖をしぼりて一入ひいきづよく」*23と、二代目團十郎と伝吉が涙ながらに追善口上を述べると、観客も感涙し一層手厚く応援したという。伝吉とは宮崎伝吉《みやざきでんきち》で、当時中村座に所属、しばしば初代團十郎と共演した役者である。また、二代目團十郎はもぐさ売りの役名に、初代團十郎が狂言作者として使用した「三升屋兵庫」を用いた。初代團十郎の亡き魂を悼む演出だったのだろう。

本作では、もぐさ売りのせりふも観客の支持を得た。ここで、初演時のもぐさ売りのせりふ*24を吟味してみよう。便宜上番号を付し、改行した。

図3　もぐさ売りに身をやつす粂八郎（二代目團十郎）（奥村政信画、メトロポリタン美術館蔵）

もぐさ売せりふ　市川團十郎

もぐさ〳〵せいほうもぐさ。大が七ぜん。中が五銭。ずんと
小児《に》と申すが四せん。おのぞみならバ十てうや。二十てうは
たゞでもあぐる。たゞたのめ。
①しめぢがはらのさしもぐさ。われ世の中のならいとて。う
つれバかわるかわざいふ。さいふがかるい。せけんそくさい
になつたりして。もぐさにりがない。あゝなむ。三ぼうとい
つたらねいつてやくにたつまい。おじめハさんごじゆ男ハき
ぜうだ。さらバもぐさをうりかけう。とうざい〳〵。そも〳〵
もぐさのきゝようといつは。
②もろこしかうそのしんか。はんくわいといつしもの。かう
もんのくわいにのぞんで。くろがねの門をおしやぶるとき。
はんくわいがけんへきが。はつたほどに〳〵ひねつてもつかんでも。しにむまにはり。しゝにねんぶつ。ねこに経。ちつともやわらぐけしきなし。そのときてうりやう。一くわんのしよをひらき。あんじたところが此もぐさ。はんくわいがけんへきに。すゑた所が。ほけきやうのもんじの数。六万九千三百八十てうのよ。すゑた其ときはんくわい。きりよくをゑ。かみ。かぶとのはりをつらぬくも。此もぐさのゐくわうにあらすや。

③さて日本へわたりしハ。人王三十代きんめい天わうのぎように。仏ほうといつしよにわたり。はじめてしやうとく太子。ちりけをすゑ給ふ。

④ひろまる所がお江戸八百八丁。しば。神田。よつや。あか坂。かうじ町。いが町。たに町。いま井。つき地。ごんだ原。さん王の下。なかとはゞ。たら〳〵おりておちやの水。明じん天じん。ゆしま。本郷。おいわけ。はくさん。さんさき。うしごみ。こまごめ。ゑりくりえんしよ。新よし原。さいけんのずんどのおくまで。御ひやうばんにあづかるせいほうもぐさ。

⑤外に此るいあまたござれど。かんだかぢ町壱丁めのしんみち。みますやひやご。市川團十郎もぐさ。かつて下さい。めしませい。むかふ三がい中さじき。下さんじき。ひとだまりのかた〲にも。一かはらけづゝ。かつてもらわねばならぬ。ゆみや八まん大ぼさつ。ほゝうやまつて。もぐさ。いらしやりませんか。

このせりふの内容は、大きく五つに分けることができる。

①は歌枕標茅原を利用した藤原清輔《ふじわらのきよすけ》作「なほたのめしめぢが原のさせもぐさわが世の中にあらんかぎりは」[*25]を踏まえたものであろう。もぐさ売りは財布が軽いことや締めの手打ちは三回など決まりがあるが、今回はあまり利益が得られないほどもぐさを安く売って、もぐさの効能を述べる。

②は『史記《しき》』の「項羽本紀《こううほんぎ》」および「樊酈滕灌列伝」[26]に記された鴻門《こうもん》の宴会が取り上げられている。大将樊噲《はんかい》は楚の王項羽《こうう》の罠から漢の王劉邦《りゅうほう》を救うため、前二〇六年、鴻門で行われた宴会に侵入する。項羽の霊が現れる謡曲「項羽」は永正二（一五〇五）年頃から上演されており、この物語は古くから知られていたが、江戸歌舞伎においては寛文二（一六六二）年九月、古伝内座「はんくわい」[27]ではじめて取りあげられた。その後、元禄十二（一六九九）年十一月、市村座「樊噲帳兵揃」[28]や元禄十四（一七〇一）年正月、森田座「和国女樊噲《わこくおんなはんかい》」[29]が上演された。

もぐさ売りのせりふでは樊噲が肩癖《けんぺき》というツボに灸を据えたため、髪の毛が兜を突き抜けるほどに力が漲り、劉邦を救うことができたといっている。

③は、もぐさの日本伝来について述べている。もぐさは古墳時代、仏教とともに日本へ伝わった[30]。ここでは日本で初めてもぐさを使ったのは聖徳太子《しょうとくたいし》で、背中にある身柱《ちりけ》というツボにもぐさを据えたとする。二代目團十郎の日記には鍼灸[31]や人参[32]など治療についての記述も見られ、そもそも医学にも興味があったためにこうしたせりふが生まれたのではないだろうか。

④は江戸の町名尽くし。

⑤は二代目團十郎が演じるもぐさ売りを宣伝したものである。当時神田鍛冶町一丁目ではもぐさ売り箱根屋庄《はこねやしょう》兵衛《べえ》が営業していた[33]。二代目團十郎は箱根屋に代わってもぐさの宣伝を行っている。

これらのせりふを含む「傾情雲雀山」のもぐさ売りは、二代目團十郎の人気を押しあげた。

本作上演の前年である宝永五（一七〇八）年、二代目團十郎は役者評判記の役者目録において巻頭の七三郎から数えて江戸の十七番目、ただ「上」と評価される役者でしかなかった。ところが「傾情雲雀山」上演の翌宝永七（一七一〇）年になると役者評判記『役者謀火燵《やくしやらごたつ》』の役者目録で七番にまで上がって「上々」となり、その六年後、正徳五（一七一五）年正月の役者評判記『役者懐世帯《やくしやふところせたい》』以降、役者目録の巻頭に定着するようになった。助六や虚無僧その他の当たり役も手伝ってのことではあるが、もぐさ売りの役は二代目團十郎の出世につながったといえよう。

第2節　もぐさ売りとそれ以外の商品、小道具

二代目團十郎は「傾情雲雀山」でもぐさ売りを演じ、それが大当たりにつながった。ここでは役者と実際のもぐさ売りとの関係について考察する。

次のような記述がある。

元禄のはじめ、神田鍛冶町箱根屋庄兵衛といふ者、箱根の湯泉洒と称して、切艾を製す。看板あるひは艾の印に、三ツ角の紋を付る。これ市川團十郎といふ芝居役者の紋也。此切艾の製よろしとして、江戸中に流布す。是を倣所々に切艾の製あり。庄兵衛が印を摸して、おの〳〵三角の紋を付て、三升屋兵庫、市川屋何某など〻名を付て、これを売也。團十郎がはじめたるにあらず。[*34]

「傾情雲雀山」初演時のせりふに出てくる「神田鍛冶町一丁目」は箱根屋庄兵衛の店を指すが、本作上演以降、三升屋兵庫や市川屋を名乗る同様の商人が町中に多数現れた。

享保十七（一七三二）年正月、中村座「初暦《はつごよみ》商《あきない》曾《そ》我《が》」では二代目團十郎がもぐさ売りを演じた。このときのせりふは、前節で取り上げた二代目團十郎のせりふ①から④はほぼ変わりないが、⑤は「ごひやうばんにあつかる。根元もぐさせい法もぐさ。外に此るいあまたござれど。神田かぢ町壱丁め今ハやとかへはせ川町一ぶ一てんまがいなし市川團十郎もぐさ。かつてください」[35]であった。箱根屋は神田鍛冶町から長谷川町（現日本橋掘留町）に移動したようだ。

そののち明和期には、神田鍛冶町一丁目にはもぐさ売り店「三舛屋兵庫」があった。[36]この店はもともと箱根屋の名で営んでいたが、二代目團十郎が演じたもぐさ売りの役名に合わせて店名も変更したのだろう。[37]三舛屋の名は、他にも浅草本願寺前や大伝馬町二丁目にもみられる。[38]「傾情雲雀山」以降、その評判にあやかり、多くのもぐさ売り店が開業したのであろう。箱根屋は「神田かぢ町より事初り．お江戸中端々迄．いぶきもぐさを引かへて．三つ升の定紋を大キに書付．田舎迄賞翫す」[39]。江戸はもとより、その周辺地域でも販売されるようになった。

もぐさを販売する店には「此人（二代目團十郎）を人形に作り．鬼に灸すへる」[40]ところが多くあった。中国の魔除けの神鍾馗が描かれた掛けものを二代目團十郎から見せられた俳人宝井其角《たからいきかく》は「今こゝに團十郎や鬼は外」と詠み、この句が有名になった。[41]鬼に灸をすえる人形はこの句にちなんだのであろうか。もぐさ売りはこうしたものも利用したのだろう。

もぐさ以外の商品の宣伝

二代目團十郎がもぐさ売りを宣伝した「傾情雲雀山」の上演以降、もぐさ以外のさまざまな商品も宣伝されようになった。

この頃になると、もぐさ売り以外の商人も市川家の三升の紋を宣伝に利用した。「此人は親に見升の紋所．商ひ店のかんばん．五月ののぼり．盆のちやうちん．人形迄に紋をつけて．貴賤共にもてはやし[*42]」、「商ひみせのかんばんにも．三升の紋を付ヶて、紋のお影で．銭もうけする人おほし[*43]」などといわれ、もぐさ以外の商品も市川家の紋を付ければ売れ、店は繁盛した。

このような二代目團十郎と商人らとの関係について「一流かわりしぬれやつし．当流の御立役．切もぐさの簡板を結縁に出しまするぞ　めうが銭をあげさせられい〱[*44]」というものもいた。もぐさ売りに便乗した商人は二代目團十郎に紋の使用料を支払った方がいいというのだ。

商人らの演出は役者と演じられた商人の両方に利益をもたらしたからであろう、もぐさ売り以降、さまざまな種類の商人が登場するようになった。

91ページ表5でわかるように、寛文初期から、初めてもぐさ売りが舞台に登場した「傾情雲雀山」初演の宝永六（一七〇九）年まで四十七年のあいだに、さまざまなもの売りが舞台に三十五回登場した。それに対し、宝永六年から二代目團十郎が没する宝暦八（一七五八）年までの四十九年間には九十八回登場した。現存する資料の質と数は時代によって異なるため単純に比較することはできないが、宝永六年以降はそれ以前に比べて、商人が三倍近くも多く舞台に現れた。役者のなかでは二代目團十郎が二十一回と、もっとも多く演じている。「傾情雲雀山」によってもぐさ売りの宣伝が大評判となったため、それ以降、もぐさ売り以外の商人が舞台に登場するようになった。

宝永六年以降、どのような商人が舞台に現れたのだろうか。

実在した商人が登場する演目には、享保三年正月、森田座「若緑《わかみどり》勢《いきおい》曾我《そが》」（小田原の外郎売り虎屋藤右衛門）や「助六」（蕎麦担ぎ福山屋）*45などがある。また元文元（一七三六）年七月、河原崎座「愛護大内山《あいごおおうちやま》」では荻野伊三郎《おぎのいさぶろう》が花火商人を演じた。この商人は、せりふ正本「花火《はなび》うりせりふ」*46の表紙から判断すると、花火職人鍵屋弥兵衛《かぎややへえ》*47だったようだ。弥兵衛は遊女評判記『遊君女郎花《ゆうくんおみなえし》』*48の挿絵にも紹介された。

商人自身は舞台に登場しないが、せりふ中に店名や商品名を盛り込んで宣伝する演出も行われるようになった。享保三（一七一八）年春、市村座「七種福貴曾我《ななくさふつきそが》」で、三升屋助十郎《みますやすけじゅうろう》（二代目團十郎の高弟で三代目團十郎の実父）が煙草売りを演じた。ここでは「服部」「御うすいろ」「小松」など、当時流行の煙草の銘柄がせりふに盛り込まれ、好評を博した。*49翌享保四（一七一九）年九月、中村座「菊重金礼祝儀《きくがさねきんさつのしゅうぎ》」では二代目團十郎がこの役を演じた。天明二（一七八二）年中村座「助六曲輪名取草《すけろくくるわのなとりぐさ》」に登場する奴の朝顔仙平は北八丁堀にあった煎餅店有馬清左《ありませいさ》衛門《えもん》の煎餅をせりふに取り入れ、また揚巻は花道で吉原名物の酔い止め薬「袖の梅」を飲んだ。*50

さまざまな商売道具を小道具として使用し、商人や商店を宣伝する演出も行われた。享保十四（一七二九）年十一月、中村座「梅暦婚礼名護屋《うめごよみこんれいなごや》」で大工の左衛門（二代目團十郎）は、小道具として猿屋の饅頭を運ぶ箱を用いた（図4）。*51猿屋は浅草駒形町（現台東区）にあった饅頭店子持猿屋で、*52吉原に出入りした。*53

図4　和菓子屋子持猿屋の饅頭を運ぶ箱に腰をかける大工の左衛門（二代目團十郎）（二代目鳥居清倍画、ボストン美術館蔵）

こうした手法は現在も行われている。「助六」の場面において舞台の両側に竹村伊勢巻煎餅*54（吉原仲ノ町で営業した万屋太郎兵衛の商品）の箱が見られる。

正徳五（一七一五）年春、中村座「坂東一幸曾我」で、虚無僧にやつした曾我五郎（二代目團十郎）が被った網笠には「寿」の文字が描かれていた。これは日本橋本町二丁目南側（現中央区日本橋本町）にあった呉服屋「寿の字越後屋」を宣伝するものだったとされている。[55]

しかし、この説には判然としないところがある。

本作上演中に制作された初代鳥居《とりい》清倍《きよます》画「こむそう市川團十郎」[56]「もじこむそう」[57]には「寿」でなく三升の紋が描かれているのである。九年後の享保九（一七二四）年、二代目清倍が描いた「二代目市川團十郎の虚無僧姿」[58]には「寿」の文字があり、寛延三（一七五〇）年刊行の『新撰古今《ここん》役者《やくしゃ》大全《たいぜん》』[59]にも、初演時に「寿」文字を利用したという記述がある。しかし、「寿の字越後屋」は延享元（一七四四）年から宝暦九（一七五九）年のあいだにのみ営業していたことがわかっているため、[60]虚無僧初演時に「寿」と書かれていたとしても、越後屋の宣伝の目的ではなかろう。「坂東一幸曾我」上演の一年後、正徳六（一七一六）年中村座「式例《しきれい》和《やわらぎ》曾我《そが》」で助六を演じた二代目團十郎は、「寿」の文字が書かれた印籠を使用し、この演出はその後も繰り返された（113ページ図8）。[61]あるいは越後屋が二代目團十郎が用いた「寿」を流用したのであろうか。

このように、上演中役者が使用した衣装の文字や家紋などを、あとから商人が剽窃することもあった。役者の衣装も宣伝のために工夫を凝らし、歌舞伎役者の家紋を染め抜いた生地などの商品が流行した。[62]

享保四（一七一九）年正月、中村座「開闢《かいびゃく》月代《げんぷく》曾我《そが》」の二代目團十郎の衣装には、ひしや・三浦屋・弐町目・伏見町・江戸丁・山口屋など吉原の町名や茶屋名が書かれている（図5）。[63]本作は浅草寺の開帳興行の趣向を取り入れたもので（58ページ①）、開帳場の浅草寺に近い吉原の茶屋を宣伝したのであろう。

また享保十二（一七二七）年七月、中村座「賑《にぎわい》鞍馬《くらま》源氏《げんじ》」の飴売りの衣装にも中嶋屋・和泉屋・近江屋・伊勢屋など版元の紋が描かれている（図6）。*64
このように、もぐさ売り初演後、享保期江戸歌舞伎ではさまざまな手法で、商人の宣伝の演出を盛り込んでいた。

図5　二代目團十郎（右）の衣装に茶屋名と住所が書かれている（初代鳥居清信画、ボストン美術館蔵）

図6　二代目團十郎の衣装に版元の紋が描かれている（奥村政信画、個人蔵）

第3節　せりふ正本と番付

享保期の江戸歌舞伎では、演目や配役を記載した「番付」、絵で演目の内容を紹介する「狂言絵本」、上演中評判になった長せりふや掛け合いせりふを抜粋した「せりふ正本」などが制作された。二代目團十郎はこれらの制作にも大きく関係していた。

せりふ正本の制作について吟味しよう。

延宝期、初のせりふ正本である『六方詞《ろつぽうことば》』*65が刊行されると、元禄末期まで、せりふ正本の刊行が続いた。

その後、京都では貞享元（一六八四）年、坂田藤十郎座「百夜小町《ももよこまち》」の、江戸では元禄十（一六九七）年、中村座「参会名護屋《さんかいなごや》」（初代團十郎作）の絵入狂言本がそれぞれ刊行されると、その後宝永八（一七一一）年頃まで、絵入狂言本が数多く作られるようになった。ところが宝永六（一七〇九）年正月、山村座「傾情雲雀山」で二代目團十郎のもぐさ売りによるせりふが好評を博すと、それまで中断していたせりふ正本が再び制作されるようになり、絵入狂言本は急速に廃れていった。[*66]

享保四（一七一九）年十一月、市村座「立髪定《たてがみてい》家鬘《かかずら》」でせりふ正本と同時に絵のみ描かれた「狂言絵本」が作られると、どちらも江戸後期まで刊行が続いた。

せりふ正本については、宝永六（一七〇九）年から二代目團十郎が没する宝暦八（一七五八）年までに刊行されたもののうち、三百二点の現存が確認されている。[*67]

せりふ正本の制作については、ふたつの方法が知られている。ひとつは版元が興行を取材するもの、もうひとつは役者が提供した原稿を元にする「直伝」である。[*68]「直伝」の手法は「右此本世間ニ雖有数多殊之外あやまり有之故、只今多門庄左衛門、嵐三右衛門、鈴木平左衛門、此両三人之直伝之正本にて一字も不略写之可被板行者也」[*69]とあるように、一般のせりふ正本に誤りが多いことから生み出されたものである。

現存する三百二点のせりふ正本のうち、二代目團十郎によるものは九十九点ともっとも多く、多くは宝永期末から元文期末にかけて出版された。また「直伝」で作られたものは五十点、そのうち二代目團十郎のものは二十二点、三代目團十郎のもの八本であった。[*70]

せりふ正本制作の段取りについて考察しよう。

享保十九（一七三四）年八月十九日、市村座の盆狂言「根源今川状《こんげんいまがわじょう》」三番目、不破伴左衛門（二代目團十郎）と山本勘介（三代目團十郎）の掛け合いのふたつの場面が評判となり、それぞれ「父子軍談かけ合せりふ」「勇士揃かけ合せりふ」としてせりふ正本が制作された。

「父子軍談かけ合せりふ」について、翌八月二十日夜「予カケ合セリフカク　板木ヤアス遣ス心也」(○)、二十一日「セリフ中島ヤヘ遣ス　伊左衛門直ニ来ル」(○)。二代目團十郎は自らせりふを書き出し、版元中嶋屋伊《なかじまやい》左衛門《ざえもん》に使いを送った。その日のうちに伊左衛門が市村座の楽屋を訪れ、二代目團十郎と相談するなど、制作は迅速に進められた。「父子軍談かけ合せりふ」正本[*71]には「右ハ市川團十郎市川升五郎直之正本写合板行也」の文字がある。中嶋屋版「父子軍談かけ合せりふ」は「直伝」として制作されたのだ。

「勇士揃かけ合せりふ」[*72]はどうだったのだろうか。同十九年八月二十一日、版元和泉屋権四郎《いずみやごんしろう》(横山町、現中央区日本橋北部)が市村座の楽屋に訪れ、「間違ノコトワビコトス　セリフノコト也」(○)。八月二十九日「泉ヤ権四郎ヨリ板下来ル　トクト見遣ス　勇士揃ノセリフ也」(○)。二代目團十郎はじっくり「勇士揃かけ合せりふ」を確認した。和泉屋版「勇士揃かけ合せりふ」は版元の取材による制作だったのだろう。しかし現存する「勇士揃かけ合せりふ」は最終ページが欠落しており、表紙に中嶋屋の印がある。つまり和泉屋版と中嶋屋版のふたつの版元が同じせりふ正本を出版したと考えられるのである。

二代目團十郎のせりふ正本は、八割以上が中嶋屋と和泉屋から発行されていた[*73]。また、享保三(一七一八)年、同十一(一七二六)年、および寛保元(一七四一)年刊行の外郎売りのせりふ正本、享保十五(一七三〇)年刊の「しかた十ばん切かるたづくしせりふ」のせりふ正本は中嶋屋版と松本屋版の二種類が存在することから、二代目團十郎は同時に複数の版元と関わっていたことがわかる[*74]。

このように看板役者と版元は多くのせりふ正本を制作した。せりふ正本は演目の宣伝目的で制作されたものだったが、売れ行きがよく版元の懐も潤したであろう。せりふ正本の制作によって役者と版元がお互いに利益をもたらす関係を築き上げたのだった。

最後に、番付の制作について考察する。

享保十九（一七三四）年十月三日「此夜富百来リ役者附ノ板下ヲ見スル」（○）。富百とは、このとき市村座で上演される顔見世興行「陸奥《みちのく》𢏳《ゆんぜい》源氏《げんじ》」の立作者江田弥市《えだやいち》のこと（147ページ参照）。富百が番付[*75]の「板下」（原稿）を持参し、二代目團十郎の家を訪れた。

寛政期には次のようにいわれていた。「扨新役者付の下絵等取掛るに、此役者附は至てむつかしく、古来は座本帳元狂言作者にて、下絵等定めし事なりしに、近年は時の座頭たるもの、彼是と差図して、猶更にむつかしく、此役者付の事は、依怙ひゐきなきよふにすべき事也」[*76]。ここでいう「役者附」とは、絵入りで役者を紹介する番付の一種。歌舞伎は本来、座元や帳元、狂言作者らがその内容を決めるものだが、やがて座頭も意見するようになったという。これより五十年前の享保期より、座頭二代目團十郎は番付の原稿を確認していた。

*　　*　　*

二代目團十郎によりもぐさ売りの演技は広く観客に受け入れられ、二代目團十郎の人気も上がっていった。せりふや衣裳、小道具などには宣伝の要素が多く含まれており、そこで宣伝された商店は大いに繁盛した。そのためこれに便乗する商人も増加した。

また、さまざまな出版物も制作されるようになった。宝永期から宝暦期までに刊行され現存するせりふ正本のうち約三分の一は二代目團十郎のもので、「直伝」の手法で制作された五十点のせりふ正本のうち半数以上を市川家が制作しており、二代目團十郎はせりふ正本の出版に深く関わっていたのである。

このように、享保期江戸歌舞伎の発展が、歌舞伎劇場を取り巻く商業圏の成長に大きく寄与したといえるであろう。

表5　物売りの芸（未定稿）

B＝ボストン美術館蔵、演＝早稲田大学演劇博物館蔵、C＝ケンブリッジ大学図書館蔵、明大＝明治大学図書館蔵、大東急＝大東急記念文庫蔵、都立加＝東京都立中央図書館加賀文庫蔵、東洋＝東洋文庫蔵

年月	演目	場所	物売り	役者	資料
明暦4年5月		松平大和守屋敷	柿売		『松平大和守日記』
万治3年正月2日		松田日向太夫座	こべに屋		『松平大和守日記』
万治3年11月23日		松田日向太夫座	こべに屋		『松平大和守日記』
寛文2年8月20日		松平大和守屋敷	ところてん売り	ゆうなん三郎兵衛	『松平大和守日記』
寛文3年	今川二どの高名	市村座	魚売り	市村竹之丞、藤田皆之助	『新撰古今役者物語』
寛文6年12月2日		松平大和守屋敷	売り物屋、茶屋	右兵衛、坂下又次郎	『松平大和守日記』
寛文6年12月24日	餅かいなりひら	松平大和守屋敷	ゑひす屋、茶屋（餅屋）	吉郎兵衛、彦九郎	『松平大和守日記』
寛文10年正月		市村座	たばこ屋衆道	吉十郎、三右衛門、庄兵衛	『松平大和守日記』
寛文10年正月		市村座	きやし屋物売	伝吉、庄兵衛、十右衛門	『松平大和守日記』
延宝2年5月9日	六条鍔屋の沙汰	松平大和守屋敷	六条鍔屋	半兵衛、八十郎、孫太郎	『松平大和守日記』
延宝5年9月24日		弘前藩屋敷	猩々酒屋	五三郎、九右衛門、与三兵衛	『弘前藩庁日記』
延宝5年10月11日		松平大和守屋敷	錦売	二郎吉、伝之助、小三郎、清九郎	『松平大和守日記』
延宝6年正月6日		松平大和守屋敷	指物屋	彦左衛門、女方其外	『松平大和守日記』
延宝7年8月28日		松平大和守屋敷	縁の呉服屋	ゆきへ、主水、明石武兵衛、荒木武兵衛、左近九郎二郎、七三郎	『松平大和守日記』
延宝8年3月16日		弘前藩屋敷	れんほうの表具屋	千之助、幸左衛門、五郎二郎、市郎左衛門、八兵衛	『弘前藩庁日記』
貞享4年7月11日		森田座	小金買、そば切り	又太郎、鈴木平三郎、其外大勢	『松平大和守日記』
貞享4年8月6日		松平大和守屋敷	そば切り		『松平大和守日記』
元禄4年10月朔日		未詳	表具屋	清右衛門、九右衛門、二郎兵衛、三右衛門、伝右衛門	『松平大和守日記』

元禄5年正月18日		松平大和守屋敷	猩々酒屋	又三郎、清右衛門、二郎右衛門、伝右衛門、十右衛門	『松平大和守日記』
元禄5年3月11日		内藤紀州屋敷	表具屋	政右衛門	『松平大和守日記』
元禄5年3月11日		内藤紀州屋敷	知略扇子屋		『松平大和守日記』
元禄6年5月21日		弘前藩屋敷	猩々酒屋	又三郎、九右衛門、十右衛門、伝右衛門、金十郎	『弘前藩庁日記』
元禄7年4月6日		越後守屋敷	猩々酒屋		『松平大和守日記』
元禄8年6月11日		弘前藩屋敷	表具屋	清右衛門、九右衛門、二郎兵衛、伝右衛門、金十郎	『弘前藩庁日記』
元禄12年10月朔日		弘前藩屋敷	恋のむし売り	沢之丞	『弘前藩庁日記』
元禄13年3月11日		弘前藩屋敷	ゑんの多葉粉や	小勘、勘十郎、次郎左衛門、八郎兵衛	『弘前藩庁日記』
元禄15正月	祭礼鎧曾我	山村座	焼き麩売り	初代中村七三郎	『役者二挺三味線』、『江戸桜』
元禄15年3月6日		弘前藩屋敷	つはや	中村数馬、坂東又太郎、村之介、新四郎	『弘前藩庁日記』
元禄15年閏8月	信田会稽山	山村座	煙草屋	初代中村七三郎	『元禄歌舞伎傑作集』
宝永2年正月	中将姫三の車	中村座	たうふ屋	中村伝九郎	『役者三世相』挿絵、伝九郎評
宝永5年正月	傾城嵐曾我	中村座	幾世餅売り	初代中村七三郎	『関東名残の袂』挿絵、『傾城嵐曾我』
宝永5年3月	追善彼岸桜（中将姫京雛）	中村座	幾世餅売り	（作者）中村清五郎	『元禄歌舞伎傑作集』
宝永6年7月	**傾情雲雀山**	山村座	もぐさ売り	**二代目團十郎**	『絵入狂言本集』、『役者色景図』、『役者懐世帯』、奥村政信画「二代目市川団十郎（B11.13365）、『せりふ大全』、「もぐさ売せりふ正本」（明大912.5:39-50）
宝永6年11月	**泰平お国歌舞妃**	山村座	枕売り	浅尾十次郎	『せりふ大全』、『役者座振袖』、『役者色景図』
正徳3年2月	一心親子桜	森田座	本売り	早川初瀬	『役者座振舞』挿絵、初瀬評
正徳4年7月	**金花山大友真鳥**	森田座	扇売り、青物売り	**二代目團十郎**、三条勘太郎	鳥居清倍画「二代目市川団十郎・あふきうり」（B11.1325四）、『歌舞伎年表』
正徳5年7月	**三舛名古屋**	中村座	もぐさ売り	**二代目團十郎**	せりふ正本（演ロ06-00096-B）、『役者願紐解』、鳥居清倍画「二代目市川団十郎・もぐさうり」（B06.375）
正徳5年11月	金冠婚礼頼政	中村座	飴売りか	中村吉兵衛	『役者願紐解』
享保元年2月	**式例和曾我**	中村座	油売り、返魂丹売り	三升屋助十郎、大谷廣右衛門	せりふ正本（演ロ06-00050）『芝居晴小袖』挿絵、助十郎・大谷廣右衛門評
享保元年閏2月	大系図繋馬	市村座	小間物売り、しつかけがた売り	市村玉柏、金沢彦五郎	『芝居晴小袖』挿絵、玉柏・彦五郎評
享保2年2月	**街道一棟上曾我**	中村座	白酒売	**二代目團十郎・三升屋助十郎**	せりふ正本（C19）、赤本『ねずみ文七』挿絵、『歌舞伎年表』

享保2年11月	奉納太平記	森田座	飴売り	藤岡大吉	『役者職敵』挿絵、大吉評判
享保3年正月	七種福貴曾我	市村座	たばこ売り	三升屋助十郎	せりふ正本（演ロ 06-00096D）、『松ののち』（明大912.5:39-73）
享保3年正月	**若緑勢曾我**	森田座	外郎売り	**二代目團十郎**	せりふ正本（演ロ 06-00096-A）、鳥居清倍画「市川団十郎　市川門之助」（B11.13164）、『役者笑上戸』
享保3年11月	**御前能三鱗**	市村座	織物売り	尾上左門	せりふ正本（演ロ 06-00056）
享保4年正月	**開闢月代曾我**	中村座	外郎売り	中村伝八	『役者五重相伝』挿絵、伝八評
享保4年春	けいせい紫手綱	森田座	小間物売り	水木竹十郎	『役者五重相伝』挿絵、竹十郎評
享保4年9月	**菊重金札祝儀**	中村座	煙草売り	**二代目團十郎**、佐野川万菊	勝川輝重「市川団十郎（二）」（B11.13391）、『歌舞伎年表』
享保5年2月	甲陽軍談か	市村座	水売り	藤村本太夫	せりふ正本（明大912.5:39-36）、『役者若咲酒』半太夫評
享保5年か	**未詳**	森田座	返魂丹売り	坂田半五郎	せりふ正本（演 06-00104(4)）
享保6年正月	**鶴亀稚曾我**	市村座	あぶら売り	沢村宗十郎	せりふ正本（明大912.5:39-35）
享保6年正月	賑末広曾我	森田座	あふぎ売り	三升屋助十郎	『役者噂風呂』助十郎評
享保6年2月	**初冠隅田川**	森田座	歯みがき売り	**二代目團十郎**	せりふ正本（神戸女子大五-4-6-2）
享保6年11月	鳥坂城鶴顋	中村座	饅頭売り、串売り	二代目中村七三郎、坂田半五郎	『役者芸品定』挿絵、半五郎評
享保7年正月	**大竈商曾我**	中村座	羽子板売り	**二代目團十郎**	せりふ正本（演ロ 06-00070）、『役者鑓振舞』、二代目團十郎・助十郎評
享保9年正月	**松飾鎌倉開**	中村座	なずな売り、草花売り	市川門之助	せりふ正本（演ロ 06-00099）、『役者三友会』門之助評
享保10年11月	小栗長生殿	中村座	小間物売り、大根売り	**二代目團十郎**	せりふ正本（C9、『役者正月詞』、二代目團十郎評
享保10年11月	**蟬丸女模様**	市村座	蕎麦切り売り	中村吉兵衛	『役者正月詞』挿絵
享保10年か		中村座	額売り	**二代目團十郎**	羽川珍重画か「市川団十郎の額売り」（B21.6291）
享保11年正月	**門松四天王**	中村座	外郎売り	**二代目團十郎**	せりふ正本（C71）、『役者拳相撲』二代目團十郎評、『役者笑上戸』海老蔵評
享保12年5月	**本領佐々木鑑**	中村座	太刀売り	**二代目團十郎**	せりふ正本（明治912.5:39-28）、『歌舞伎年表』
享保12年7月	**賑鞍馬源氏**	中村座	飴売り	**二代目團十郎**	せりふ正本（C72）、奥村政信画「二代目團十郎（かしま五兵衛）」（個人蔵）、『役者遊見始』二代目團十郎評
享保12年11月	豊年太平記	森田座	小間物売り	藤村半太夫	『役者遊見始』挿絵、半太夫評
享保13年正月	曾我蓬莱山	中村座	外郎売り	三代目團十郎	『役者笑上戸』海老蔵評
享保14年正月	**扇恵方曾我**	中村座	丸一油売り	**二代目鶴屋南北**	せりふ正本（C63）
享保14年11月	矢矧長者金石碵	森田座	飴売り	鎌倉長九郎	『役者美男尽』挿絵、長九郎評
享保15年11月	平仮名常磐鉢木	市村座	田楽売り、細見売り	宮崎十四郎、三条勘太郎	『役者若見取』挿絵、勘太郎評
享保16年正月	**傾城福引名護屋**	中村座	歳玉あふぎ売り	**二代目團十郎**	せりふ正本（明大912.5:39-5）、二代目鳥居清倍画「二代目市川団十郎　沢村亀三郎　市川升五郎」（B21.5442）、『役者春子満』二代目團十郎評

享保17年正月	**初暦商曾我**	中村座	もぐさ売り、蕎麦屋	三代目團十郎、瀬川菊之丞	せりふ正本（C14）、二代目鳥居清倍画「市川団十郎（けんかや五郎衛門）瀬川菊之丞（おせん）」（B11.13203）
享保17年7月	**東山宝伝記**	中村座	ひや水売り	三代目團十郎	せりふ正本（C18）
享保17年11月	兵根源蛭小島	市村座	外郎売り	**二代目團十郎**	『役者笑上戸』海老蔵評
享保18年正月	**栄分身曾我**	市村座	白酒売り、蕎麦担ぎ、寿司屋	**二代目團十郎**、他は未詳	せりふ正本（C33）、『総角助六狂言之記』
享保18年正月	坂東一福引曾我	森田座	たびや	市川團蔵	『役者ちぐち車』挿絵
享保19年7月	**根源今川状**	市村座	草紙売り	三代目團十郎	せりふ正本（C8）
享保20年正月	振分髪初買曾我	市村座	御めん薬売り	八代目市村竹之丞	『役者桜木まと』挿絵
元文元年正月	**宝船繁額御前**	市村座	くし売り	八代目市村竹之丞	せりふ正本（C5）
元文元年7月	**東海道湯汲車**	市村座	虫草売り	八代目市村竹之丞、**市川海老蔵**	せりふ正本（C13）、鳥居清倍画「市川海老蔵」（シカゴ美術館）、奥村利信画「市川海老蔵虫草花かけあいせりふ」（B1.19110）、『役者多名卸』二代目團十郎評
元文元年7月	**愛護大内山**	河原崎座	花火売り	荻野伊三郎	せりふ正本（C54）
元文元年11月	伊豆源氏蓬莱桜	市村座	古鉄買い	沢村宗十郎	『役者多名卸』挿絵、宗十郎評
元文2年7月	**傾情照天財車**	河原崎座	小間物売り	三代目市川團十郎	せりふ正本（C53）
元文3年正月	宝曾我女護島台	中村座	青物屋	早川伝四郎	『役者多名卸』挿絵、伝四郎評
元文3年正月	有卦祭万梅曾我	市村座	文売り	沢村宗十郎	『役者紋楊樹』挿絵、宗十郎評
元文3年11月	梅館因幡松	中村座	塩売り	沢村宗十郎	『役者大極舞』挿絵、宗十郎評
元文3年11月	貢船太平記	市村座	飴売り	中島三甫右衛門	『役者懐中暦』龍左衛門評
元文4年2月	**初鬠通曾我**	市村座	布売り	**市川海老蔵**	せりふ正本（大東急一）
元文4年3月	**傾情会坂山**	中村座	植木売り、うちわ売り	沢村宗十郎、山本京蔵	せりふ正本（大東急二）
元文5年11月	宮柱太平記	中村座	飴売り	大谷龍左衛門	『役者懐中暦』挿絵、龍左衛門評
寛保元年11月	万国太平記	佐渡島座	外郎売り	**市川海老蔵**	勝川春章画「市川海老蔵」（B11.18564）、『役者笑上戸』海老蔵評
寛保2年正月	紅白和曾我	河原崎座	御鳥帽子屋	二代目中村七三郎	『役者披顔桜』挿絵、七三郎評
寛保3年11月	艤貢太平記	中村座	綿帽子売り、豆腐売り	大谷龍左衛門、玉沢才次郎	『役者子住算』挿絵、龍左衛門評
延享3年11月	蛤伊豆日記	市村座	木綿売り	市村亀蔵	『役者矢的詞』挿絵、亀蔵評
寛延元年11月	冬牡丹吉野内裡	森田座	外郎売り	大谷龍左衛門	『役者大雛形』挿絵、龍左衛門評
宝暦期以前か	**未詳**		ほうじ茶売り	山下金作	「ほうじ茶うりせりふ」鳥居清倍画（Freer Gallery of Art蔵（ワシントンS2004.3.2））
宝暦元年正月	初花隅田川	市村座	外郎売り	**市川海老蔵**	『役者翁叟鏡』挿絵、海老蔵評、『役者笑上戸』海老蔵評
宝暦元年7月	**佐々木三郎藤戸日記**	市村座	酢売り	二代目大谷広次	せりふ正本（都立加12）
宝暦元年7月	**佐々木三郎藤戸日記**	市村座	からし売り	中村助五郎	せりふ正本（都立加12）
宝暦元年11月	**神迎賑源氏**	市村座	傘売り	**市川海老蔵**	せりふ正本（都立加12）、『役者艶庭訓』海老蔵評

宝暦元年11月	合槌十二段	森田座	金売り	嵐音八	『役者艶庭訓』挿絵、音八評
宝暦2年正月	**楪姿見曾我**	市村座	扇子箱買い、唐辛子売り	**市川海老蔵**、市川勘蔵	せりふ正本（都立加12）
宝暦2年正月	寿舞鶴曾我	森田座	甘酒売り	津山友蔵	『役者独案内』挿絵、友蔵評
宝暦3年11月	将門故郷錦	森田座	眼鏡売り	沢村喜十郎	『役者懐相性』挿絵、喜十郎評
宝暦4年正月	**皐月需曾我橘**	市村座	すし売り	坂東三八	せりふ正本（都立加14）
宝暦5年月不詳	**子宝愛護曾我**	市村座	白酒売り	市村亀蔵	せりふ正本（都立加15）（演ロ06-00101(9)）、『役者伊勢参』亀蔵評
宝暦5年11月	**樸樕峠吉例相撲**	市村座	蕎麦切り売り	市村亀蔵	せりふ正本（東洋）
宝暦5年11月	大伴黒主束帯鑑	森田座	文売り	助高屋高助	『役者懸想文』挿絵、高助評
宝暦6年3月	**梅若菜二葉曾我**	市村座	紺屋、鍛冶屋、菓子屋、八百屋、肴屋	佐野川市松、市村亀蔵、尾上菊五郎、中村助五郎、二代目大谷広次	せりふ正本（東洋）
宝暦6年11月	**将門装束榎**	中村座	蕎麦売り	山下又太郎	『役者真壺銹』挿絵、又太郎評、（都立加16）
宝暦6年11月	**復花金王桜**	市村座	草花売り	山下金作	せりふ正本（東博）
宝暦7年2月	**染手綱初午曾我**	市村座	外郎売り	**市川海老蔵**	せりふ正本（東洋）『役者笑上戸』挿絵、海老蔵評
宝暦7年2月	**染手綱初午曾我**	市村座	扇子売り	山下金作	せりふ正本（東洋）
宝暦7年11月	松君陬暦郭	市村座	布売り	八代目市村羽左衛門	『役者初火桶』挿絵
宝暦8年正月	**時津風入船曾我**	中村座	外郎売り	四代目市川團十郎	せりふ正本（演ロ06-0010一）『役者将棋経』挿絵、二代目團十郎評

注

＊1　加藤玄亀著『我衣』（『燕石十種』第一巻、中央公論社、一九七九年所収）

＊2　赤間亮著「歌舞伎の出版物（一）」（鳥越文蔵、荻田清、赤間亮編『歌舞伎文化の諸相』岩波講座歌舞伎・文楽、第四巻、岩波書店、一九九八年）

＊3　丸岡桂本文訂正、観世清之節付訂正『雲雀山』（観世流改訂本刊行會、一九二一年）

＊4　土井洋一著「『狂言記』のことばに関する覚え書き」（『狂言記』新日本古典文学大系58、岩波書店、一九九六年）

＊5　『松平大和守日記』（『日本庶民文化史集成』第十二巻、三一書房、一九七七年所収）

＊6　万治三年十一月二十五日『松平大和守日記』（『日本庶民文化史集成』第十二巻、三一書房、一九七七年所収）

＊7　『松平大和守日記』（『日本庶民文化史集成』第十二巻、三一書房、一九七七年所収）
＊8　武井協三著『若衆歌舞伎・野郎歌舞伎の研究』（八木書店、二〇〇〇年）
＊9　『弘前藩庁日記』（武井協三著『若衆歌舞伎・野郎歌舞伎の研究』八木書店、二〇〇〇年）
＊10　『役者二挺三味線』（元禄十五（一七〇二）年三月）
＊11　「信田會稽山」（元禄十五年閏八月、『元禄歌舞伎傑作集』臨川書店、一九七三年所収）
＊12　瀬川如皐輯『牟芸古雅志』（『日本随筆大成』第二期4、吉川弘文館、一九七四年所収）には堺町に「たばこや若六、たばこや、たばこや吉六」、葺屋町に「たばこや九右衛門」があり、「貞享元年図」（『野良三座詫』貞享元（一六八四）年所収）には堺町に「たばこや」六ヶ所、葺屋町に一ヶ所、また「きせるや」もあり、劇場周辺に煙草店が多数あった。煙草売りのせりふはこれらの商品を宣伝していたか。
＊13　奥村政信画（忍岡やつかれ著『関東名残の袂』宝永五（一七〇八）年、国立国会図書館蔵）
＊14　菊岡沾凉著『続江戸砂子』（享保二十（一七三五）年、『江戸砂子』東京堂出版、一九七六年所収）
＊15　慶紀逸編『誹諧武玉川』（第七編・三五、宝暦四（一七五四）年、岩波文庫、一九八四年）
＊16　『新文字絵尽』（明和三（一七六六）年、国立国会図書館蔵）
＊17　中村清五郎作「追善彼岸桜」（別称「中将姫京雛」宝永五（一七〇八）年、『元禄歌舞伎傑作集』上、臨川書店、一九七三年所収）
＊18　「傾情雲雀山」の粗筋は以下のとおり。奈良時代、中将姫（中村源太郎）は継母に虐持を受け、雲雀山で殺されそうになる。そのとき、中将姫の家来条の春時（生島新五郎）は自分の愛人遊女薄雲（筒井吉十郎）の首を切り落とすと、中将姫は遊女に、春時は遊女の客引に変装してここから逃れ、遊郭に身を潜める。そこに、もぐさ売りにやつした春時の弟条の八郎（二代團十郎）が登場。悪人らが姫を捜しに遊郭にやってくるが、春時と八郎は悪人らを討ち、その後中将姫は尼となる。
＊19　奥村政信画「もぐさ売り」（宝永六（一七〇九）年、メトロポリタン美術館蔵）
＊20　菱川師宣画「吉原恋の道引」（菱川師宣著『吉原恋の道引』延宝六（一七〇九）年、『江戸吉原叢刊』第三巻、八木書店、二〇一〇年所収）
＊21　近藤清春画『遊君女郎花』（宝永六（一七〇九）年刊、『江戸吉原叢刊』第七巻、八木書店、二〇一一年所収）

＊22　宮川長春画「吉原風俗図屏風」（宝永末作、ボストン美術館蔵）
＊23　『役者謀火燵』（宝永七〔一七一〇〕年三月）
＊24　「もぐさ売りせりふ」（『せりふ大全』宝永六〔一七〇九〕年、『新編稀書複製会叢書』第十九巻、臨川書店、一九九〇年所収）
＊25　藤原清輔著『袋草紙』（平安後期作、新日本古典文学大系29、岩波書店、一九九五年所収）
＊26　司馬遷著「樊酈滕灌列伝」（貝塚茂樹、川勝義雄訳『史記列伝Ⅱ』中央公論新社、二〇〇一年所収）
＊27　寛文二（一六六二）年九月二十五日『松平大和守日記』（『日本庶民文化史集成』第十二巻、三一書房、一九七七年所収）
＊28　『役者談合衝』（元禄十三〔一七〇〇〕年三月）
＊29　『役者略請状』（元禄十四〔一七〇一〕年三月）
＊30　野尻佳与子編『鍼のひびき灸のぬくもり』（内藤記念くすり博物館、二〇〇二年）
＊31　享保十九（一七三四）年九月二十六日（○）、同二十（一七三五）年十月三日（△）。
＊32　享保十九（一七三四）年五月二十一日（▽）、同十九年五月下旬（○）、同二十（一七三五）年八月二十七日（△）、同二十年十一月十一日（△）。
＊33　菊岡沾凉著『近代世事談』享保十九（一七三四）年（『日本随筆大成』第二期12、吉川弘文館、一九七四年所収）
＊34　菊岡沾凉著『近代世事談』享保十九（一七三四）年（『日本随筆大成』第二期12、吉川弘文館、一九七四年所収）
＊35　せりふ正本「もぐさうりせりふ　初暦商曾我　市川舛五郎」（享保十七〔一七三二〕年刊、ケンブリッジ大学図書館蔵）
＊36　奥村政房画『年玉日待噺』（明和頃、『新編稀書複製會叢書』第四巻、臨川書店、一九八〇年所収）
＊37　花咲一男著『江戸の商標』（岩崎美術社、一九八七年）
＊38　花咲一男著『江戸の商標』（岩崎美術社、一九八七年）
＊39　『役者色景図』（正徳四〔一七一四〕年二月）
＊40　『役者色景図』（正徳四〔一七一四〕年二月）
＊41　宝井其角著『五元集』（『宝井其角全集』編著篇、勉誠社、一九九四年）
＊42　『役者遊見始』（享保十三〔一七二八〕年正月）

＊43 『役者登志男』（享保十四〔一七二九〕年正月）
＊44 『役者懐世帯』（正徳五〔一七一五〕年正月）
＊45 現在の「助六」に登場する蕎麦屋は「福山屋」だが、いつからこの店名になったかは未詳。渡辺保氏は最初の「助六」に登場する蕎麦店を「市川屋」とするも出典は不明（『芝居の食卓』柴田書店、一九九六年）。『総角助六狂言之記』（享保十八〔一七三三〕年頃、国立国会図書館蔵）では店名は「花屋」。西村重長画「風流邯鄲枕」（延享宝暦期、東京国立博物館蔵）には中村座と市村座のあいだに「福山屋」が描かれていることから、この頃「助六」に取り入られたか。また同場面に登場する山川白酒売りは享保十八（一七三三）年正月、市村座「栄分身曾我」に登場する。しかし、「山川」は白酒の別名であり、特定の商人、商品名ではない。ただ「助六」が上演される三月頃には白酒売りが多く商売されていたので、季節感を出したか。
＊46 「花火うりせりふ」（元文元〔一七三六〕年、ケンブリッジ大学図書館蔵）
＊47 初代鍵屋弥兵衛は万治二（一六五九）年、大和国（現奈良県）篠原村から江戸に出て、横山町（現中央区日本橋）に花火店を開く。元禄末期、四代目弥兵衛は徳川幕府の花火ご用達商を拝命。やがて江戸の大きな河川での花火が許可されると、江戸の富裕層の人気を集めた。鍵屋が業者として勤めた隅田川の花火大会は享保十八（一七三三）年、飢饉で亡くなった者への追善として始まった（吉田忠雄、丁大玉著『花火学入門』プレアデス出版、二〇〇六年）。
＊48 近藤清春画『遊君女郎花』（宝永六〔一七〇九〕年、『江戸吉原叢刊』第七巻、八木書店、二〇一一年所収）
＊49 西田亜未著「せりふ正本『たばこうり』について」（『たばこと塩の博物館研究紀要』第九号、二〇〇九年）
＊50 役名朝顔仙平（千兵衛とも）は寛延二（一七四九）年三月、中村座「男文字曾我物語」に初めて見られるが、揚巻の「袖の梅」のせりふの初出は未詳。
＊51 二代目鳥居清倍画「袖崎いせの　市川團十郎」（享保九〔一七二四〕年、ボストン美術館蔵〔Photograph © [2019/2/28] Museum of Fine Arts, Boston.〕）。二代目團十郎と袖崎伊勢野が共演する遊郭の場面は享保十四〔一七二九〕年十一月中村座「梅暦婚礼名護屋」のみ（『役者美男尽』享保十五〔一七三〇〕年正月）。ボストン美術館のクレジット「享保九年作」は誤りか。
＊52 豊島露月撰『江戸名物鹿子』（享保十八〔一七三三〕年、近世風俗研究会、一九五九年所収）
＊53 遊女評判記『ゑにし染』（正徳三〔一七一三〕年、『江戸吉原叢刊』第五巻、八木書店、二〇一一年所収）。本書の挿絵には浅

草駒形町（現台東区駒形町）にあった饅頭店子持猿屋が描かれている（図a）。子持猿屋の販売箱は奥村政信画「遊里風俗十二ヶ月（七月のてい）」（宝永六〔一七〇九〕年、ボストン美術館蔵〔Photograph © [2019/2/28] Museum of Fine Arts, Boston.〕）に描かれ、ここでは遊女が猿屋の饅頭箱に腰掛けている（図b）。翌宝永七（一七一〇）年、「生島新五郎」（ボストン美術館蔵〔Photograph © [2019/2/28] Museum of Fine Arts, Boston.〕）では、新五郎がこの猿屋の饅頭箱に腰掛けている（図c）。

＊54　興津要著『江戸味覚歳時記』（時事通信社、一九九三年）

＊55　松宮三郎著『江戸歌舞伎と広告』（東峯書房、一九七三年）

＊56　初代鳥居清倍画「こむそう市川團十郎」（正徳五〔一七一五〕年、ボストン美術館蔵）

＊57　初代鳥居清倍画「もじこむそう」（正徳五〔一七一五〕年、ボストン美術館蔵）

＊58　二代目鳥居清信画「二代目市川團十郎の虚無僧姿」（享保九〔一七二四〕年、ボストン美術館蔵）

＊59　八文字屋其笑・瑞笑著『新撰古今役者大全』（寛延三〔一七五〇〕年、『日本庶民文化史料集成』第六巻、三一書房、一九七三

注53図a　吉原に向かう子持猿屋ともぐさ売りが描かれている

注53図b　子持猿屋の販売箱に腰かける遊女

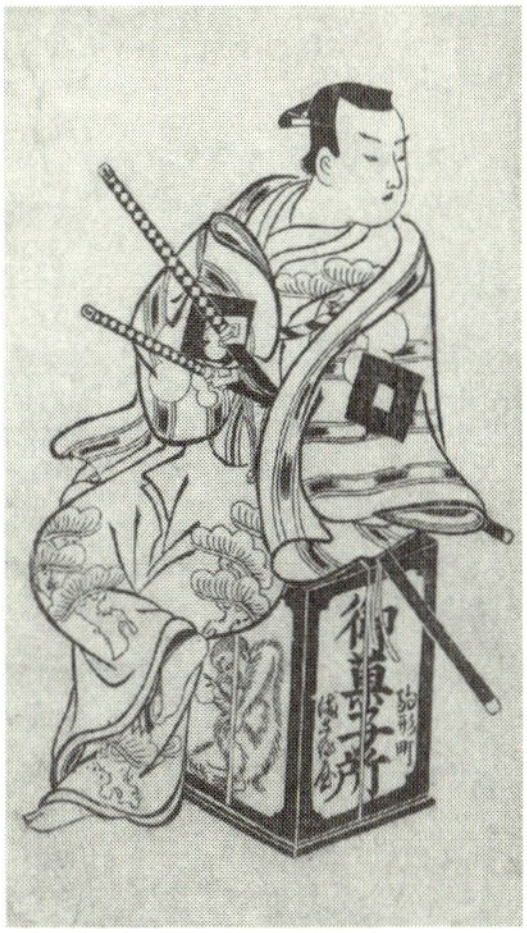
注53図c　子持猿屋の販売箱に腰をかける生島新五郎

年所収）

＊60　加藤玄亀著『我衣』（『燕石十種』第一巻、中央公論社、一九七九年所収）

＊61　初代鳥居清倍画「そがの助六」（正徳六〔一七一六〕年、大英博物館蔵）

＊62　赤間亮著「生活の中の歌舞伎文化」（『歌舞伎文化の諸相』岩波講座歌舞伎・文楽、第四巻、岩波書店、一九九八年）

＊63　初代鳥居清信画「市川團十郎　佐野川万きく」（享保四〔一七一九〕年、ボストン美術館蔵〔Photograph © [2019/2/28] Museum of Fine Arts, Boston.〕）

＊64　奥村政信画「二代目團十郎（かしま五兵衛）」（享保十二〔一七二七〕年、個人蔵）。こうした衣装が実際に舞台上で使用されたかは不明だが、このように描かれること自体、二代目團十郎と版元との深い関係を示すであろう（武藤純子著『初期浮世絵と歌舞伎』笠間書院、二〇〇五年）。

＊65　『六方詞』（延宝期か、『新編稀書複製会叢書』第十七巻、臨川書店、一九九〇年所収）

＊66　赤間亮著「歌舞伎の出版物（一）」（鳥越文蔵、荻田清、赤間亮編『歌舞伎文化の諸相』岩波講座歌舞伎・文楽、第四巻、岩波書店、一九九八年）

＊67　廣瀬千紗子著「江戸歌舞伎せりふ正本目録稿」（『演劇研究会会報』第三十八号、二〇一二年六月）。廣瀬氏は収蔵所別に算出するが、同一の題名を一点として算出すると三百二点であった。

＊68　赤間亮著「歌舞伎の出版物（一）」（鳥越文蔵、荻田清、赤間亮編『歌舞伎文化の諸相』岩波講座、歌舞伎・文楽、第四巻、岩波書店、一九九八年）。

＊69　『六方詞』（延宝期、『新編稀書複製会叢書』第十七巻、臨川書店、一九九〇年所収）

＊70　①「池の庄司いけつくしせりふ」（享保十〔一七二五〕年十一月、ケンブリッジ大学図書館蔵）②「町づくしせりふ改　市川團十郎　あら五郎　茂兵衛」（同十四〔一七二四〕年正月、ケンブリッジ大学図書館蔵）③「雷庄九郎　百人一首よせのせりふ」（同十五〔一七三〇〕年秋、ケンブリッジ大学図書館蔵）④「曾我兄弟魂祭りせりふ」（同十六〔一七三一〕年三月、ケンブリッジ大学図書館蔵）⑤「化物づくし／ゆうりきちう文　せりふ」（同十七年十一月、ケンブリッジ大学図書館蔵）⑥「そがの十郎祐成　かぶろさわらび　地くちかけ合せりふ」（同十八〔一七三三〕年正月、ケンブリッジ大学図書館蔵）⑦「そが五郎

時宗市川團十郎　同名づくしせりふ」（同十八年正月、明治大学蔵）⑧「鳴神上人／方便勇力　せりふ」（同十八年九月、ケンブリッジ大学図書館蔵）⑨「しのづか意馬心猿のせりふ」（同十八年十一月、ケンブリッジ大学図書館蔵）⑩「江戸桜五人男せりふ」（同十九（一七三四）年五月、ケンブリッジ大学図書館蔵）⑪「やうしぐづくしかけ合せりふ」（同十九年五月か、ケンブリッジ大学図書館蔵）⑫「父子軍談かけ合せりふ」（同十九年八月、ケンブリッジ大学図書館蔵）⑬「ほめことば能の番組」（同二十（一七三〇）年正月、ケンブリッジ大学図書館蔵）⑭「ほめ詞うたひつくしせりふ鬼王新左衛門」（同二十年正月、国立国会図書館蔵）⑮「虫草花つくし　かけあいせりふ」（元文元（一七三六）年盆、ケンブリッジ大学図書館蔵）⑯「きれづくしのせりふ」⑰「いろはたんか読みうりせりふ」⑱「かくれがの茂兵衛　赤沢山すまふ物語せりふ」（元文四年正月、大東急記念文庫蔵）⑲「役者せりふ集」（寛延元（一七四八）年十一月、都立中央図書館加賀文庫蔵）⑳「いせゑびあかん兵衛　かるたつくしせりふ」（同十一月、都立中央図書館加賀文庫蔵）㉑「はま弓／かけあいせりふ　曾我五郎時宗」（宝暦二（一七五二）年正月、都立中央図書館加賀文庫蔵）㉒「ういらう売のせりふ　上・下」（同七（一七五七）年二月、都立中央図書館加賀文庫蔵）

*71 「父子軍談かけ合せりふ」（享保十九（一七三四）年、ケンブリッジ大学蔵）

*72 「勇士揃かけ合セリフ」（享保十九（一七三四）年、ケンブリッジ大学蔵）

*73 廣瀬千紗子著「江戸歌舞伎せりふ正本目録稿」（『演劇研究会会報』三八号、二〇一二年六月）

*74 廣瀬千紗子著「江戸歌舞伎せりふ正本目録稿」（『演劇研究会会報』三八号、二〇一二年六月）

*75 享保十九（一七三四）年の市村座顔見世番付（早稲田大学演劇博物館蔵）と同時期作成か。

*76 中村重助著『芝居乗合話』（寛政十二（一八〇〇）年、『新群書類従』第三巻、国書刊行会、一九〇八年所収）

第4章　「助六」と喫煙の演出

享保期の江戸歌舞伎はトレンド、話題の人物や事件、ファッションなど日常生活のあらゆる事象を取り入れる演出を特徴としていた。こうした演出は能や狂言から受け継いだものではなく、歌舞伎が独自に発展させてきたものである。

当時、またたく間に世間に流行し、社会に定着していったものとして煙草を挙げることができる。煙草は十六世紀末に日本に伝来、はじめは遊郭における嗜好品として用いられ、やがて歌舞伎の発展とともに広く社会にも認められるようになった。

煙草と喫煙の演出がトレードマークとなっている役に、二代目團十郎が創出した助六がある。

本章では、煙草や喫煙の演出、煙管《きせる》など小道具の変遷について概観し、「助六」が市川家の「歌舞伎十八番」に定着するまでを考察する。

第1節　煙草の伝来と流布

十五世紀末、南北アメリカ大陸において煙草は宗教的儀式や病の治療、また嗜好品として使用されていた。一五五〇年頃、ヨーロッパで煙草の栽培が始まると、[*1]当時交易が盛んだったスペインやポルトガルによる貿易やキリスト教の布教活動などによって、煙草は驚くべき早さで世界中に広まった。

日本へは、天正期に煙草の葉が、慶長期に煙草の種子が伝来した。[*2]やがて人々のあいだに喫煙の習慣が広まり、煙草の栽培も行われるようになるが、間もなく、風俗への悪影響や火災の原因、加えて米など重要な穀物の生産を圧迫するという理由で、煙草の栽培および喫煙が禁止された。[*3]

この禁令はどのような効果があったのか。

出羽（秋田県）久保田藩では、藩主が煙草の流通を独占していたが、「脇たばこ」と呼ばれる闇ルートでの販売が後を断たなかった。そのため、慶長十七（一六一二）年に若松の彦介が、同二十（一六一五）年に越後左兵衛ら商人が処刑された。[*4]また、九州でも煙草の葉と畑が焼き払われるなど、江戸初期には厳しく取り締まれた。[*5]

煙草の栽培・販売・喫煙は制限されたが、喫煙の習慣は徐々に社会に広がっていった。金閣寺の和尚鳳林承《ほうりんじょう》章《しょう》は煙草をプレセントとして受け取り、また親友にも贈った。[*6]鳳林は公卿や茶人金森宗和《かなもりそうわ》、儒者林羅山《はやしらざん》らと親交があった。当時煙草は禁止されていながら、身分の高い人々の間に喫煙の習慣が広がり、煙草の生産も行われるようになった。

歌舞伎の劇中にしばしば登場する「服部煙草」の栽培は慶長十一（一六〇六）年、服部左近衛門《はっとりさこんえもん》によって始められた。甲斐国（現山梨県甲府市）の舞鶴城に隠居した薩摩国（現宮崎・鹿児島県）大名島津龍伯《しまづりゅうはく》が、この地域の産業興隆を狙って行った事業であったとされる[*7]（その後、摂津国馬上郡服部村〔現大阪府高槻市〕で多く生産されたため、その名で呼ばれるようになったとする説もある）。

煙草の喫煙や栽培に対する禁令は解除されていなかったが、元禄期、江戸で一年間に売られる煙草の総量は七三五万斤（約四四〇〇トン）以上になっていった。[8]そのため、規制は徐々に緩くなり、幕府も煙草を容認するようになっていった。

　こうして煙草の生産と喫煙の習慣が各地に広まると、煙草にまつわるさまざまな文化も発達していった。俳諧には早くから煙草が詠まれた。寛永末期の俳諧作法書『毛吹草《けふきぐさ》』[9]には八月の季語として「若煙草」が掲載され、俳書『懐子《ふところご》』[10]に煙草の句が掲載されている。

　若多葉粉　　重庸

　呑煙むせふもうれし若たはこ

同じ頃、林羅山は「題《トス》二莨蕩煙一謝《ス》二人《ノ》恵《ムテ》レ茶《チ》一」で始まる七言絶句[11]を残している。

寛文期になると、煙草が遊郭において嗜まれることが狂歌に詠まれた。

　寄傀儡恋　　休昌

　すい付てくれしたはこはうかれめを恋の煙のたちそめにこそ[12]

遊女らは煙管を吸い付けて客に渡し、恋の駆け引きを楽しんだ。『色道大鏡《しきどうおおかがみ》』[13]には「莨若の事。傾国において、対客の挨拶、一座の景気、専これにしく事あらじ、さるによつて是をもちいざる傾国なし」とあり、煙管は遊女らにとって不可欠の仕事道具であり、またトレードマークでもあった。

万治寛文期、人々は煙草を紙に包んで持ち歩いた。[14] その後、金入や緞子などの煙草入れが作られるようになると、贅沢な装飾品として携帯されるようになった。

貝原益軒《かいばらえきけん》は医書『養生訓《ようじょうくん》』[15]において、喫煙は健康を害するとして、喫煙の習慣を強く諫めている。ところが紀行書『千種日記《ちぐさにっき》』[16]では煙草を「用なき物」としながら、一方で喫煙の楽しみについても語っている。漢詩集『和漢文操《わかんぶんそう》』[17]になると、煙草を「長命草」と呼び、男女貴賤の区別なくこれを楽しんでいると述べるなど、煙草や喫煙に対する対応はまちまちであった。

天和期になると、さまざまな銘柄の煙草が販売されるようになり、その数は二十四種類を数えるまでになった。[18] 享保期には煙草が一般にまで広まりをみせた。来客のもてなしに煙草を用意し、職人も煙草を吸うために休憩をとることができるなど、煙草は人々の生活の必需品となっていった。[19]

こうして煙草が世間に広く行き渡ると、やがて歌舞伎の舞台にも煙草が登場するようになるのであった。

第2節　享保期歌舞伎における喫煙場面

慶長期、かぶき者は鉄製の長い煙管を武器に、町中でしばしば乱闘騒ぎを起こしていた。慶長十四（一六〇九）年、「煙草組」と呼ばれたかぶき者の集団が京都町中で暴れまわり、約七十人が捕縛、首領は処刑され、煙草も厳しく取り締まられるようになった。[20]

当時のかぶき者は煙管を持ち歩き、遊女は煙草を介して接客した。喫煙の習慣はまず遊郭から広まり出したということができるだろう。ところが、遊郭の様子を描いた「邸内遊楽図屏風《ていないゆうらくずびょうぶ》」[21]には、京都六条三筋町の高級妓楼の遊女や煙管を禿に用意させて踊る男らが、また「輪舞遊楽図屛風《りんぶゆうらくずびょうぶ》」[*22]には、輪舞の中央で三味線を弾く男が禿に煙管の火を付けさせる様子などが描かれている。男伊達や遊女ら以外の演者も喫煙したのであろう。ところが、お国の歌舞伎踊り「茶屋遊び」が描かれた「清水寺遊楽図屛風《きよみずでらゆうらくずびょうぶ》」[*23]や「阿国歌舞伎図屛風《おくにかぶきずびょうぶ》」[*24]には、演者の小道具として煙草入れや煙管などは描かれていない。なぜだろうか。

お国の衣装と小道具について次のような記述がある。

はしがゝりに出るを見れば、いと花やかなる出立にて、こがねつくりの刀、わきざしをさし、火打袋、ひょうたんなどこしにさげ、猿若を伴につれ、そゞろに立、うかれたる其姿、女とも見えず、たゞまめ男なりけり[*25]

お国は小道具までリアルにしつらえ、中世以来武士が身に付けた火打袋もみえるが、煙管や煙草入れについて言及されていない。当時煙管は日用品としては使用されていたが、お国歌舞伎、遊女歌舞伎においては、まだ舞台に登場していなかった。禁令による取り締りが依然として厳しかったか、あるいは日常生活を演技に取り入れていなかったため、煙草や喫煙の演出は行われなかったのであろう。

その後寛永六（一六二九）年に女歌舞伎が、承応元（一六五二）年には若衆歌舞伎が禁止され、歌舞伎の演出はそれまでの踊りから演技へと形態を変えていった。そして演技・演出の工夫が行われるようになり[*26]、喫煙の演出や煙草に関する小道具が使用されるようになっていったのだろう。

寛文九（一六六九）年正月十一日、喫煙の場面が舞台に登場した記録が残されている。[*27]村上藩藩主松平直矩《まつだいらなおのり》が酒宴の余興として鶴屋播磨からくり人形芝居を呼ぶと、「煙草を飲む人形」が登場した。このとき喫煙したのは役者ではなくからくり人形だった。

翌寛文十（一六七〇）年正月、市村竹之丞座の番付に歌舞伎演目「たはこや衆道《しゆうどう》」*28があり、延宝二（一六七四）年八月十二日、姫路の飾西丁田村で「たはこや三代寄人」*29が行われるなど、この頃になると江戸以外の舞台でも煙草の演出が行われはじめた。

延宝六（一六七八）年三月、直矩は再び鶴屋播磨からくり人形芝居を呼んだ。このときの演目はからくり人形と若衆役者が共演するものであった。*30

つまり、舞台上での喫煙の場面は、まずからくり人形が行い、次いで人形とともに役者が煙草を吸うようになり、その後ようやく若衆ら役者だけが舞台上で煙草を吸うようになっていったのだろう。

このように延宝期には歌舞伎役者らが舞台上で喫煙し、小道具として煙管などを用いるようになった。

その後元禄享保期になると、煙草を用いる演出は増えていった。その演出についてここでは①人形振り、②遊郭での喫煙、③力の表現の三種類に分類し、それぞれ詳しく見てみよう。

①人形振り　役者が煙草を吸う人形の真似をする所作事が行われた。享保元（一七一六）年十一月、中村座「三《みつ》巴《ともえ》家督開《かとくびらき》」は、辰松八郎兵衛《たつまつはちろうべえ》の操る人形を真似た女方中村千弥《なかむらせんや》の演技が評判になった。*31 八郎兵衛の人形は火縄で火を付け煙管を吸う動きが特徴的だった。

②遊郭での喫煙　煙草は遊郭で嗜まれることが多かったことから、上方ではしばしば濡れ場の演出に煙草が使われた。元禄十（一六九七）年十一月、早雲長太夫座「関東小六今様姿《かんとうころくいまようすがた》」*32では、男伊達関東小六（中村七三郎）が遊郭で煙草に噎せながら青葉（山本かもん）を口説く。元禄十一（一六九八）年正月、早雲長太夫座「傾城浅間嶽《けいせいあさまがだけ》」*33の　番目では、煙管で火を点けた起請の煙から傾城奥州の姿が現れ、口説を述べる。

江戸では享保二（一七一七）年二月、中村座「街道一棟上《かいどういちむねあげ》曾我《そが》」では、傾城少将（中村源太郎）が雁金文七（二代目團十郎）の背中に煙草の吸殻を入れ、あわてる文七の姿が観客を笑わせた。[*34] 寛保二（一七四二）年春、佐渡島座「雷神不動北山桜《なるかみふどうきたやまざくら》」[*35]の三番目「毛抜」では、久米寺弾正（二代團十郎）が若衆の持参した煙草盆を受け取り、その若衆を口説くという濡れ場もあった。他にも遊女が吸い付けた煙管を客に渡すなど、実際の遊郭の習慣を反映した場面が多く、男女が心情を交わす演出にさまざまな煙草を用いた工夫が見られるようになった。

③力の表現　慶長期、かぶき者らが起こした乱闘騒ぎにより煙管は力強さのシンボルとなり、元禄期以降、権力や心理的優位を誇示する小道具として、しばしば舞台に登場するようになった。

元禄十三（一七〇〇）年正月、音羽座「おはせ心中《しんじゅう》」[*36]で店主銭屋九兵衛（山本権左衛門）は、乳母（加茂川のしほ）に対し手代六兵衛（柳川宗右衛門）と結婚するよう無理強いするが、このとき九兵衛は煙管を手にしていた。元禄十五（一七〇二）年二月、万太夫座「傾城壬生大念仏《けいせいみぶだいねんぶつ》」[*37]では、遊郭の場で大尽博多屋小四郎（山下小才三）が下男阿呆長兵衛（金子吉左衛門）に無理矢理煙草を吸わせる。

煙管は荒事の象徴的小道具としても用いられた。元文元（一七三六）年秋、河原崎座「順風太平記《じゅんぷうたいへいき》」[*38]では篠塚五郎（二代目團十郎）が「暫《しばらく》」の場面をもじり、巨大な煙管を取り出して一服した。この演出は延享三（一七四六）年十一月、中村座「天地太平記《てんちたいへいき》」[*39]でも行われた。寛保二（一七四二）年春、佐渡島座「雷神不動北山桜」三番目「毛抜《けぬき》」[*40]では、久米寺弾正（二代團十郎）が煙管を使って、姫の頭髪を逆立てる磁石を天井から探し出す。ここでは身体的力強さではなく、弾正の賢さを表現しているであろう。

このように元禄から享保期になると、喫煙やさまざまな小道具が演出に用いられるようになった。

第3節　「助六」と吸い付け煙草

二代目團十郎の煙草好み

享保十四（一七二九）年正月、中村座「矢《や》の根《ね》五郎《ごろう》」で、曾我五郎（二代目團十郎）は縁起のいいこととして「あるにまかする安烟草、烟管おつとり吸付けて」*41と述べた。二代目團十郎にとって、遊女から吸い付け煙草をもらうのは喜ばしく、歌舞伎の演出にも用いられるようになったのだろう。

二代目團十郎本人の煙草に対する嗜好について吟味しよう。

享保十九（一七三四）年六月十三日、この日は雨降りで冬のように寒く、二代目團十郎は綿入りのドテラを着ていた。このドテラは煙草に火を点けるには分厚く、「スリ火打下手ナ手付ヲ咲《ワラ》ワレテ」（○）と自らの様子を自嘲した。また、延享四（一七四七）年正月十四日（▽）、三浦道山から年初の祝いとして服部煙草のなかでも高級品である「舞留煙草」*42一箱を贈られた。このように二代目團十郎は煙草を日頃から嗜んでいた。

享保二十（一七三五）年九月十七日朝、病中の二代目團十郎は俳人小《お》川《がわ》破笠《はりつ》（223ページ参照）から煙草を受け取ると、「若煙草」と題して「若やくや長命草の呑みこゝろ」（△）と詠む。そしてこれを仏壇に納め、病気の快癒を祈念した。煙草は二代目團十郎にとっては長寿をもたらす薬であり、「長命草」と呼んでいた。

寛保二（一七四二）年三月二十九日（▽）、二代目團十郎は佐渡島座の関係者らとともに大坂住吉神社に参詣した。その夜、新町の茶屋茨城屋を借りて宴会を行うと、そこへやってきた太夫のひとり、柏木太夫から煙草入れをもらったという。同年七月七日、佐渡島座「星合《ほしあい》栄《さかえ》景清《かげきよ》」初日には、新町の遊女花戸太夫からも煙草を贈られた。

このように、二代目團十郎にとって、煙草は個人で楽しむだけでなく、人との交流を仲介し、さらに遊女ら異性からの好意の表示でもあった。

日常から二代目團十郎は煙草を好んでおり、こうしたことが舞台上の煙草の演出につながっていくのであろう。

助六のモデルとその来歴

伊原青々園はじめ多くの研究者らは助六のモデルについて、京都島原の遊女揚巻と心中した万屋助六、あるいは吉原三浦屋お抱えの遊女揚巻と交際した戸沢総之助などと推測し、[*43] また、二代目團十郎が浅草蔵前の大臣大口《おおぐち》屋《や》治兵衛《じへえ》を助六のモデルにしたともいわれている。治兵衛は旗本や御家人に代わって米を受け取って販売していた浅草の札差で、江戸中期からは武士を相手に高利貸業を営んだ。

助六の役は元禄十三（一七〇〇）年頃、浄瑠璃「大坂千日寺心中物語《おおさかせんにちでらしんじゅうものがたり》」（竹本内匠利太夫作）に初めて登場し、[*44] 浄瑠璃「助六心中《すけろくしんじゅう》　蟬《せみ》のぬけがら」[*45]（都一中作）にも現れた。[*46]

これらの演目を受け、二代目團十郎は狂言作者津打治兵衛《つうつじへえ》と相談し、初代團十郎の荒事と生島新五郎《いくしましんごろう》の和事を合体させた江戸風の助六を創作したということが定説となっている。

吸い付け煙草の場面

上方で上演された浄瑠璃「大坂千日寺心中物語」では、万屋助六は揚巻を呼び寄せるために、わざと煙草に噎せる。喫煙の場面は江戸歌舞伎より先に、上方の浄瑠璃で行われていた。

現在の吸い付け煙草の場面は、助六が吉原の茶屋三浦屋に到着すると大勢の新造から吸い付け煙草を指し出され、何本もの煙管を両手に持ちながら吸う。敵役である髭の意休が煙管を求めると、助六は意休を挑発するかのように、足の指に煙管を一本挟んで渡すというもので「大坂千日寺心中物語」とは演出が大きく異なる。

現在の吸い付け煙草の場面はいつから演じられ、どのような変遷を経ていまの形になったのであろうか。

二代目團十郎は①正徳三（一七一三）年四月、山村座「花屋形太平愛子《はなやかたたいへいあいこ》」、②正徳六（一七一六）年正月、中村座「式例《しきれい》和《やわらぎ》曾我《そが》」、③享保十八（一七三三）年正月、市村座「栄分身曾我《はなぶさぶんしんそが》」、④元文四（一七三九）年春、市村座「初髻《はつもとゆい》通《かよい》曾我《そが》」、⑤寛延二（一七四九）年三月、中村座「男文字曾我物語《おとこもじそがものがたり》」の五演目で助六の演出に関与した。それぞれについて検討していこう。

①「花屋形太平愛子」 本作については、町の若者らが真似するほど助六（二代目団十郎）の髪型が好評だったこと、水桶の中に隠れる場面があったこと以外知られていない。[47]

②「式例和曾我」 謡曲「元服曾我《げんぷくそが》」を元に、元禄元（一六八八）年、薩摩三郎兵衛座で上演された浄瑠璃「髪すき曾我」[48]の十郎（江戸半太夫）と虎御前の趣向を持ち込んだ本作では、曾我五郎（二代目団十郎）が元服して助六となった。[49] このとき傾城買いの場面で初めて助六の衣装に紙子が用いられたが、舞台に登場するときには既に身に着けており、母からもらうという現在の演出とは異なるものだった（図7）。[50] 元服後、助六は「杏葉牡丹」の黒小袖を纏い、このときから蛇の目傘と鉢巻が用いられるようになった[51]（図8）。[52]

本作に吸い付け煙草の場面があったかどうかは未詳。ただ本作上演の翌享保二（一七一七）年二月十七日、中村座「街道一棟上曾我」には、男伊達の雁金文七[53]じつは曾我五郎（二代目團十郎）が三浦屋[54]の前で恋人の傾城清川（中村竹三郎）と口論するが、清川の友人傾城藤田が煙管を吸いながらふたりを仲直りさせるという、現在の「助六」に酷似した場面がある。[55] 上演された時期が非常に近いため、本作でも同様の演出が行われていたのではないだろうか。

③「栄分身曾我」

八代目市村《いちむら》羽《う》右衛門《ざえもん》が助六を演じ、二代目團十郎は曾我十郎と五郎を演じた。吉原を歩く助六（八代目羽左衛門）は茶屋小松屋（あるいは大松屋）[56]で煙草を吸う遊女から「助六さん、このころはをめによりやせぬ[57]」と声をかけられる。またこのとき、白酒売り（二代目團十郎）と禿（三代目團十郎）による「地口掛け合いせりふ」が好評を博した。[58]

図７　歌かるた模様の小袖を纏う元服前の助六（右・二代目團十郎）（初代鳥居清倍画、ボストン美術館蔵）

図８　杏葉牡丹付きの黒小袖を纏う元服後の助六（二代目團十郎）（初代鳥居清倍画、大英博物館蔵）

④「初髻通曾我」　実際に尺八の名手だった二代目團十郎演じる助六が尺八を吹き[*59]、遊女らに声を掛けられる場面があった[*60]。吸い付け煙草の場面については未詳。

⑤「男文字曾我物語」　二重の小袖に紅裏、浅葱無垢の下着、紫の鉢巻、腰に印籠と鮫鞘という現在も馴染みの助六のイメージができあがった（図9）[*61]。本作において助六の姿が完成したがこれ以降二代目團十郎は助六を演じることはなかった。

図9を見ると、吸い付け煙草の場面を確認することができる。助六は髭の意休との対決の場面で、遊女らが差し出す多数の煙管を持ち、足の指に煙管を一本挟んだ格好で、「おやちどのおれがくるわかさをさすハなんのためだとおもはつしやるきせるが雨のやうニふるからそれでさしているわいのこれ〳〵きせるをかしてやろうぞ」[*62]という。大坂新町の茶屋茨城屋で太夫らに囲まれた二代目團十郎を思い出させるではないか。

こうして二代目團十郎演じる「助六」により、吸い付け煙草の場面は誕生したが、助六は立ちながら煙管を右足の指に挟んでおり、現在とは異なっていた。

二代目團十郎が関わった五回の「助六」に、脚本は残されていない。現存するもっとも古い助六の脚本は天明二（一七八二）年五月、中村座「助六《すけろく》曲輪《くるわの》名《な》取草《とりぐさ》」[*63]で、五代目團十郎が助六を演じたときのものである。

ここでは、助六が並び傾城に声をかけられ、「長床几へ腰を掛ける。女郎てんで煙管を出だす」。意休も吸い付け煙管を求めるが、遊女らは煙管を助六に差し出し、助六は「中の町の両側から、近付きの女郎の吸付け煙草、雨の降るやうな」と述べ、床几に腰かけ、足の指に煙管を挟み雁首を意休に向けて突き出した。足先は床几から伸びており、煙管の火皿が足裏に接しそうである。

このときは雁首は意休のほうに向いていた。

寛政五（一七九三）年、市村座「貢《みつぎ》曾《そ》我《が》富士着綿《ふじのきせわた》」における助六の場面では、足先は天を向き、火皿は上を向いていた。同年刊行の山東京伝《さんとうきょうでん》作黄表紙『新板《しんぱん》替《かわりました》道中助六《どうちゅうすけろく》』＊64の挿絵も同じだ。本書は助六の場面のパロディーとして書かれたもので、当時の演出を反映しているのだろう。

図９　完成した助六の吸付け煙草の場面（二代目團十郎）（早稲田大学演劇博物館蔵）

その後、文政五（一八二二）年、河原崎座で上演された「助六桜《すけろくさくら》の二重帯《ふたえおび》」における舞台絵＊65を見ると、五代目松本幸四郎の足は床几の上にあり、火皿は上向きで煙管の吸い口が意休のほうを指している。このときの演出が現在まで行われているのである。

助六の場面において用いられる煙管について検討する。

⑤「男文字曾我物語」において二代目團十郎が足の指に挟んだ煙管は、今日同様「朱羅宇煙管《しゅらうきせる》」だった。朱羅宇煙管は江戸中期に遊郭で流行し、二代目團十郎以降、「吸い付け煙草」の場面では必ずこの朱羅宇煙管が使用された。朱色がめでたくもあり、また黒小袖の衣裳と対照的で、客席からも見やすかったであろう。

遊女らが差し出す煙管には「水口煙管」が多かった（図９）。水口煙管は天正期、水口権兵衛《みずぐちごんべえ》が豊臣秀吉《とよとみひでよし》の好みに合わせて作ったといわれ、以後、明治期まで流行した＊66。

揚巻が花道に登場すると煙草盆をもった禿がそれに続くが、

そこに収められた煙管は①水口煙管、②朱羅宇煙管、③銀延べ長煙管へと変化していった。

①水口煙管　明和八（一七七一）年三月、中村座の助六狂言「根元江戸桜《こんげんえどざくら》」で、揚巻（四代目岩井半四郎）は水口煙管を吸う。[*67] また前出『新板替道中助六』にも「総角様は水口の名物の煙管を長羅宇にして」[*68]と、水口煙管を手にしている。寛政五（一七九三）年、市村座「貢曾我富士着綿」でも水口煙管が用いられていた。[*69]

②朱羅宇煙管　文化八（一八一一）年、市村座「助六所縁江戸桜《すけろくゆかりのえどざくら》」で、揚巻（五代目岩井半四郎）は朱羅宇煙管を用いた。[*70] この興行は五代目および六代目團十郎の追善興行で、「此時の衣裳道具立派にして、江戸芝居に大金をかけ」[*71]、豪華な衣裳や道具を使用した。揚巻も立派な煙管を用いたのだろう。

③銀延べ長煙管　さらに時代が下った天保三（一八三二）年、「助六所縁江戸桜」で揚巻（五代目岩井半四郎）は初めて、現代でも用いられる「銀延べ長煙管」を使用した。[*72] 本作は八代目團十郎の襲名を祝う興行であり、揚巻が高価な銀の煙管を使って、お祝いの舞台に華を添える意図があったのだろう。

　こうして現在の揚巻の姿が生み出されていった。

　意休の煙管の変遷についてもみてゆく。

　意休の煙管に関するもっとも古い記録は、文化二（一八〇五）年春、六代目團十郎の七回忌追善興行として河原崎座で上演された「助六所縁江戸桜」の際に出された意休の衣装と煙管に対する禁令である。[*73] 華美な小道具が禁じられ、この頃から銀紙で細工した煙管が用いられるようになった。しかし現代では揚巻同様銀延べ長煙管を使用している。

　この禁令から十四年後の文政二（一八一九）年三月、玉川座（市村座の控櫓）は七代目團十郎による「助六所縁江戸桜」を舞台にかけ、一方中村座では「助六曲輪菊《すけろくくるわのももよぐさ》」で三代目尾上菊五郎が初めて助六を演じ、両座が「助六」

で競い合った。少しでも豪華な演出にして多くの観客を集めようと、「助六所縁江戸桜」の意休（五代目幸四郎）は、銀紙細工ではなく銀延べ長煙管を使用したのではないか。[*74] その後、先に出された禁令は無視され、銀延べ長煙管が使い続けられるようになった。

こうして意休の喫煙の演技も現在の形になった。

図10　七代目市川團十郎と三代目尾上菊五郎が競って助六を演じた（歌川国貞画、国立劇場蔵）

以上のように、助六の吸い付け煙草の場面に登場する煙管は、二代目團十郎の個人的嗜好から発し、やがて豪華なものになっていった。

「助六」と市川家「歌舞伎十八番」

「助六」の演出は文化文政期までさまざまな工夫が施され、今日でも上演される形になっていった。「助六」は好評だったため、市川家以外の役者らもしばしば演じていた。こうしたなか、やがて市川家の「助六」に対する特権が認められるようになったのである。

文政二（一八一九）年三月、玉川座中村座の両座で七代目團十郎と三代目菊五郎が助六を競演した（図10）。[*75] このとき三代目菊五郎は、七代目團十郎に挨拶することなく勝手に「助六」を演じたうえ、それまで「助六」興行の際、吉原の茶屋から市川家に届けられていた引き出物までも吉原の茶屋に要求した。これに対し七代目團十郎は、吉原から差し入れを受けるのは市川家のみであると主張し、両者は対立した。[*76]

この問題を解決しようと、関係者らは見番の大黒屋[*77]に相談したところ、すでに二代目團十郎のときから「助六」が演じられており、「助六」を演じるのは市川家の特権であるとした。さらに五代目團十郎以降、助六と揚巻を演じる役者が吉原の茶屋を廻って挨拶する習慣が定着していたため、遊郭からの引き出物は市川家のみ受け取ることができると結論づけた。[*78]

天保三（一八三二）年、市村座「助六所縁江戸桜」上演の際、七代目團十郎は当時十歳だった息子に名を譲り、自分は五代目海老蔵を襲名、合わせて「助六」を「十八番の内」のひとつとして初めて披露した。

こうして助六が市川家のお家芸となったのである。

＊　＊　＊

享保期江戸歌舞伎は、観客の反応により演目や演出が変更された。ある場面が当たると数週間にわたって上演が続き、不評な場面は次々に書き換えられていった。この頃の歌舞伎には決めごとが少なく、役者に演技や演出を工夫する余地があったため、斬新な演出が次々と創作された。こうしたなか煙草という日用品が歌舞伎の演出に利用された。

煙草などの日常品を演出に取り入れることで舞台上の演技にリアリティーが生まれ、観客の日常に結びつけられていく。歌舞伎関係者と観客との間に文化の共有が生まれたのである。

一方、「助六」は市川家「歌舞伎十八番」に収録され、第2章で考察した不動明王同様、役柄が商品化したことを示すであろう。

注

＊1 ドロテウス・シッリング著「日本における最初のたばこ」（「モニュメンタ・ニッポニカ」五巻一号、上智大学出版、一九四三年）

＊2 向井震軒撰『煙草考』（宝永五〔一七〇八〕年、『たばこ古文献』第四集、日本専売事業公社総務部、一九六九年所収）

＊3 『君臣言行録』（人見竹洞等編、国立国会図書館蔵）。ここで禁令発布は慶長十二（一六〇七）年とするが、『慶長見聞録案紙』（内閣文庫蔵史籍叢刊、第六十五巻、汲古書院、一九八六年）は慶長十三（一六〇八）年十一月とする。

＊4 慶長十七（一六一二）年七月三十日、慶長二十（一六一五）年十二月五日（梅津政景著『政景日記』東京大学史料編纂所、岩波書店、一九五八年）

＊5 『リチャルド・コックス日記』（『大日本史料』第十二編之二十二、東京大学史料編纂所、一九九五年覆刻）

＊6 岩崎均史著「寛永末～寛文期の喫煙文化史の一考察」（『たばこと塩の博物館研究紀要』第九号、二〇〇九年）

＊7 『大日本農功伝』（一八九二年、『日本人物誌叢書』第二巻、日本図書センター、一九九〇年所収）

＊8 橘薫著『狂歌煙草百首』（文政三〔一八二〇〕年、『江戸狂歌本選集』第十二巻、東京堂出版、二〇〇二年所収）

＊9 松江重頼著『毛吹草』（寛永十五〔一六三八〕年、『近世前期歳時記十三種本文集成並びに総合索引』勉誠社、一九八一年所収）

＊10 松江重頼編『懐子』（万治三〔一六六〇〕年頃、『近世文学資料類従・古俳諧編10』勉誠社、一九七三年所収）

＊11 『羅山林先生詩集』（第五十八巻、寛文二〔一六六二〕年、『林羅山詩集』上巻、京都史蹟会、一九七九年所収）

＊12 生白堂行風編『後撰夷曲集』（寛文十二〔一六七二〕年、『近世文学資料類従　狂歌編三』勉誠社、一九七七年所収）

＊13 藤本箕山著『色道大鏡』（延宝六〔一六七八〕年、『新版色道大鏡』八木書店、二〇〇六年）

＊14 財津種莢著『むかし〳〵物語』（森銑三、北川博邦監修『続日本随筆大成』別巻、近世風俗見聞集1、吉川弘文館、一九八一

年所収）

＊15　貝原益軒著『養生訓』（正徳三〔一七一三〕年、『益軒全集』巻之三、益軒全集刊行部、一九一一年）

＊16　『千種日記』（天和貞享期、古典文庫、一九八四年）

＊17　文考著『和漢文操』（享保十二〔一七二七〕年、有朋堂文庫、一九二七年）

＊18　『千種日記』（天和貞享期、古典文庫、一九八四年）によれば煙草の種類と生産地は以下のとおり。①服部（摂津）、②高崎、③岩崎、④石原（いずれも上野）、⑤小松、⑥薬袋（甲斐）、⑦玄固、⑧井上、⑨生坂、⑩保科、⑪坂木（信濃）、⑫田代たばこ、⑬仙東、⑭白石（陸奥）、⑮赤土煙草（常陸）、⑯吉野煙草（大和）、⑰笹山、⑱福知山（丹波）、⑲丹原煙草（伊予）、⑳野田の院、㉑郡里（阿波）、㉒べつくたばこ（越中）、㉓青たばこ、㉔白たばこ（長崎）。

＊19　山崎北華著『風俗文選拾遺』（延享元〔一七四四〕年、『名家俳文集』博文館、一九一四年所収）

＊20　『慶長年録』（慶長十四〔一六〇九〕年写、内閣文庫蔵史籍叢刊、第六十五巻、汲古書院、一九八六年所収）
此比荊組皮袴組トテ徒者京都ニ充満ス、五月中搦取之七十人余被行籠者ニ令糺明。此者共人ニ普喧嘩ヲ懸。後被改之組頭ヲ四五人成敗、残者共非指科、只一旦ノ知音迄之儀タル間、被寛之。組頭名ハ左門ト云者也。荊組トハ人ニ喧嘩ヲカクルニ依テナリ。皮袴組トハ荊ニモ劣サルトノ儀ナリ依此後ニタバコ法度ナリ。右之徒者モタバコより組ニ成ト云々。キセル大ニシテ腰ニサシ、下人ニモ為持候。（筆者翻刻）

＊21　「邸内遊楽図屏風」（サントリー美術館蔵）

＊22　「輪舞遊楽図屏風」（国立歴史民俗博物館蔵）

＊23　「清水寺遊楽図屏風」（ＭＯＡ美術館蔵）

＊24　「阿国歌舞伎図屏風」（京都国立博物館蔵）

＊25　三浦浄心撰『慶長見聞集』（慶長十九〔一六一四〕年、『江戸叢書』巻之二、日本図書センター、一九八〇年所収）

＊26　武井協三著『若衆歌舞伎・野郎歌舞伎の研究』（八木書店、二〇〇〇年）

＊27　『松平大和守日記』（『日本庶民文化史集成』第十二巻、三一書房、一九七七年所収）

＊28　演者は野河吉十郎、三郎右衛門、庄兵衛の三名。

＊29　演者は橋之助、香之丞、しげの丞の三名。
＊30　山田和人著『竹田からくりの研究』（おうふう、二〇一七年）
＊31　『役者色茶湯』（享保二〈一七一七〉年正月）
＊32　「関東小六今様姿」（元禄十一〈一六九八〉年十一月、京都早雲長太夫座、『元禄歌舞伎傑作集』上、臨川書店、一九七三年所収）
＊33　「傾城浅間嶽」（元禄十一〈一六九八〉年十一月、京都布袋座、『元禄歌舞伎傑作集』上、臨川書店、一九七三年所収）
＊34　『野傾髪透油』（享保二〈一七一七〉年四月）
＊35　「雷神不動北山桜」（安田蛙文作）（寛保二〈一七四二〉年正月、『歌舞伎台帳集成』第四十五巻、勉誠社、一九八四年所収）
＊36　「鎌倉正月買並おはせ心中」（『元禄歌舞伎小唄番附付盡』、『新編稀書複製会叢書』第十八巻、臨川書店、一九九〇年所収）
＊37　「傾城壬生大念仏」（近松門左衛門作）（元禄十五〈一七〇二〉年二月、都満太夫座、『元禄歌舞伎傑作集』上、臨川書店、一九七三年所収）
＊38　『役者満友家』（元文二〈一七三七〉年正月）
＊39　『役者矢的詞』（延享四〈一七四七〉年正月）
＊40　郡司正勝校注「毛抜き」（『歌舞伎十八番集』日本古典文学体系98、岩波書店、一九六五年）
＊41　郡司正勝校注「矢の根」（『歌舞伎十八番集』日本古典文学体系98、岩波書店、一九六五年）
＊42　向井震軒撰『煙草考』（宝永五〈一七〇八〉年、『煙草古文献』第四集、日本専売事業公社総務部、一九六九年所収）
＊43　伊原敏郎（青々園）著『團十郎の芝居』（早稲田大学出版部、一九三四年）
＊44　信多純一著『近松の世界』（平凡社、一九九一年）
＊45　「助六心中　蟬のぬけがら」（水谷弓彦編『世話浄瑠璃大全』上、精華書院、一九〇七年所収）
＊46　高野辰之著『歌舞音曲考説』（六合館、一九一五年）
＊47　『役者色景図』（正徳四〈一七一四〉年二月）
＊48　江戸半太夫は貞享四（一六八七）年頃薩摩座に出演した（藤田理兵衛著『江戸鹿子』古板地誌叢書8、すみや書房、一九七〇年）。
＊49　『芝居晴小袖』（正徳六〈一七一六〉年四月）

＊50　初代鳥居清倍画「正徳六年の助六」（正徳六〔一七一六〕年、ボストン美術館蔵〔Photograph © [2019/2/28] Museum of Fine Arts, Boston.〕）。本作の助六は前髪若衆で鉢巻を結び、衣装の生地は明るく、三升の紋と歌留多の模様が描かれるなど、現代の演出とは異なる点が多い。茶屋の暖簾に「玉屋」の紋があり、三浦屋ではなかった。

＊51　伊原敏郎（青々園）著『團十郎の芝居』（早稲田大学出版部、一九三四年）。紋は金糸で縫われていた（九思軒鱗長著『猿源氏色芝居』享保三〔一七一八〕年、『江戸時代文芸資料第二』国書刊行会、一九一六年所収）。

＊52　初代鳥居清倍画「そがの助六」（正徳六〔一七一六〕年、大英博物館蔵、武藤純子『初期浮世絵と歌舞伎』笠間書院、二〇〇五年所収）。本作には黒小袖に牡丹の紋と蛇目傘が描かれている。

＊53　「白波五人男」として浄瑠璃や歌舞伎の題材ともなった男伊達集団のリーダー。元禄十五（一七〇二）年八月、大坂にて処刑。

＊54　作者不明『吉原さいけん絵図』（享保十六〔一七三一〕年、『江戸吉原叢刊』第七巻、八木書店、二〇一一年所収）に三浦屋四郎右衛門の紋が描かれている。

＊55　作者不明『ねずみ文七』（享保十五〔一七三〇〕年、鈴木重三、木村八重子編『近世子どもの絵本集』江戸篇、岩波書店、一九八五年所収）

＊56　狂言本『総角助六狂言之記』（享保末期、国立国会図書館蔵）

＊57　狂言本『総角助六狂言之記』（享保末期、国立国会図書館蔵）。本書に収録の図中の茶屋には「三つ松」の紋章が描かれている。吉原の案内書『新吉原細見』（享保二十〔一七三五〕年）の地図に描かれた小松屋吉兵衛と大松屋市郎衛門はともに三つ松の紋を使用している。

＊58　「地口掛け合いせりふ」（享保十八〔一七三三〕年刊、ケンブリッジ大学図書館蔵）

＊59　「助六定紋桜」（立川焉馬著『花江都歌舞妓年代記』文化八〔一八一一〕年、歌舞伎出版部、一九二六年所収）

＊60　奥村政信画「二代目市川團十郎の助六」（元文四〔一七三九〕年刊、ボストン美術館蔵）は二点存在する。いずれも二代目團十郎とするが、黒二重羽織で、杏葉牡丹の紋に加えて三升紋と海老も描かれているものが二代目團十郎、前髪若衆、衣裳には杏葉牡丹の紋に四季の花と馬のものが三代目團十郎か。

＊61　『寛延期江戸芝居狂言本』（早稲田大学演劇博物館蔵、請求番号：ロ 15-00457_009_A）

＊62 『寛延期江戸芝居狂言本』（早稲田大学演劇博物館蔵）
＊63 「助六曲輪名取草」（伊原青々園編『日本戯曲全集、第一巻、中古江戸狂言集』春陽堂、一九三一年所収）
＊64 山東京伝著『新板替道中助六』（寛政五〔一七九三〕年、『山東京伝全集』第三巻、ぺりかん社、二〇〇一年）
＊65 初代歌川豊国画「助六桜の二重帯」（文政五〔一八二二〕年三月頃、早稲田大学演劇博物館蔵）
＊66 宇賀田為吉著『煙草文化誌』（東峰書房、一九八一年）
＊67 文調画「揚巻の水口煙草」（『堺町曾我年代記』、明和八〔一七七一〕年、早稲田演劇博物館蔵）
＊68 山東京伝著『新板替道中助六』（寛政五〔一七九三〕年、『山東京伝全集』第三巻、ぺりかん社、二〇〇一年）
＊69 あるいは、京橋で煙草入れを販売する店を営んでいた山東京伝が、自著において甲斐国竜王村（現山梨県甲斐市）産の煙草や水口煙管などを紹介したか。
＊70 歌川豊国画「岩井半四郎　揚巻」（文化八〔一八一一〕年、早稲田演劇博物館蔵）
＊71 伊原敏郎（青々園）著『歌舞伎年表』（岩波書店、一九五六年）
＊72 歌川国芳画「岩井半四郎　揚巻」（天保三〔一八三二〕年、早稲田演劇博物館蔵）
＊73 伊原敏郎（青々園）著『歌舞伎年表』（岩波書店、一九五六年）
＊74 歌川国芳画「松本幸四郎　意休」（安政二〔一八五五〕年、早稲田演劇博物館蔵）
＊75 歌川国貞画「市川團十郎　尾上菊五郎」（文政二〔一八一九〕年、国立劇場蔵）
＊76 伊原敏郎（青々園）著『歌舞伎年表』（岩波書店、一九五六年）
＊77 吉原芸者の取り締まり所の見番大黒屋正六のことか。
＊78 伊原敏郎（青々園）著『歌舞伎年表』（岩波書店、一九五六年）

第二部　享保期江戸歌舞伎の興行

享保の改革と歌舞伎界

元和偃武以降、日本の人口増加・耕地の拡大に伴って農作物などの生産量はにわかに増え、ここに「外延的経済成長」と呼ばれる景気拡大期を迎えた。しかし元禄宝永期になると、こうした消費増加が急激なインフレを招き、さらに大地震や富士山噴火も相俟って、幕府の公庫は逼迫していった。事態打開のため、幕府は正徳四（一七一四）年、貨幣を慶長古金銀に戻す改鋳を敢行、同時に貨幣の供給量を慶長期の水準に戻そうとしたため物価が下落、経済は萎縮してしまった。[*1]

ここにいよいよ倹約を奨励する「享保の改革」が施行されることとなった。町人の豪華な衣装や家具、道具の使用を厳しく律し、加えて大名や旗本、武家、とくに大奥らの浪費を喰い止めようとした。

経済的に困窮した幕府は享保七（一七二二）年、参勤交代による江戸在府を半年に短縮する代償として、上米を課すことで急場をしのぎつつ、新田開発を励行し、年貢の増徴に努めた。しかし享保十五（一七三〇）年、上米制が廃止され、結果的に米価は大暴落した。享保十七（一七三二）年には、害虫の大量発生のため畿内は大凶作となり米価は暴騰、翌享保十八（一七三三）年、江戸で初めて窮民による打ち毀しが発生するほどの困窮ぶりだった。

享保期の経済は不安定であったが、その一方、享保の改革の一環として幕府儒者の講義が庶民へ開放されるなど、教育や学問が奨励された。さらに享保五（一七二〇）年には漢訳洋書輸入の制限が緩和され、漢文学や蘭学が発達した。本草学や医学も広く奨励され、漢方薬に必須な人参の国内生産が始まったのもこの時期である（以上は宮本又郎、粕谷誠編著『経営史・江戸の経験』〔ミネルヴァ書房、二〇〇九年〕に依拠した）。

歌舞伎界にとって、享保期は正徳四年に起きた江島生島事件から始まる。江戸城大奥の年寄り江島と歌舞伎役者生島新五郎の密通事件の影響で山村座が閉座となり、他の劇場にも取り調べが及んだ。同年の改鑄の影響も重なって劇場の運営は徐々に厳しくなり、享保十九（一七三四）年八月、ついに森田座が休座となった。こうして歌舞伎劇場が経済的に困窮すると、歌舞伎関係者らは「控櫓《ひかえやぐら》」と呼ばれる代理の営業権取得に尽力した。

歌舞伎劇場の運営にはさまざまな職務が関わっていた。芝居主は京都・大坂では劇場建物の所有者を指し、江戸には存在しなかった。座元とは、京都と大坂では一座のリーダーを指し、江戸では歌舞伎劇場の建物を所有し興行を行う人物をいう。表役とはさまざまな職務の総称で、木戸番とは入場者を管理する者、帳元とは劇場の会計を担当する者のことである。また、座頭は一座の役者を取りまとめる役者、狂言作者は、演目のあらすじを決定する立作者と個々の場面を執筆する脇作者に分けられる。

注

＊1　宮本又郎、粕谷誠編著『経営史・江戸の経験』（ミネルヴァ書房、二〇〇九年）

第5章　享保期江戸歌舞伎の劇場経営

享保期の江戸歌舞伎劇場はゆがんだ経営状況に陥っていた。木挽町（現東銀座）の森田座は享保九（一七二四）年の火災と享保の改革による綱紀の粛正、質素倹約の励行によって、その経営はいよいよ窮迫していった。同じ頃、森田座以外の中村座、市村座でも、役者に支払う高額な出演料などの支出を入場料などの収入で賄いきれず、借金を重ね、経済的に困窮していた。

本章では、こうした劇場の経営構造と、このような状況において二代目團十郎が果たした役割について吟味する。

第1節　享保期江戸歌舞伎劇場の経営構造

劇場経営は収入である売り上げ（入場料×入場者数）と、支出（役者の出演料および道具・看板・蔵衣裳・地代などその他諸経費）、そして出資者である金主（劇場に出資する者）からの借金で成立していた。こうした歌舞伎劇場の経営収支について、関根只誠纂録『東都劇場沿革誌料』[*1]および服部幸雄著『歌舞伎の原像』[*2]、同『江戸歌舞伎論』[*3]などに依拠しつつ概観する。

図 11　中村座の桟敷席（左下）には女性客が 12 人いる（元禄期）（菱川師宣画、東京国立博物館蔵、部分）

歌舞伎劇場の収容人数

江戸歌舞伎劇場の入場者数はどのように変わっていったのだろうか。

元禄後期、江戸の劇場は「京大坂に替て、三重の桟敷にぎはひ、聞しにまさる繁昌」[*4]と、京都や大坂の劇場より大きく、二階、三階にも桟敷席が作られ、繁昌した。二階の桟敷席は屏風で分けられ、一区画に六人から十二人の観客を収容した（図11）[*5]。

三階の桟敷席は、二階桟敷席上部と天井の間に設置され、狭くて簡素なものだった[*6]。また一階に欄干はなく、立見や土間と同じく莚などが敷かれ、二階の桟敷席のみが高級だった。

正徳期、山村座の二階桟敷席は五十間以上あったが[*7]、正徳四（一七一四）年の江島生島事件の影響により、一階と三階の桟敷席は使用が禁止され、二階の桟敷席のみ観客が利用できた[*8]。また元禄末期より設置された柿葺き屋根は水に強く、雨天でも興行が行われたが、事件後、これを雨漏りのする莚貼り屋根に戻すよう命じられた[*9]。歌舞伎劇場は雨漏りで芝居を上演できない日が増えたため、この窮状を訴えると、享保三（一七一八）年、雨漏りしない苫葺き屋根の使用が許された[*10]。

江戸初期、歌舞伎劇場は桟敷席と土間席に分けられていた。桟敷席はやがて、東桟敷、西桟敷、向桟敷に、土間席は切落と人溜に分かれた（図12）。享保九（一七二四）年には劇場が建て替えられ、舞台は大きくなり、一階も桟敷席となった（図13）。江戸後期になると桟敷席は内翠簾、外翠簾、格子など種類が増え、土間席は升席として区切られた（図14）。

享保五（一七二〇）年正月十三日、互いに隣接していた市村座と中村座両座が火災により建物を焼失した。そのため同日、従前同様の大きさの劇場の普請を申請した。[*11] これによると、市村座の間取りは以下のとおりである。舞台は三間×四間（間は建物を測る単位で、実際の長さは時代によって変動する）、東側桟敷十五間、西側桟敷十六間、向桟敷九間、合わせて四十間。土間は九間×十五間で百三十五坪、舞台や花道（この時期常設されていたかは不明）などおよそ十五坪を引くと百二十坪、劇場全体で総計百六十坪だった。

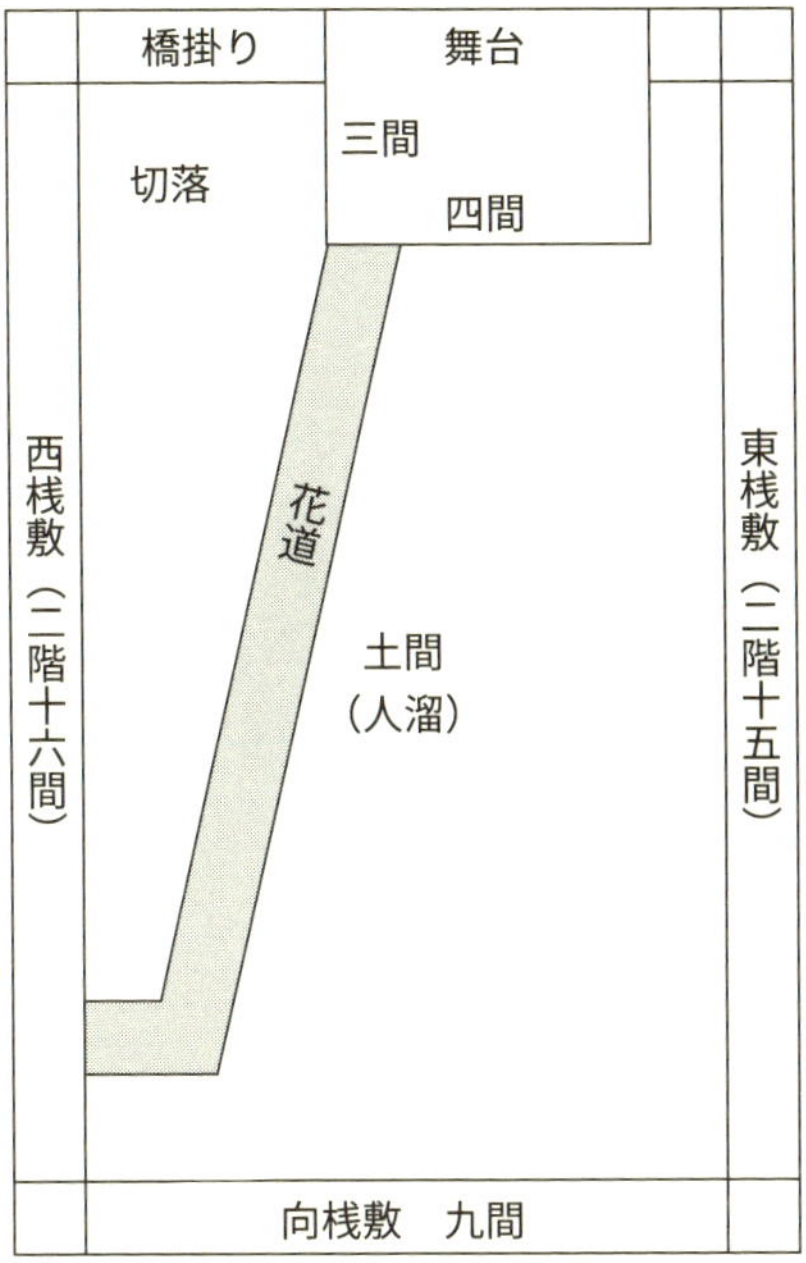

図12　中村座と市村座の間取り（享保5年）

服部幸雄は桟敷席間に平均六人、土間席一坪当たりに平均七人、大入りのときには九人が収容されるとした。[*12] 桟敷席六人、土間席九人とすれば、市村座の収容人数は千三百二十人となる。

中村座が申請した間取り[*13]も市村座と同じだった。

享保九年、今度は森田座が火災によって劇場建物を焼失した。これを受け幕府は、頻繁に発生する火災を防ぐよう江戸の大きな建物に対して

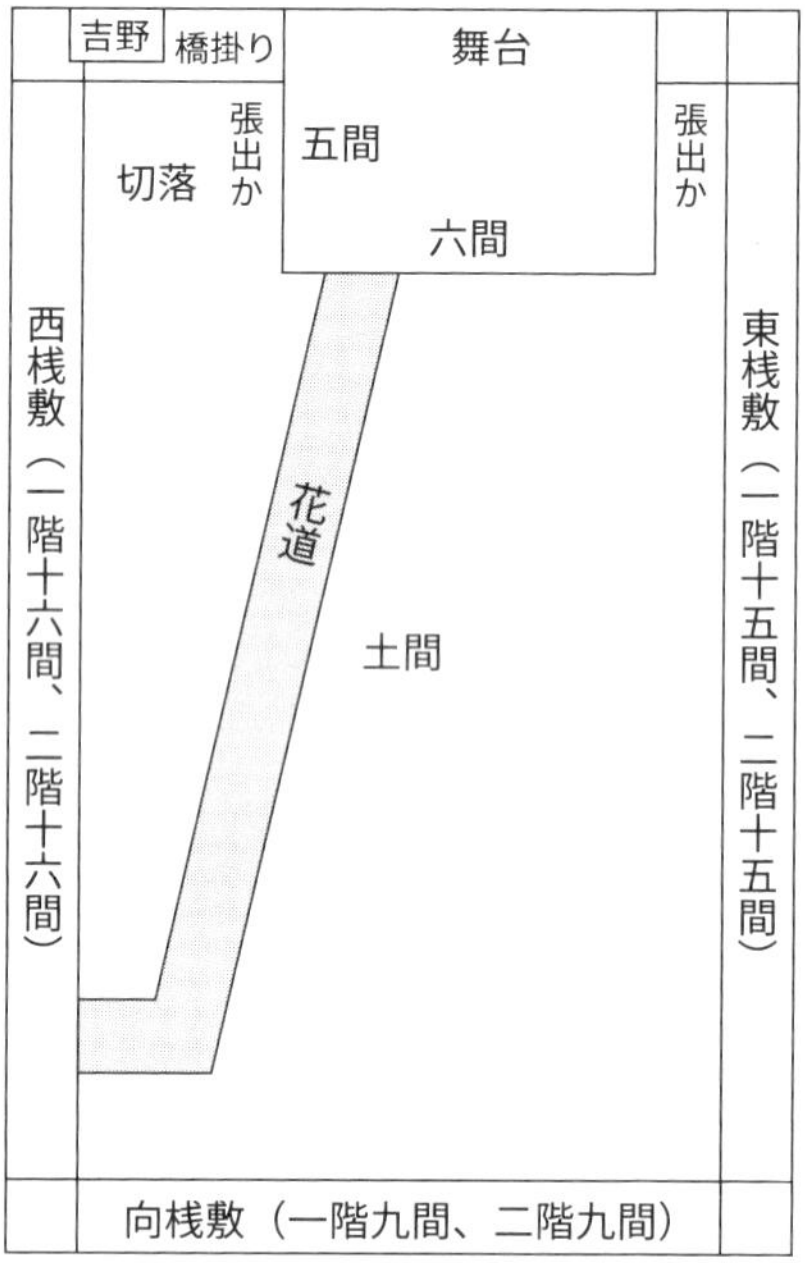

図 13　中村座と市村座の間取り（享保 9 年）

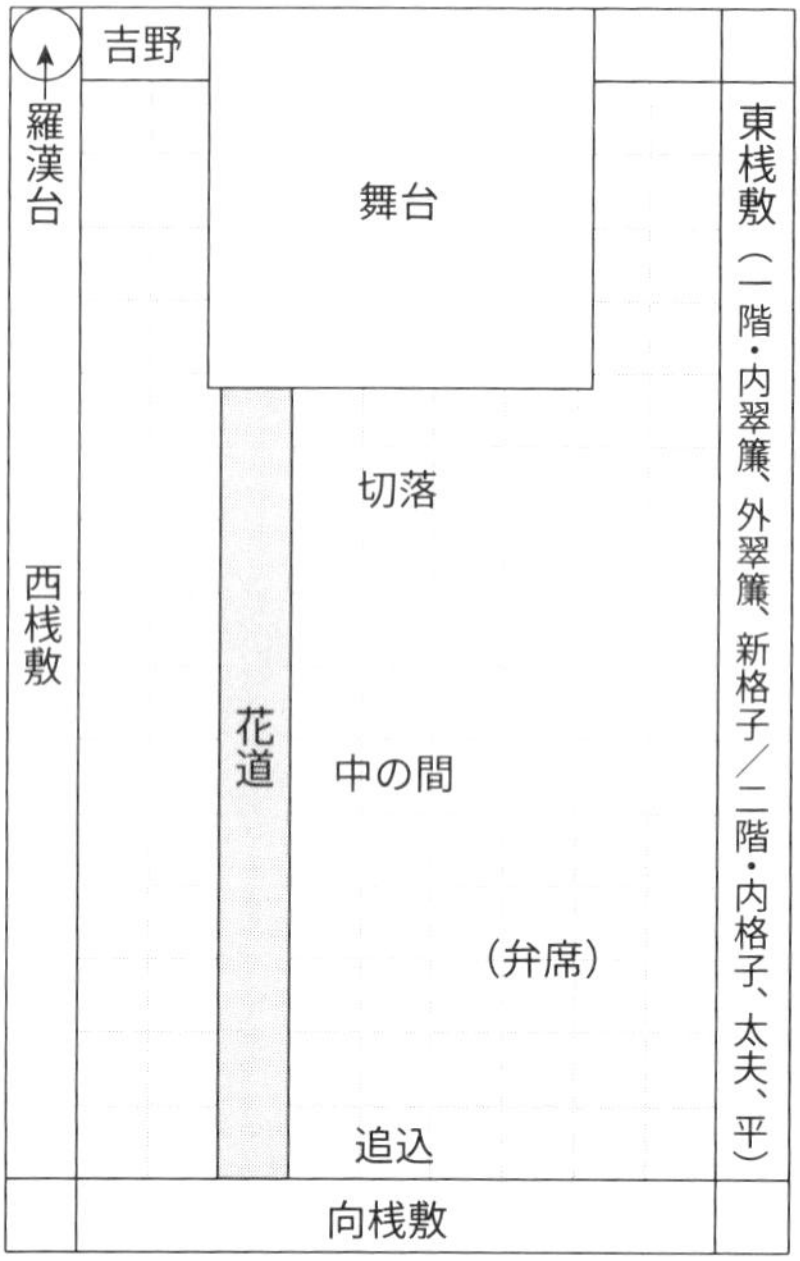

図 14　歌舞伎劇場の間取り（江戸後期）

改築を求めた。歌舞伎劇場も再建に際し、耐火性のある瓦屋根や土蔵造りとしなければならなかった。こうした改修費用を捻出するため、劇場は下桟敷（一階の桟敷席）に客を入れることが許可され*14た。こうして、中村市村両座はようやく建物を改修できるようになったが、森田座は経営状態が思わしくなく、再建は遅れた。

　中村座は舞台の幅を六間×五間に拡大、桟敷は以前と変わらず上下階とも東十五間、西十六間の計六十二間、向桟敷は上下階とも九間で計十八間となった。土間席はおそらく九間×十五間前後のままだが、舞台と花道が大きく突き出した。その分のおよそ二十八坪を引くと百七坪だっただろう。

　先の市村座と同様、桟敷席一間六人、土間席一坪当たり九人として計算すれば、収容人数は千四百四十三人前後となるであろう。改築前に比べると、土間の収容人数がやや減ったが、桟敷席の一階分四十間×六人＝二百四十人分増えたことになる。

このように享保期以降、劇場の増改築によって収容人数は増加していった。

入場料の変化

江戸歌舞伎劇場の入場料は日々、大きく変動した。

正徳四（一七一四）年、桟敷席の料金は一間当たり一貫二百文、土間席は一人分百六十四文だった。[15]

享保期、桟敷席の料金は三百文（享保十九（一七三四）年五月二十八日、中村座）から二貫二百文（享保二十（一七三五）年二月七日、市村座）の間で変動し、平均一貫三十文であった。元文二（一七三七）年、中村座「蘆屋道満大内鑑《あしやどうまんおおうちかがみ》」では一間あたり二貫文、土間は一人当たり百六十四文だった。[16]

享和期になると、切落百三十二文、中の間百文、追込は十六文、内格子・太夫・平に分かれた二階桟敷、内翠簾・外翠簾、新格子に分かれた下桟敷は銀二十五匁から三十五匁（約一貫六百七十五文から二貫三百四十五文）だった。[17] この頃、入場料は「本値」と呼ばれたが、この価格も変動した。

このように桟敷席の入場料は、一間当たり一貫二百文（正徳四（一七一四）年）、二貫文（元文二（一七三七）年）、一貫六百七十五文から二貫三百四十五文（享和期）と、時代を追うごとに高くなっていった。

中村座「蘆屋道満大内鑑」は初代瀬川菊之丞《せがわきくのじょう》による名残狂言で評判がよく連日大入り、一日の売り上げは五十七両二貫三百三十二文だった。寛政期、江戸歌舞伎劇場では一日の売り上げが三十両を上回れば黒字になったというが、[18] このとき「蘆屋道満大内鑑」はその二倍近い収入を得ていたことになる。

この頃最高の売り上げを記録した演目は享保十四（一七二九）年、中村座の正月興行「扇恵方曾我《すえひろえほうそが》」で、二代目團十郎演じる矢の根五郎が好評を博し、入場料は合計四千二百二十一両、一日平均約三十八両を記録した。[*19]

歌舞伎劇場は「蘆屋道満大内鑑」や「扇恵方曾我」のように大当たりを出せば、黒字経営が可能だった。ところが桟敷席は芝居茶屋を通して予約しなければならず、しかも入場料の他に、飲食などに入場料の二〜三倍の費用が必要となった。[*20]桟敷席の料金が高くなったうえに、さらにその他の費用もかかるため、桟敷席は徐々に売れなくなっていった。

桟敷席の集客が困難になると、歌舞伎劇場は新たな手段で観客を呼び込もうとした。

一、扨、桟敷はあれども、銭に成のは稀、切落し、中の間は、近年引札と言事時花《ハヤル》、といはせも果ず、彼老人、引札とは何の事じや、ととふ、近き頃、六十四文の安札を廻し、人を引く仕かた。[*21]

引札とは、集客のための一枚刷りのチラシで、天和三（一六八三）年に呉服屋の越後屋が初めて作り、やがて一般化した。[*22]ここでは安い入場券のことだろうか。

歌舞伎劇場はこのとき入場料を安くしたため、入場者数は増えても入場料の総売り上げは伸び悩むという悪循環をもたらした。

役者の出演料

歌舞伎劇場の支出は、寛政期には役者の出演料六千両、その他諸経費（道具・看板・蔵衣裳・地代など）が千両の合計七千両となり、[*23]役者に払う出演料がもっとも大きかった。[*24]

なぜ歌舞伎役者の出演料は高額になっていったのだろうか。

江戸初期、歌舞伎役者は「座敷芝居」として江戸のさまざまな大名屋敷に呼ばれ、演技を披露した。慶安四（一六五一）年正月から四月にかけて、初代中村勘三郎《なかむらかんざぶろう》ら歌舞伎役者六人が第三代将軍徳川家光《とくがわいえみつ》に招かれ、江戸城を訪れた。このときの出演料は六百貫文、一人当たり百貫文（金二十五両）、一日約八両一分だった。*25

延宝八（一六八〇）年三月十一日、弘前藩の江戸屋敷に小道具屋九右衛門らが招かれ「ぬめり尺八」や「名取川」などを演じた。このときのに出演料は「壱歩判四両と白銀八枚」*26（約十両三分）だった。その五日後には演目「ゑほうまいり」や「れんほうの表具屋《ひょうぐや》」などが上演され、出演料として「壱歩判四両三歩と銀拾枚」（約十二両一分）が支払われた。もっとも高額な出演料を受け取ったのは千之助と勘之助で、その金額はそれぞれ白銀二枚（約一両）だった。これは当時の大工の年俸に相当する額で、看板役者らは高額の出演料を受け取ることが常識となっていた。

こうした状況のなか、歌舞伎劇場が人気役者に出演を依頼するには、大名らにも負けない出演料を支払わなければならなかった。

しかも、さらに出費が必要となる場合があった。役者のなかには、年俸として出演料が決まっていたにも関わらず、休演するものが多かった。座元は出演を促すため、出演日に追加で一両を支払わなければならなかったというのだ。*27

別の問題もあった。津軽藩は幕府の大老酒井雅楽頭《さかいうたのかみ》を江戸屋敷でもてなす際、歌舞伎公演を依頼した。「御家老衆打ち寄り談合、総じて一枚看板にのる役者共の義、五日、七日已前に言い込みては、先約段々あり、なかなか参らざること。（中略）十日廿日ないし三十日前かたより申し付けず候ては、よき役者の分、みな先約仕り罷りあり候間、参る義ござなく候*28」と事態に困惑している。人気の歌舞伎役者を呼ぶために、大名屋敷は一ヶ月前から予約していたというのだ。
歌舞伎劇場と大名屋敷とでは、出演者の顔ぶれを異にするだろうが、劇場はこうした大名らと競わねばならず、劇場専属の役者の座敷芝居への流出を防ぐためにも、出演料を下げることなど到底できない状況だった。

江戸中期、人気役者はどれほどの出演料を得ていたのだろうか。

貞享三（一六八六）年、京都の歌舞伎劇場である嵐座の一年間の出演料は、竹嶋幸《たけしまこう》左《ざ》衛《え》門《もん》が百五十両、同じく荒木座では山下半《やましたはん》左《ざ》衛《え》門《もん》が二百両を受け取っていた。嵐座の役者上村辰弥は「家二ヶ所ニ」[29]もつほど裕福だった。

江戸では元禄期、初代團十郎の出演料は年間五百両だった。[30]

正徳期になると、初代芳沢《よしざわ》あやめをはじめとするいわゆる「千両役者」が出現した。

二代目團十郎は享保六（一七二一）年、森田座「賑末広《にぎわいすえひろ》曾《そ》我《が》」において正月から十月まで大当たりを出した。[31]このとき森田座より出演料として千両を受け取り、そしてこれ以降、中村座、市村座、森田座の江戸三座は揃って二代目團十郎に出演料として千両を支払ったとされている。[32]

劇場は収益が悪いにも関わらず、なぜ看板役者に千両もの高額な出演料を支払ったのだろうか。

それは、前述のように、江戸初期の役者が将軍や大名から高額の出演料を得ることがあったため劇場も同等の出演料を払わざるを得なかったこと、また元禄宝永期のインフレにより役者の出演料もどんどん高騰していったことが挙げられるであろう。

しかし、劇場は本当に出演料として千両もの大金（現在の一～二億円）を支払ったのだろうか。

寛政期に活躍した狂言作者二代目中村重《なかむらじゅう》助《すけ》が「一体役者といふものは、顔を売る渡世ゆへ、とらぬ金も取よふに、人に聞ゆるかたよろしき故、是には種々の口伝あらん」[33]というように、役者らは自らの格を上げるために、出演料を誇大に吹聴しがちであった。当時の役者らにとって出演料は人気のバロメーターであり、出演料が従前より安くなると、評判が下がると考えていたのだろう。つまり、実際の出演料は千両ではなかった可能性も十分考えられる。それでもかなり高額だったに違いない。

正徳三（一七一三）年七月二十三日、二代目團十郎は山村座と翌年の出演料について相談し、年俸五百両、手附金四百両で契約を交わした。契約の段階で手附金三百四十七両を受け取っている。[*34]

享保十九（一七三四）年、二代目團十郎は中村座と出演の交渉を行い、このとき中村座は年俸七百両を提示している。[*35]しかし翌年、二代目團十郎が出演したのは市村座であったことがわかっている。[*36]市村座の出演料は中村座が提示した七百両以上だったのだろうか。

こうしたやりとりを経て江戸中期、出演料は最高額に達した。

寛保元（一七四一）年、二代目團十郎は大坂佐渡島座の座元佐渡島長五郎《さどしまちょうごろう》より出演依頼を受けた。出演料二千両および手付金五百両で出演すると返事をすると、長五郎は「歌舞妓芝居始りて以来、給金二千両取やくしや聞も及ばず。稀なる事を申越されしと、甚おもしろく、手付金五百両調達して差下したり」[*37]と、早速手付金を送った。こうした二代目團十郎と長五郎のやりとりは評判となり、大坂の人々の興味を惹くことになった。

このときの出演料が江戸期中の最高額で、これ以降は五百両から千両のあいだを推移している。

金主について

劇場経営には巨額の資金が必要であった。こうした劇場を運営するためには、興行に出資する金主（銀主・金元とも）が不可欠だった。

江戸初期の俳人太田長右衛門（号一尹）は「もんじゆゆへにし命たすかる売くふは能かねもとの小刀に」[38]と詠んだ。劇場にとって乞食や餓鬼を救う文殊菩薩のような存在である金主が、この頃すでに存在していたであろうことを示している。

元禄宝永期には金主として、豊かな財産をもつ町人奈良屋茂左衛門《ならやもざえもん》[39]が、文化文政期には劇場経営の才能をもった大久保今介《おおくぼいますけ》[40]がいたことが知られているが、これまでその他の金主について紹介されることはなかった。ところが、二代目團十郎の日記には竹の子婆と江村庄介の二人の金主が登場する。ここでは、この二人[41]について検討していく。

竹の子婆（本名未詳）は乗物町（現千代田区）に住んでおり、中村座で仕切場（経理）を担当した初代中村重助専属の飯炊きであった。浅草の僧侶を騙して十五両を手に入れた竹の子婆は新和泉町（現日本橋人形町）に比丘尼宿を開き、芸子（せりふのない見習いの若衆役者）や陰間（売色専門の若衆）などを抱えるようになった。

あるとき、陰間の八代太を打ち殺してしまった婆は、亡骸を受け取りにきた八代太の親に対し「八代太は竹の子を食べ、食中りで死んだ」と嘘を付いたため、以後「竹の子婆」といわれるようになった。本人はこのあだ名を厭いもせず、しかも家紋に八代太の名前をもじった「丸に八」を使用した。

竹の子婆は「元来無慈悲第一の者」で、「段々金が金を生んで、後は夥し（中略）いろ〳〵の事にて金をまうけける事、神変ともいひつべし」[42]といわれるほど経営の才能があり、中村座の金主を勤めると同時に古着店など多数の店舗を経営した。

二代目團十郎の日記、享保十九（一七三四）年十月二十三日「此日勘三郎十《（重）》助、御番所にてなわかゝりしよし」（▽）の注意書きに、「竹の子が公事金の事也」とある。[43] この記述は六代目中村勘三郎と重助が訴えられ、竹の子婆が「公事金」、いまでいう保釈金を準備したと解釈できるが、本当だろうか。

当時の訴訟には本公事・金公事・仲間事の三種類があり、訴えの内容によって裁判の方法が異なった。[*44]土地や不動産など資産に関わる訴訟を「本公事」といい、借金や利子に対する訴訟を「金公事」[*45]、株仲間に関するものを「仲間事」といった。[*46]

本公事はその効力が強く、借金を一括返済するという判決もあり得るのに対し、金公事は訴訟相手との交渉を命じるのみであった。債権は本来、当事者間で解決すべきであり、金公事は訴えが多すぎて受理されないこともしばしばあった。しかし、一旦訴訟が受け付けられれば、被疑者は取り調べのため拘束された。五百石以上の武士以外の者は入牢させられ、軽罪であっても手鎖で家に監禁されるなど、保釈金によって釈放されることはなかった。[*47]

つまり、注意書き「竹の子が公事金の事」とは保釈金を用意したのではなく、金銭トラブルから竹の子婆が中村座の座元六代目勘三郎や重助を訴えたということであろう。

この頃の金公事では、解決に和解が奨励されていた。今回も、竹の子婆と中村座は和解したのであろう。宝暦初期になると、竹の子婆は「芝居へ大金を出して中村慶子（七代目中村勘三郎）などは子分なり」[*48]と呼ばれるほど、中村座の経営に影響力を及ぼしていた。

宝暦六（一七五六）年、竹の子婆が没すると、娘おすみが二代目竹の子婆を名乗ったが、初代竹の子婆ほどの実力がなかったために「半夏婆」（竹の子婆の半分ほどの旨か）と呼ばれた。しかし、彼女も中村座の金主を勤め、結局竹の子婆親子と中村座との関係は三十年以上継続したことになるのである。

同じ頃、新大坂町（現日本橋富沢町）に、市村座で楽屋の掃除や風呂の準備などをする雑用係の江村庄介がいた。

庄介は母親が乞食比丘尼であったことから「新発意庄介」（新発意は小坊主の異称）のあだ名で呼ばれ、貧乏な生活を送っていた。ところが、庄介の妹が讃岐国（香川県）丸亀城主京極家の側室となると[49]、一家は一転裕福になり、庄介は家を建て、大家業で独立した。その後、市村座の経営が困難になると金主となり、やがて「御聖人庄介」（聖人は有徳の僧の尊称）の異名を取るようになった。

庄介は享保十九（一七三四）年五月十三日、病気で舞台を休んでいた三代目嵐三右衛門《あらしさんえもん》が回復したため近々舞台に復帰させる旨、二代目團十郎に伝えた。また十月六日、左兵衛（会計係）とともに二代目團十郎のもとを訪れ、支払いが遅れたことを詫びたうえで九月分の出演料を渡している。庄介は金主として、市村座の役者の管理や出演料の支払いなど日常業務に関わっていた。

金主らは劇場に大金を出資したとされているが、そうした資金は回収されたのだろうか。

寛政八（一七九六）年には、中村座、市村座、森田座の江戸三座がすべて休座となったが、このとき中村座は金主九十九名（名前未詳）から六百十両の借金をしていた[50]。金主らは貸した金額によって大（十二名）・中（三十名）・小（五十七名）の三つのグループに分けられ、借金の返済計画が立てられた。しかし、実際に返済された記録は残されていない。

金主らは、経営状況が悪化する劇場に借金を返済する能力がないことを知っていたのではないか。看板役者の贔屓筋でかつ財力に余裕があったため、ステータスを得る楽しみとして（奈良屋茂左衛門）[51]、また江戸歌舞伎を盛りたてるために（大久保今介）[52]金主になったのだろう。

しかし、こうした人物も多くはなかっただろう。竹の子婆や江村庄介は、金主となる前から歌舞伎劇場の仕事に従事するなど、歌舞伎劇場と親密な関係にあった。金主となった後も劇場の近隣で自ら商売をしており、劇場が繁盛すれば家業も儲かる仕組みがあった。こうしたことから、金主は劇場に出資したのだろう。

第２節　歌舞伎興行における座頭の役割

江戸歌舞伎劇場において、座頭は一座の役者を取りまとめる責任者だった。座元は歌舞伎劇場を経営し、実際の興行は座頭が実行した。江戸後期になると、座頭に権力が集中しないよう、さまざまな規制が設けられたが、享保期はまだ、劇場内の分担はさほど明確に決められているわけではなかった。享保期の歌舞伎の興行において、座頭はどのような役割を果したのだろうか。

本節では、享保十九（一七三四）年に上演された市村座の盆狂言「根源今川状《こんげんいまがわじょう》」を取りあげ、作品の制作、興行の経緯、役者の管理や作者との契約、入場料や入場者数について、座頭を勤めた二代目團十郎がどのような役目を果したかについて考察する。

盆狂言「根源今川状」の経緯

演目に「今川」が含まれる作品は「今川もの」と呼ばれる。この「今川もの」についてまず説明しておこう。

今川家とは足利氏支流の大名で、足利義兼《あしかがよしかね》（源　義家《みなもとのよしいえ》の曾孫）の曾孫吉良国氏《きらくにうじ》が、三河国幡豆郡今川庄（現愛知県西尾市）を領し「今川」を称したことに始まる。戦国末期、のちに織田信長《おだのぶなが》が生誕したとされる名古屋城を築城、尾張を治めた。その後徳川家康《とくがわいえやす》によって滅ぼされたが復活、江戸時代には高家（幕府の儀式や典礼を司る職）となった。

遠江のちに駿河守護となった今川貞世《いまがわさだよ》は正平二十二（一三六七）年、将軍足利義詮《あしかがよしあきら》死去を機に剃髪して了俊《りょうしゅん》と号した。九州の探題在任だったため、分権的な勢力の出現として幕府の嫌うところとなり、応永二（一三九五）年、京都に召還された。応永の乱のおり、武将大内義弘《おおうちよしひろ》と鎌倉公方との提携を図るも失敗、これを機に、残余の人生を和歌、連歌の指導などして過ごした。

応永十九（一四一二）年頃、了俊は養子にした弟の仲秋《なかあき》に書状を送った。江戸中期、これが「今川状」と呼ばれるようになり、往来ものとして流布、寺子屋の手習いなどとしても使われるようになった。歌舞伎演目に見られる「今川状」または「女今川」などはこれに由来し、総称して「今川もの」と呼ばれるようになった。

歌舞伎初の今川ものとしては、慶安三（一六五〇）年九月、三代将軍徳川家光のために江戸城で上演された歌舞伎踊り「今川《いまがわ》」が考えられる。主演を務めた彦作（姓未詳）は、承応二（一六五三）年には市村座の相座元（座元に代わって実務を勤める人物）として、このとき幼少だった市村座の座元市村宇左衛門《いちむらうざえもん》に代わって運営を担った。*53歌舞伎踊り「今川」*54の内容などについては未詳である。

寛文二（一六六二）年、元和《げんな》天皇の生誕を祝って浄瑠璃*55「今川物《いまがわもの》がたり」*56（上総掾藤原正信作）*57が上演された。源《みなもとの》 頼兼《よりかね》が活躍した十二世紀末、備前守今川俊秀《いまがわとしひで》と敵役の備中守大平久国《おおひらひさくに》、俊秀の家臣の渡辺民部《わたなべみんぶ》や鹿島《かしま》兄弟らが立ちまわり、俊秀が頼兼の家を再興し、天下取りを果す。

寛文四（一六六四）年、市村座で歌舞伎「今川忍《いまがわしの》び車《くるま》」*58が上演された。座元三代目市村宇左衛門が大坂出身の狂言作者初代都伝内《みやこでんない》と相談し、京都から役者、三味線、浄瑠璃太夫らを呼び寄せた。今川俊英《いまがわとしひで》（四代目市村宇左衛門）とその女房（藤田皆之助）の道行き、女形による肴売りのやつし芸、獄中からの口説きの場面がみどころだった。この演目は、複数の場面を続けて演じる「続き狂言」として初めて上演されたものとされる。

このように、早くも寛文初期から、果敢な武士による軍記ものと女形による人情ものの二種類の今川ものを確認することができるのである。

今川ものの代表的作とされる「今川了俊《いまがわりようしゆん》」（近松門左衛門《ちかまつもんざえもん》作）は貞享四（一六八七）年正月、大坂竹本座で初演された。これは古浄瑠璃「今川物がたり」をもとに作られた軍記ものであるが、主人公は今川了俊と今川仲秋、敵役は駿河守貞広、時代設定は「今川物がたり」から三百年下った十五世紀となっている。

この頃まで、時代や登場人物の設定をさまざまに変更し、今川ものは繰り返し上演された。

元禄期になると今川ものの人気は一旦下火になるが、その後、宝永から享保初期になると再び頻繁に上演されるようになる。

宝永四（一七〇七）年四月、京都万太夫座で歌舞伎「若後家卯の花重《わかごけうのはながさね》」（別名「女筆今川仮名手本《によひついまがわかなでほん》」）が上演されるが、本作には今川姓の人物は登場せず、設定も島原の遊郭となるなど、今川ものとの関連は薄い。

正徳三（一七一三）年正月、市村座「泰平女今川《たいへいおんないまがわ》」*59（津打治兵衛《つうつじへえ》、九平治《くへいじ》作）には古浄瑠璃「今川物がたり」と同様源頼兼が登場するが、主人公は近松作「今川了俊」と同様今川仲秋であり、敵役は今川仲秋の伯父久国と渡辺民部となっていた。

こうして治兵衛ら作による「今川物がたり」や「今川了俊」、あるいはまったく関係ない登場人物を自由に取り入れた「子宝今川状」（享保五（一七二〇）年十一月、市村座）や「吉例今川状《きちれいいまがわじよう》」（享保六（一七二一）年十一月、市村座）が繰り返し上演されるようになり、享保期末には今川ものは市村座定番の演目となっていったのである。

これらを踏まえ、享保十九（一七三四）年に市村座「根源今川状」が上演された。ここでは今川仲秋（三代目團十郎）が書物売りにやつし、*60 山本勘助《やまもとかんすけ》（三代目團十郎）や源頼兼（大谷広次《おおたにひろじ》）など中世の武士が活躍した。また不破伴左衛門（二代目團十郎）と名古屋山三郎（座元八代目市村羽左衛門）の鞘当ての場面、不破伴左衛門の遊郭での火燵の場面、伴左衛門下人又三（大谷広次）の狐憑きの場面[*61]があり、また本作が盆狂言だったため、盆踊りの場面なども盛り込まれた。

「根源今川状」の制作においては、その「世界」の選定段階から二代目團十郎が関与していた。その経緯などについて日記「柿表紙」（○）をもとに検討する。

六月十三日、夏期休暇を目黒の別荘で過ごしていた二代目團十郎のもとに、立作者津打治兵衛の使い古洞がやってきた。古洞は治兵衛からの伝言として、次回上演の盆狂言に「今川」「中将姫《ちゆうじようひめ》」「小敦盛《こあつもり》」のいずれがよいかを尋ねると、二代目團十郎は「今川ヨカルベシ」と返答した。

六日後の六月十九日、二代目團十郎は森田座を切り盛りしていた二代目坂東又九郎《ばんどうまたくろう》（二代目森田勘弥）死去の知らせを受けて自邸に戻ると、再び古洞が二代目團十郎のもとを訪れ、治兵衛の伝言（内容不明）を伝えた。翌二十日、二代目團十郎は市村座の楽屋で立役者大谷広次と台本についての打ち合わせを行った。

台本は七月六日に完成した。その朝、目黒にいた二代目團十郎のもとを市村座の使い三ブ（三部、三婦とも）が訪れた。「此夜狂言ノ噺（相談）」があるというので、昼過ぎには二代目團十郎も自邸に帰り、その打ち合わせに参加した。

そして、盆の中日七月十五日に「根源今川状」は初日を迎えた。この日は「大暑」だったため不入りだったが、七月二十八日には二番目詰めを出し、いきいきとした演技が好評を得た。

八月二日には大入りとなり、八月六日夜、三番目について「狂言ノハナシ（筋立て・趣向の相談）」が行われた。二番目好評のため上演が延長され、三番目総ざらいは二週間後の八月十八日に行われた。翌八月十九日、三番目初日も「大ハネ」（大当たりの意）、八月二十日には大入り、八月二十六日に三番目詰めの「云合（せりふ合わせ）」

が行われ、八月二十七日、三番目詰めの初日を迎えた。しかし、初日は思うような客入りにならなかったのか、翌二十八日朝、二代目團十郎は広次と「三ノツメ」の「ヌキサシ（手直し）」について相談した。

九月十八日、予想以上の盛況ぶりから二代目團十郎は座元八代目市村羽左衛門《いちむらうざえもん》や葺屋町の茶屋大黒屋久左衛門から興行の延長を懇願された。二代目團十郎はそれを承諾、九月二十日夜から二十一日午前中にかけて、脇作者椿昌[*62]とともに三番目詰めを書き直した。翌九月二十二日より本番終演後に稽古を開始、九月二十五日に総ざらい、そして九月二十六日、改めて三番目詰めの初日となった。

十月十四日「昼ハ丈裳家内見物サジキモラヒヤル」前に「日暮少過ニ目黒ヘオチツク」。二代目團十郎はこの日「根源今川状」上演を終え、休暇のため目黒の別荘に赴いたのだろう。[*63]

台本の制作におよそ一ヶ月、せりふ合せや稽古におよそ一週間を要し、上演はおよそ八十九日、準備期間を含めると百二十一日に垂《なんな》んとする興行であった。

役者および作者の管理

座頭として二代目團十郎は演目の選定や台本作成だけでなく、役者や作者の管理、出演料の支払いなどさまざまな業務もこなしていた。

役者の選定は、座頭の重要な役目だった。[*64]この頃二代目團十郎は歌舞伎界の重鎮であり年長者ということもあって、座元の相談役として次年の興行に出演する役者との交渉や、契約中の役者の解任についても関与した。

九月十七日「新カツ身上ヲ予ニ楽ヤニテ頼ム」。二代目團十郎は、このとき市村座に出演し、小唄やせりふを得意とした女形早川新勝《はやかわしんかつ》から、翌年の契約について座元との交渉を託された。早速座元にその旨を伝えると、二十七日、新勝は翌年も市村座に出演することになったと礼に来たという。

九月二十五日夜、二代目團十郎は市村座の頭取（楽屋の総元締め、古参役者が多い）から、女形袖崎《そでさき》三輪野《みわの》[*65]の出演交渉について依頼された。その結果については日記に記載がない。

享保十九年十月十一日、契約が成立した初代瀬川菊之丞と市川宗三郎《いちかわそうざぶろう》が「顔見世ノ祝義ニ来」た。

このように二代目團十郎は配役に力をもっていたが、役者の降番に関わることもあった。

享保十八年十一月、市村座の顔見世興行「正本太平記《しょうほんたいへいき》」に京都の三代目嵐三右衛門が招かれたが、病気で声が嗄れると評判を落とし、やがて休演した。翌享保十九（一七三四）年正月には回復し、二代目團十郎が引き合わせの口上を述べ、三右衛門は六日まで口上にのみ出演した。三月になると病気を再発、「仲間見物トモニ散々ノ評判江戸中ノ笑草」となった。三右衛門の代役を勤めた坂田半五郎《さかたはんごろう》までも「嵐三右衛門がわつらいゆへ．おもいもよらぬやくかハり．ちかごろめいわく千右衛門[*66]」と三右衛門を揶揄した。

五月十三日、二代目團十郎は市村座の金主庄介より、病気が全快したので再度出演したい旨が綴られた三右衛門の手紙を受け取ると、舞台に復帰させることにした。しかし一ヶ月後の六月十三日、二代目團十郎は、七月の番付から三右衛門を外すという座元八代目市村羽左右衛門の意向を受け、これに同意した。ついに三右衛門は七月二十四日未明、人目を忍んでひっそり帰京したのだった。

役者の管理の他に、二代目團十郎は作者の管理にも携った。

享保十九年九月二日、二代目團十郎は市村座の脇作者椿昌より、立作者二代目津打治兵衛が市村座から中村座へ移籍するとの内意を聞かされ、翌三日、前夜中に治兵衛が中村座へ移籍したことが劇場中に知れ渡った。

治兵衛は正徳三（一七一三）年四月、山村座「花屋形太平愛子《はなやかたたいへいあいご》」で二代目團十郎が初めて助六を演じたとき、二代目團十郎と相談しながら助六の場面を創作した人物だ。[*67]

若い頃の二代目團十郎と治兵衛は輝かしい成果を残したが、二人の間に影が差すようになっていた。二人の関係について、次のような逸話が残されている。[*68]

昔元祖柏莚團十郎といひし時座頭たりしに、作者の立は津打治兵衛とて其中合よからず、顔見世前本よみの当日に至て、先一ト通り本よみいたせし所、團十郎気に叶ひ兼し様子、其時又本を一通り本よみせしに、またもや團十郎心に応ぜさる《ママ》趣、其節津打氏少しもいからわず、三度目に又候や本を出して読みかゝらんとせし時に、さすがの團十郎感じ入、誠に名作者かな[*69]

二代目團十郎は治兵衛が書いた台本を二度も承認せず、三度目にしてようやく納得したというのだ。治兵衛も二代目團十郎に何事か相談する際には、必ず使いの古洞を介し、直接会うことはなかった。これは二人の関係がしっくり行かなかったことを示しているのではないか。

治兵衛移籍の知らせを受け、九月三日夕方、市村座の座元八代目羽左衛門のもとに幹部らが集まり協議した。このとき「根源今川状」はすでに三番目の詰めを上演していたが、上演期間中、立作者不在となるのは具合が悪く、またこの頃から次回顔見世興行の準備も始まるため、代役を立てることになった。

翌九月四日、治兵衛から二代目團十郎のもとに辞意を記した書状が届いた。八代目羽左衛門、二代目團十郎、大谷広次、里郷[*70]らが、当時中村座の立作者江田弥市《えだやいち》と交渉し、九月十六日、手付金五両で市村座の立作者を勤めることになった。

二代目團十郎と弥市とは、どのような関係だったのだろうか。

十月三日夜、二代目團十郎は版元に持ち込む前の顔見世狂言番付版下を弥市から受け取った。十月五日夜「顔見勢狂言内バナシ（打ち合わせ）」のため、弥市、脇作者の椿昌、水平を二代目團十郎宅に呼んだ。そして今回の顔見世狂言「陸奥《みちのく》 勢《ゆんぜい》 源氏《げんじ》」の台本に満足し、「八ツ前（午前二時）ニ皆帰ル」。十月八日、二代目團十郎と弥市、椿昌、水平の作者三人、そして広次が座元八代目羽左衛門の家で八つ過ぎまで狂言の相談をした。このときは八代目羽左衛門所蔵の掛けものを鑑賞したり、弥市が役者付の箱に揮毫したりして過ごした。さらに、十月二十日、二代目團十郎、弥市、脇作者の兎文の三人は、二代目團十郎の家で茶漬けを食しながら顔見世狂言の三番目の台本を書いた。[*71]

このように二代目團十郎と弥市はしばしば行動をともにしていた。座頭は芝居づくりを進める際、気心の知れた作者の存在が不可欠とされるが、二代目團十郎は自ら作者を探し、雇用する権限を有していたため、弥市と出会うことができたのだろう。

二代目團十郎は役者の出演料も管理していた。通常、役者の年間の出演料は、十一月の顔見世興行前に三分の一が支払われ、残りは五節句（人日＝正月七日、上巳＝三月三日、端午＝五月五日、七夕＝七月七日、重陽＝九月九日）の五回にわけて支払われた。[*72]興行が当たらなかった場合、支払いが延期されることもあった。二代目團十郎の日記（〇）から、具体的な出演料支払いのやりとりをみてみよう。

享保十九（一七三四）年、市村座正月狂言「七種《ななくさ》 繁《にぎわい》 曽我《そが》」は「思はしからず」、三月狂言「繁扇《すえひろ》隅田川《すみだがわ》」は「むごふ当らず」、五月狂言「八棟《やつむね》 菖《あやめ》 源氏《げんじ》」は「手の字をつくされたれどあたらず」[*73]と不入り続きのまま、六月の夏期休暇に入った。

重陽の節句の前日九月八日の夜更け、二代目團十郎は「払ノ仕方予ガ気ニイラズ」、苦言を呈した。これを聞いた市村座の表方左兵衛[74]は詫びるほかなかった。おそらく九月分の出演料を遅配したのであろう。

同九月十二日、隣に住む立役初代坂東彦三郎《ばんどうひこさぶろう》が二代目團十郎邸[75]を訪問、二代目團十郎は市村座の表方文声[76]を呼ぶと、三人で立役大谷広次の「不行跡」（詳細は不明）について、八つ（午前二時）頃まで話し込んだ。翌九月十三日、二代目團十郎はさらに彦三郎と「払ノ埒」（支払い履行）について話した。

寛政期の歌舞伎界では、役者への出演料は、座頭自身の分を後回しにしても、まず役者へ支払われたという。[77]このときは、立役者広次にのみ出演料が支払われたのではないか。あまつさえ、九月三十日には「此夜左兵衛来ル　予不義理ヲ責ム　一言ナシ（中略）金二十両　座元へ十五（日）迄ノ約束ニテ借ス」と、二代目團十郎が逆に市村座の座元に金を融通しているのである。

こうした事態が続き、さすがの二代目團十郎も腹に据えかねたのであろう。十月二日夜、二代目團十郎は広次に、九月分の出演料支払いについて問いただしたところ、翌十月三日夜、広次は八代目羽左衛門に対して、二代目團十郎の考えに納得した旨を伝えた。これを受け十月四日朝、左兵衛は二代目團十郎を訪れ、今回の件について丁重に謝罪した。十月六日、左兵衛と金主庄介が二代目團十郎に改めて詫び、約一ヶ月遅れて出演料を支払うと、ようやく二代目團十郎も納得した。

このエピソードは二代目團十郎の日記をもとにしたものなので、自己中心的である可能性もあるが、座頭である二代目團十郎が興行万般について座元や金主らよりも発言力をもっていたことが理解できる。

桟敷席の料金

二代目團十郎は座頭として、日々の桟敷席の価格と予約状況に神経を尖らせていた。まず、桟敷席の価格変動について日記「柿表紙」(○)を元に分析する。

既述のごとく、「根源今川状」は享保十九(一七三四)年七月十五日に初日を迎えたが、その日は酷暑のため不入りだった。二代目團十郎は「芝居モ不景気也　惣シテ世間トモニ常ノ盆ヨリハサビシ人通リナシ」と落胆を隠せなかった。七月二十四日早朝、天気は快晴、祖父の二十七年忌のため参詣、三代目團十郎ら家族全員で法事を済ませると、その後市村座の客入りは好転した。七月二十八日に二番目詰めを出すと「大ハネ」、八月朔日も同様。八月二日には大入りで「勘三郎座(中村座)一日七百ワリ」に対し、「手前座(市村座)一□(日か)一貫ワリ」で、「舞台へ人上ル(観客が舞台両袖にあがって観覧する)」ほど盛況だったという。

ところで、ここで用いられている「ワリ」とはなにを指すのであろうか。

二代目團十郎の日記を確認してみよう。八月十九日、「根源今川状」三番目の初日は「大ハネ」で「一貫二百ワリ」、二十日には「芝居サジキ下共ニ見事ニギアヒ也　手前座一貫三百ワリ也　隣座四百ワリ也　九百文ノチガヒ也」とある。市村座「一貫三百ワリ」、中村座「四百ワリ」であったとき、金額として「九百文ノチガヒ」があったとすることから、二代目團十郎が指す一ワリは桟敷席の入場料一文を示していることがわかる。桟敷席の料金は日々変動していた。

桟敷席の予約方法

この頃の歌舞伎劇場では、桟敷席の予約は芝居茶屋を通して行われた。[*78]

芝居茶屋は上演日前夜、受理した桟敷席の予約数を歌舞伎劇場の帳元に伝える。深夜九つ（午前零時）に受け付けを締め切ると、帳元は予約客を桟敷席に割り当てる「桟敷割」の作業に取りかかった。

上演当日の午前六時頃までに桟敷割の作業を終え、その結果を記した桟敷帳を「割元」（芝居茶屋を管理する歌舞伎劇場の係員）に渡した。[*79] この割元は「割揚」（割場か）と呼ばれる場所で桟敷帳を読み上げ、芝居茶屋の担当者に桟敷席の場所と、このときまでに決定された料金を伝えた。芝居茶屋からクレームがついたり、金主や役者から急に桟敷席を確保するよう依頼があった場合には、やむなく桟敷割のやり直しを行うこともあった。

桟敷席の予約は、前日までに芝居茶屋を通して行うのが原則だったが、空きがあれば、当日でも芝居茶屋を通して席を確保することができた。前述のように「根源今川状」の上演中、大入りだった八月十九日の「一貫二百ワリ」、二十日「一貫三百ワリ」に比べ、九月二十九日は「見事ナル入」にも関わらず「九百ワリ」と入場料の額が低い。予約客よりも当日客のほうが多かったからであろうか。

二代目團十郎は座頭として客足にも留意しており、日々帳元から桟敷割が知らされていた。不入りが続いていた歌舞伎劇場を危機的状況から脱出させようと奮闘していたことから、桟敷席一間当たりの料金である「ワリ」の数値に一喜一憂し、それを逐一日記に書き留めていたのである。

二代目團十郎が記録した「ワリ」を通覧すると、享保十九年五月二十八日、中村座「曾我祭り《そがまつ》」の桟敷席の料金三百文から、享保二十（一七三五）年二月七日、市村座「振分髪初買曾我《ふりわけがみはつかいそが》」の二貫二百文の間で変動し、この時期は平均一貫三十文と、その前の正徳期や後の元文享和期に比べて安かった。[*80]

二代目團十郎は、桟敷席がどれほど予約されたかについても注目していた。

東西の桟敷席に入りきれない観客は、舞台から遠い向桟敷や毛氈を敷いた土間にとおされた。二代目團十郎が

図15　舞台（左）前の土間に毛氈が見える。「大桟敷」か（奥村政信画、出光美術館蔵）

いう「大桟敷」とは、向桟敷や土間席に予約された桟敷席を示す毛氈が出たことを指しているのであろう。

享保十六（一七三一）年正月、中村座「傾城福引名護屋《けいせいふくびきなごや》」で二代目團十郎は初代瀬川菊之丞と共演、半年以上大入りを続けた。この舞台を描いた「中村座芝居図屏風《なかむらざしばいずびょうぶ》」上部中央の桟敷席手摺には毛氈が掛けられ、さらに舞台すぐ前、手摺で仕切られた土間席最前列にも緋毛氈を敷いた席がある（図15）。[*81] 大入りの際には土間席の一部も芝居茶屋を通して予約する高額の席となったのである。

享保十九年九月七日「南北桟敷其日大桟敷」（○）。市村座の桟敷席は劇場内の東西に位置する。しかしここでは「南北桟敷」が追加されたという。芝居茶屋をとおして予約した客が多くなったため、臨時の桟敷席を設《しつら》えたのだろう。また同九月三十日は「桟敷ヒシト有　張出シ迄毛氈カヽル」（○）、このときは舞台脇の張出（132ページ図13参照）まで桟敷席とした。

このように、追加の桟敷席が設置されたとき、二代目團十郎は「大桟敷」と表現した。劇場も芝居茶屋も大きな収益をあげたであろう。

天明安永期、江戸歌舞伎劇場の客入りについて、大和郡山藩藩主柳《やなぎ》沢信鴻《さわのぶとき》は安永五（一七七六）年九月十六日「向ふ桟敷すべて三分二毛せん」、同年十一月十一日「上下不残毛氈〈但向桟敷には二所〉」、安永六年二月二十六日「上下不残毛氈。切落半分」などと記述している。[*82] 向桟敷や切落にまで毛氈が敷かれるのは二代目團十郎がいう「大桟敷」に当たるものだろう。服部幸雄は「大当り平の四五まで真赤なり」「大当り舟の小べりも赤くなり」[*83]「向桟敷で毛氈は何事ぞ」[*84] など近世後期の川柳を引用し、「全体の観客のおよそ三～四割弱は芝居茶屋がかりの客であり、彼らは勾欄に赤い毛氈を垂らし、茶屋がかりであることを誇らしげに示していた。ところが、大入りの芝居の場合には、茶屋に頼んでも桟敷が手に入らず、やむなく土間までも彼らが占領することが多かったらしい」[*85] という。

芝居茶屋を通して予約した観客が土間席も占領する状況とは逆に、芝居茶屋を通さず桟敷席で観劇する観客が多い日もあった。信鴻の「毛氈ハ少く、入りハ一杯」[*86]「桟敷半毛氈。八頃より大入」は、劇場は混んでいるものの芝居茶屋を通して予約した客は少なかったのだろう。

＊　＊　＊

享保期の江戸歌舞伎劇場では、通し狂言は行われず、ある場面が当たると数週間続けて上演された。さらに観客の反応を敏感に察し、上演中でも演出を変更していった。桟敷席の客の人数は日々大きく変動し、二代目團十郎は「ワリ」と呼ばれる桟敷席の入場料を注視し、劇場の運営に心を砕いた。

本章でみてきたように、歌舞伎劇場の建物は少しでも多くの観客を収容できるよう建物を拡大していった。桟敷席の入場料も高騰していったが、享保の改革による不景気の影響から、歌舞伎劇場は土間席を安売りしたため、劇場全体の収入は伸び悩んだ。それにもかかわらず看板役者の出演料は高額のままだったため、劇場の経営状況は悪化していた。
歌舞伎劇場は多くの観客を呼び寄せるため、周辺の商業の要でもあった。こうした劇場を支えるために出資する金主が現れ、二代目團十郎ら座頭はその他の歌舞伎関係者らとともに毎日の営業を見つめ、日々奮闘していた。

注

＊1 関根只誠纂録『東都劇場沿革誌料』（国立劇場芸能調査室、一九八三年）

＊2 服部幸雄著『歌舞伎の原像』（飛鳥書房、一九七四年）

＊3 服部幸雄著『江戸歌舞伎論』（法政大学出版局、一九八〇年）

＊4 都の錦著『元禄大平記』（元禄十五〔一七〇二〕年、中嶋隆校訂『都の錦集』国書刊行会、一九八九年所収）

＊5 菱川師宣画「歌舞伎図屏風」（元禄三〔一六九〇〕年頃、東京国立博物館蔵〔Image: TNM Image Archives〕）

＊6 賀古唯義資料「近世芝居小屋における建築構造の変遷」（埼玉大学人文社会科学研究科主催シンポジウム「日本的演劇空間とは何か」二〇一八年三月十日）

＊7 伊原敏郎（青々園）著「外形の変遷とおよび法令」（『日本演劇史』近世文芸研究叢書第二期芸能篇二、歌舞伎2、クレス出版、一九九六年所収）。江島生島事件当日、江島らは山村座の桟敷席五十間を予約した。

＊8 正徳四（一七一四）年三月九日「町奉行所御用覚帳」に「一　狂言芝居之儀、桟敷近年二階三階に仕候、以前之通一階之外者無用之事」とあるが、劇場は二階席を使用した。享保九（一七二四）年四月十八日、江戸三座は「下桟敷へ見物場願上」を申請、許可された。ここから、正徳四年の「一階」は「二階の桟敷のみ」と解釈された（関根只誠纂録『東都劇場沿革誌料』国立劇場芸能調査室、一九八三年）。

＊9 賀古唯義資料「借掛け屋根の時代」（歌舞伎学会、二〇一二年十二月例会）

＊10　関根只誠纂録『東都劇場沿革誌料』（国立劇場芸能調査室、一九八三年）

＊11　享保五（一七二〇）年二月十九日の申請書「葺屋町竹之丞芝居」（「芝居狂言座操座並其外上覧見分御用」『旧記拾葉集』延宝天保期、第十二・上巻、国立国会図書館蔵）

＊12　服部幸雄著『江戸歌舞伎論』（法政大学出版局、一九八〇年）

＊13　享保五（一七二〇）年二月十九日（関根只誠纂録『東都劇場沿革誌料』国立劇場芸能調査室、一九八三年）。

＊14　関根只誠纂録『東都劇場沿革誌料』（国立劇場芸能調査室、一九八三年）

＊15　関根只誠編『戯場年表』（『日本庶民文化史料集成』別巻、三一書房、一九七八年所収）

＊16　東西桟敷入場者数は不明だが三十二間の売り上げは十六両だったので、一間当たり二分（二貫文）となる。土間席は入場者数が八百三人、売り上げが百三十一貫七百文だったので、ひとり当たり百六十四文となる。その他の席からの入場料は合計二十貫五百十四文（人数未詳）だったので、全体売り上げは五十七両二貫三百三十二文だった（関根只誠纂録『東都劇場沿革誌料』国立劇場芸能調査室、一九八三年所収）。

＊17　式亭三馬著『戯場訓蒙図彙』（享和三（一八〇三）年、国立劇場芸能調査室編、一九六九年）

＊18　中村重助著『芝居乗合話』（寛政十二（一八〇〇）年、『新群書類従』第三巻、国書刊行会、一九〇八年所収）

＊19　関根只誠纂録『東都劇場沿革誌料』（国立劇場芸能調査室、一九八三年）

＊20　木村涼資料「芝居茶屋利用に伴う観客費用について」（歌舞伎学会、二〇一〇年十二月例会）

＊21　原盛和著『隣の疝気』（宝暦十三（一七六三）年成、『燕石十種』第五巻、中央公論社、一九八〇年所収）

＊22　中田節子著『広告で見る江戸時代』（角川書店、一九九九年）

＊23　中村重助著『芝居乗合話』（寛政十二（一八〇〇）年、『新群書類従』第三巻、国書刊行会、一九〇八年所収）

＊24　すでに中世から舞台興行の経費の大部分は人気役者の出演料が占めていた。暦応二（一三三九）年三月二十六日、幡河寺で猿楽が上演された。そのときの収支は「幡河寺勧進猿楽之事」によると以下のとおり。

幡河寺勧進猿楽料之事（花押）

百一貫文　　御桟敷之料也（奉加分在此内）

三十八貫四百六十文　鼠戸ニ而之分
　已上百三十九貫四百六十文内
五十貫文　　　　　猿楽方
七貫五百文　　　　猿楽酒肴料（注文在別）
八貫三百三十文　　御桟敷用意雑用（注文在別）
四貫六百二十文　　材木之損分
　已上七十貫四百五十文
　定残分六十九貫十文
　　暦応二年三月二十六日年預（花押）

このときの経費は七十貫四百五十文だったが、そのうち出演料は五十貫で、全体の七割を占めた。売り上げは百三十九貫四百六十文で、演者の食費を含めると、興行収入の四割が役者に支払われた（『禅林寺文書』東京大学史料編纂所蔵、翻刻は林屋辰三郎著「紀伊幡河寺の勧進猿楽」『中世文化の基調』東京大学出版、一九五三年所収）。

＊25　関根只誠纂録『東都劇場沿革誌料』（国立劇場芸能調査室、一九八三年）
＊26　延宝八（一六八〇）年三月二十五日『弘前藩庁日記』（武井協三著『若衆歌舞伎・野郎歌舞伎の研究』八木書店、二〇〇〇年所収）
＊27　寛文十一（一六七一）年十月十一日『松平大和守日記』（『日本庶民文化史料集成』第十二巻、三一書房、一九七七年所収）
＊28　藤原通麿著『奥富士物語』（『新編青森県叢書』歴史図書社、一九七三年所収）
＊29　『難波立聞昔語』（貞享三〔一六八六〕年十一月）
＊30　加藤玄亀著『我衣』（『燕石十種』第一巻、中央公論社、一九七九年所収）
＊31　『役者噂風呂』（享保六〔一七二一〕年三月）
＊32　伊原敏郎（青々園）著『歌舞伎年表』（岩波書店、一九五六年）
＊33　中村重助著『芝居乗合話』（寛政十二〔一八〇〇〕年、『新群書類従』第三巻、国書刊行会、一九〇八年所収）
＊34　「二代目團十郎の請状」（正徳三〔一七一三〕年、早稲田大学演劇博物館蔵、43681、口絵参照、翻刻は70ページ＊2参照）

＊35　関根只誠纂録『東都劇場沿革誌料』（国立劇場芸能調査室、一九八三年）
＊36　『役者三津物』（享保十九（一七三四）年正月）
＊37　佐渡島長五郎著『佐渡島日記』（『歌舞伎十八番集』日本古典文学大系98、岩波書店、一九七八年所収）
＊38　西武撰『鷹筑波集』第四巻（寛永十九（一六四二）年、『貞門俳諧集』日本俳書大系第七巻、日本図書センター、一九九五年所収）
＊39　服部幸雄著『歌舞伎の原像』（飛鳥書房、一九七四年）
＊40　竹の屋鈴女著『馬の足跡』（関根只誠纂録『東都劇場沿革誌料』国立劇場芸能調査室、一九八三年所収）
＊41　竹の子婆と江原庄介は馬場文耕著『武野俗談』（宝暦七（一七五七）年、有朋堂書店、一九二七年）でも紹介されている。
＊42　馬場文耕著『武野俗談』（宝暦七（一七五七）年、有朋堂書店、一九二七年所収）
＊43　「柿表紙」のこの注意書きが二代目團十郎によるか、あるいは日記本の写者弄月亭によるかは不明。この注意書きに対して馬場文耕著『武野俗談』（宝暦七（一七五七）年、有朋堂書店、一九二七年）を参照する旨伊原青々園の追記がある。
＊44　岡崎哲二著『江戸の市場経済』（講談社、一九九九年）
＊45　平松義郎著『江戸の罪と罰』（平凡社、二〇一〇年）
＊46　平松義郎著『江戸の罪と罰』（平凡社、二〇一〇年）
＊47　南和男著『江戸の町奉行』（吉川弘文館、二〇〇五年）
＊48　馬場文耕著『武野俗談』（宝暦七（一七五七）年、有朋堂書店、一九二七年）
＊49　讃岐丸亀藩第四代藩主京極高矩（享保三（一七一八）年〜宝暦十三（一七六三）年）の側室か。
＊50　関根只誠纂録『東都劇場沿革誌料』（国立劇場芸能調査室、一九八三年）
＊51　服部幸雄著『歌舞伎の原像』（飛鳥書房、一九七四年）
＊52　竹の屋鈴女著『馬の足跡』（関根只誠纂録『東都劇場沿革誌料』国立劇場芸能調査室、一九八三年所収）
＊53　小笠原恭子著『都市と劇場』（平凡社、一九九二年）
＊54　伊原敏郎（青々園）著『歌舞伎年表』（岩波書店、一九五六年）
＊55　寛文二（一六六二）年六月四日（鳳林承章著『隔蓂記』鹿苑寺、一九五八年）

＊56　藤原正信著『今川物がたり』（寛文三〔一六六三〕年、『古浄瑠璃正本集』第三巻、角川書店、一九六四年）

＊57　中世以降、町人、職人、芸能人などが受領した名誉称号。とくに近世以降、浄瑠璃の太夫に与えられた。竹本筑後掾、豊竹越前少掾など当人一代に限り与えられることが多かった（『日本国語大辞典』）。

＊58　『古今役者物語』（延宝六〔一六七八〕年、岩瀬文庫蔵）

＊59　『役者座振舞』（正徳三〔一七一三〕年三月）

＊60　せりふ正本「書物つくしせりふ」「父子軍談かけ合せりふ」（『三座せりふよせ』享保十九〔一七三四〕年、ケンブリッジ大学付属図書館蔵）があることから、このとき書物売りにやつしたことがわかる。

＊61　絵番付「根元今川状」（「享保十九甲寅年春狂言本」所収、ボストン美術館蔵）

＊62　本名未詳。当時市村座に勤めていた脇作者津打平九郎、または津打門半右衛門の俳号か。

＊63　水間沾徳門人か。俳人桑岡貞佐の百箇日追善書『一碗光』（超波編、享保十九〔一七三四〕年）に「くらかりへ飛ふ荷の実や人の上」収録。貞佐の旧友か。

＊64　中村重助著『芝居乗合話』（寛政十二〔一八〇〇〕年、『新群書類従』第三巻、国書刊行会、一九〇八年所収）

＊65　三輪野は享保十七（一七三二）年まで中村座に出演、十八（一七三三）、十九（一七三四）両年は役者評判記にその名がない。その後、享保二十（一七三五）年に旗揚げした河原崎座に出演するも二十一（一七三五）年に没した。

＊66　「江戸桜五人男せりふ」（享保十九〔一七三四〕年、ケンブリッジ大学蔵）

＊67　伊原敏郎（青々園）著『歌舞伎年表』（岩波書店、一九五六年）

＊68　中村重助著『芝居乗合話』（寛政十二〔一八〇〇〕年、『新群書類従』第三巻、国書刊行会、一九〇八年所収）

＊69　この文章はいつの事情を指しているのか。文中では、このとき二代目團十郎は座頭だったこと、「團十郎」を名乗っていたとすることから、生島新五郎と共演した正徳四（一七一四）年から海老蔵を襲名する享保二十（一七三五）年の間であろう。『歌舞伎年表』を見ると二代目團十郎と治兵衛が同じ劇場に勤めたのは享保十七（一七三二）年から同十九（一七三四）年の二年間であり、この頃の話であろう。

＊70　元文五（一七四〇）年正月二十二日に「表役人里郷も行跡不宜いとま出る」（●）、二代目團十郎『病中日記』本人あとがきに「一

軸庵主は予が心友なれば草案のまゝ里郷子へおくるもの也」とある。里郷は江戸座の俳書に、当時中村座の手代金井三笑と並んで入集しており、中村座の表役か。

*71 鶴見傘車画「東海道中俳諧双六」（享保十七〈一七三二〉年頃『関東俳諧叢書』第一巻江戸座編①、関東俳諧叢書刊行会、一九九三年所収）に兎文と才牛（二代目團十郎）の発句を各一句収録。元文五（一七四〇）年正月二十六日（●）、狂言作者藤本斗文の名があり、その前号か。

*72 中村重助著『芝居乗合話』（寛政十二〈一八〇〇〉年、『新群書類従』第三巻、国書刊行会、一九〇八年所収）。金子吉左衛門は出演料について元禄十一（一六九八）年三月二十日、三月三日に「三月払今日切ノ筈　頓而替ル狂言ノ初日ヨリ五日メ迄待ツ筈ニナリタル由」とし、支払いが遅れることも珍しくなかったか（和田修著「〈資料翻刻〉金子吉左衛門関係元禄歌舞伎資料二点」、鳥越文蔵編『歌舞伎の狂言』八木書店、一九九二年）。

*73 『役者初子読』（享保二十〈一七三五〉年正月）

*74 文脈から帳元であろうが、「市村座の表方なるべし」とある（『栢莚遺筆集』享保十九〈一七三四〉年八月十三日、伊原青々園割注）。

*75 二代目團十郎の屋敷は長谷川町であったとされる（享保十八〈一七三三〉丑年十月二十五日付の契約書、関根只誠纂録『東都劇場沿革誌料』国立劇場芸能調査室、一九八三年所収）。長谷川町は現中央区日本橋堀留町二丁目近辺、中村座のある堺町や市村座のある葺屋町に近かった。しかし、長谷川町の西側には人形町通りがあり、享保期末の二代目團十郎の屋敷が人形町にあったとする（池須賀散人著『市川栢莚舎事録』、明和六〈一七六九〉年、『資料集成二世市川團十郎』和泉書院、一九八八年所収）ことから、屋敷は人形町通りの長谷川町側であったか。

*76 『栢莚遺筆集』序文に伊原青々園注「表役か」がある。初代團十郎追善句集『父の恩』（享保十五〈一七三〇〉年、『資料集成二世市川団十郎』所収）、俳人雲津水国追善集『雨のをくり』（『関東俳諧叢書』第一巻江戸座編①、関東俳諧叢書刊行会、一九九三年所収）などに句がある。

*77 中村重助著『芝居乗合話』（寛政十二〈一八〇〇〉年、『新群書類従』第三巻、国書刊行会、一九〇八年所収）

*78 中村重助著『芝居乗合話』（寛政十二〈一八〇〇〉年、『新群書類従』第三巻、国書刊行会、一九〇八年所収）

*79 中村重助著『芝居乗合話』（寛政十二〈一八〇〇〉年、『新群書類従』第三巻、国書刊行会、一九〇八年所収）

＊80 二代目團十郎が日記に記すワリの金額は以下のとおり。享保十九（一七三四）年五月二十八日「桟敷三百文ツヽ、切落ノ見物一人二十四文ツヽ」（○）、享保十九年八月二日「二□一貫ワリ」、「七百ワリ」（○）、享保十九年八月十九日「一貫二百ワリ」（○）、享保十九年八月二十日「一貫三百ワリ」、「四百ワリ」（○）、享保十九年八月二十一日「一貫二百ワリ」（○）、享保十九年八月二十一日「一貫五百ワリ」（○）、享保十九年八月二十一日「二百から七百ワリ」（○）、享保十九年八月二十三日「ワリ一貫四百文」（○）、享保十九年八月二十三日「四百文」（○）、享保十九年九月九日「一貫八百ワリ」（○）、享保十九年九月十六日「一貫二百ワリ」（○）、享保十九年九月十七日「一貫三百ワリ」（○）、享保十九年九月十八日「八百ワリ」（○）、享保十九年九月二十一日「一貫」（○）、享保十九年九月二十九日「さしき九百わり」（▽）、享保二十（一七三五）年一月七日「二貫二百ワリ」（○）。

＊81 奥村政信画「中村座芝居図屏風」（享保十六年、出光美術館蔵）

＊82 柳沢信鴻著『宴遊日記別録』（藝芸能史研究會編『日本庶民文化史料集成』第十三巻、芸能記録（二）、三一書房、一九七六年）

＊83 「川柳万句合」（安永七〈一七七八〉年）。「舟」は向桟敷の最前列「引船」を指す。

＊84 「川柳万句合」（明和五〈一七六八〉年）

＊85 服部幸雄著『江戸歌舞伎論』（法政大学出版局、一九八〇年）

＊86 安永五（一七七八）年四月二十七日、同年九月十三日（柳沢信鴻著『宴遊日記別録』藝能史研究會編『日本庶民文化史料集成』第十三巻、芸能記録（二）、三一書房、一九七六年）

第6章　森田座の休座と控櫓による河原崎座の旗揚げ

享保十九（一七三四）年、中村座、市村座、森田座の江戸三座は瀕死の状況に直面していた。中村座は金主に訴えられて経営基盤が揺らぎ、市村座では出演料の遅配が発生、森田座は地主への支払いが滞ったため休座となり、劇場建物が取り壊された。

こうした状況のなか、市村座「根源今川状《こんげんいまがわじょう》」の公演が終盤にさしかかった同享保十九年十月九日、本作に出演していた河原崎長十郎が新たに歌舞伎劇場の営業許可を申請した。これにより江戸歌舞伎界の経済的危機を回避することができた。

歌舞伎劇場は、幕府から営業許可を得た証しとして木戸の上に櫓をあげた。中村座、市村座、森田座は正式な営業権をもつことから「本櫓」と呼ばれた。ところが享保期、借金などによって本櫓が休座に追い込まれてしまった。すると、これに代わって都座・桐座・河原崎座の三座が営業許可を申請し、営業が認可された。これは代替の営業権であったため、本櫓に対して「控櫓《ひかえやぐら》」と呼ばれた。控櫓の仕組みは江戸の歌舞伎劇場にのみ適用された。江戸三座の相次ぐ休座によって、江戸の町から歌舞伎劇場が消滅してしまわないよう配慮されたものだろう。*1

歌舞伎劇場が休座となるおもな原因は借金だった。歌舞伎劇場の地代支払いが滞ると、地主らは歌舞伎劇場を訴え、借金の一括返済を求めた。

京都や大坂では芝居主が土地や劇場建物を所有しており、座元（上方では劇団をとりまとめる者、名代あるいは興行主とも）は、芝居主から土地や劇場を借りて興行を行った。座元は興行権を販売・貸与することもでき、こうしたことから数多くの劇団が営業していた。仮に座元が家賃を支払わない場合、大家である芝居主は本公事（裁判）によって土地や劇場の一括返済を求め、別の座元に貸した[*2]

江戸では状況が異なった。江戸には芝居主がおらず、座元が地主から直接土地を借りて劇場を建てた。劇場建物は座元が所有したため、地代の支払いが滞っても、地主は容易に土地を取り戻すことができなかったのである。

この頃、江戸歌舞伎劇場の経営は歌舞伎役者かつ以前に江戸で劇場を開業したことのある一族にのみ許可され、こうした条件を満たさなければ、新規に劇場を開業することはできなかった。しかも、享保十九年には、江戸では三座のみ営業可という新しい決まりまで定着してしまった。

江戸の歌舞伎劇場が休座し、しかも新しい劇場が開業できないとなると、町からは客足が遠のき、劇場近隣の商店に大きな影響を与えることは明らかであった。こうした不安を克服するために考案されたのが「控櫓」という仕組みだった。

第1節　江戸三座の成立

江戸初期、江戸の町中に簡素なつくりの劇場が登場した。こうした劇場は役者らが自由に営業していたが、やがて許可制となり、幕府に管理されるようになった。享保期になると、江戸には三劇場のみ営業が許可されるようになり、「江戸三座」と呼ばれた。本節では江戸三座成立の経緯について考察する。

江戸前期の歌舞伎劇場

江戸初期、江戸の町のあちこちで説経節や古浄瑠璃、軽業、手品、歌舞伎踊りなど、さまざまな興行が催されるようになった。[3] これらの芸能の会場はまだ劇場と呼ぶにはあまりに簡素な、幕で覆われた程度のものだった。慶長十二（一六〇七）年、普請の経費を集めるため、幕府主催で江戸城において金春流や観世流の能の上演や、お国による歌舞伎踊りなどの興行が行われた。[4]

寛永期になると、上野、浅草、神田などの寺社周辺に囲いのみの劇場が作られ、木挽町にも遊女歌舞伎や浄瑠璃、軽業などが行われる囲いの劇場が作られた。[5] 慶長寛永期の木挽町には「狂言座、舞座、浄瑠璃座、小見世物芝居等五丁目六丁目両町二十軒」[6]があった。

これらの劇場は役者らによって自由に営業されていた。ところが、この頃町の治安のため遊郭の管理を進めていた幕府は、同様に、歌舞伎劇場についても営業を許可制にすることで管理しようとした。

こうした幕府の許可を受け、寛永元（一六二四）年、中橋南地（現京橋近辺）に猿若座（のちに中村座）が、神田明神町に都伝内座が開業した。[7] 寛永七（一六三〇）年頃、中橋周辺には桐大蔵座もあった。しかし、中村座と桐座は江戸城に近すぎるとして、寛永九（一六三二）年、中村座は禰宜町（現日本橋堀留町二丁目）へ、桐座も慶安元（一六四八）年までに木挽町へ移転した。[8] 寛永十一（一六三四）年、葺屋町（現日本橋人形町三丁目）に村山座が開業（翌年市村座と改名）。寛永十九（一六四二）年山村座が、慶安元（一六四八）年河原崎座がそれぞれ木挽町に開業した。慶安四（一六五一）年、中村座は堺町（現日本橋人形町三丁目）に、都伝内座[9]は堺町に隣接する葺屋町に移転し、歌舞伎の「二丁町《にちょうまち》」として定着、繁盛した。万治三（一六六〇）年、森田座が本櫓として営業許可を得て木挽町に開業したが、これ以降本櫓は認可されていない。

木挽町において山村座、河原崎座、森田座の三座はともに繁盛したが、後継者がいなかった河原崎座は寛文三（一六六三）年、森田座に吸収合併された。さらに正徳四（一七一四）年、絵島生島事件によって山村座が廃絶し、幕府から許可を得た歌舞伎劇場は中村座、市村座、森田座となった。

歌舞伎劇場には多くの客が集まり、これらの客を目当てにさまざまな商店がこぞって劇場近辺に開業した。江戸の町に歌舞伎劇場を中心とする一大商業圏が形成されたのである。その後江戸三座が猿若町に移転する天保十四（一八四三）年まで、その繁栄はほぼ二百年にわたって継続することになった。[*10]

享保期の森田座

森田座は、享保十二（一七二七）年と十九（一七三四）年の二度にわたり、地主から訴えられた。その経緯についてみていこう。

享保九（一七二四）年正月、森田座は火災によって劇場建物を焼失した。当時、建物改修に際しては、防火のため屋根は瓦葺き、壁は土蔵造りにしなければならなかった。しかし、森田座は費用が工面できず、作業が停滞していた。

たまりかねた近隣の芝居茶屋らは二月十三日、改修が六月までに完了するなら、森田座に普請の費用百両を貸し出すと提案した。[*11]森田座をなるべく早く再建させ、近隣の商売への悪影響を避けようとする意向が読み取れる。

さらに四月九日、幕府は江戸の防災状況についての取り調べを行い、「木挽町森田座ハ（中略）木挽町の普請急き候事」[*12]と、森田座の修復を急がせた。ところがその後も劇場再建は進まず、結局森田座は十一月の顔見世興行も上演することができなかった。[13] こうしたことが森田座の経営状態をさらに悪化させていったのであろう。

森田座は万治三（一六六〇）年の開業から享保十二（一七二七）年までの六十七年間、一度も地主に地代を支払っておらず、未払い金額は千三百両を超えていた。[14]

一度目の訴訟は享保十二（一七二七）年に行われた。悪化する経営を立て直そうとしない座元四代目森田勘弥《もりたかんや》に対し、木挽町の地主弥兵衛、伝兵衛、孫兵衛らが地代の支払いを求めたのだ。

その結果、地主代理人として孫兵衛が劇場の経営を引き受け、その任を商人仁右衛門に委ねた。地主らは借金返済に十年を要すると見込んでいたが、仁右衛門は土間席と切落の入場料を地代返済に充て、五年で千両を返済した。加えて座元四代目勘弥に桟敷席などの入場料から三月、五月、九月にそれぞれ十両、七月と十二月に二十両と年間七十両を支払い、さらに興行がある日には名代料として一日あたり一貫五百文を支払いながら、劇場を運営した。[15] 四代目勘弥は興行に口を出すことはできなかったが、歌舞伎劇場の経営許可を所持していたため、名代の座を追われずに済んだ。

こうして借金返済が進んだ享保十七（一七三二）年、地主らは森田座の経営を森田家へと引き渡したが、そのとたん、たちまち返済は滞り、借金が増えていった。[16]

森田座の座元は代々森田勘弥だったが、日々の業務は代々坂東又九郎《ばんどうまたくろう》が担当した[17]（他の座の帳元に近いか）。初代森田勘弥は初代坂東又九郎の息子で、座元であり役者であった。二代目以降の勘弥も役者であったが、劇場経営には携らず、年を経て経営手腕を身につけると坂東又九郎を襲名した。[18]

初代又九郎については詳しく知られていない。二代目又九郎は延宝七（一六七九）年に二代目勘弥を名乗り、元禄十四（一七〇一）年二代目又九郎を襲名、正徳二（一七一二）年、弟に又九郎（三代目）を譲り、引退した。

三代目又九郎の時代には二代目團十郎も森田座に出演、享保六（一七二一）年正月、「賑末広《にぎわいすえひろ》曾《そ》我《が》」は十月まで当たり続け、二代目團十郎に出演料千両が支払われた。翌享保七（一七二二）年、三代目又九郎が没するとすでに引退していた二代目又九郎が再び経営に携わった。

正徳二（一七一二）年、四代目を襲名した勘弥は享保九（一七二四）年以降、徐々に経営に関わるようになるが、前述のとおり享保十二年、地主らに訴えられ、その経営を仁右衛門に譲ることになった。

享保十七（一七三二）年、地主らは商人仁右衛門が代行していた森田座の経営を森田家に戻した。これ以降、再び四代目勘弥主導のもと森田座が運営されることになるが、興行の業績は捗々しくなかった。四代目勘弥は座元としての責務を果たせなかったのである。

こうした状況のなか、享保十九（一七三四）年六月十九日、森田座の経営の要だった二代目坂東又九郎が死去する。この日は初代團十郎の命日で、二代目團十郎は目黒の別荘に滞在、祐天寺に参詣していた。そうしたなか、市村座表方文声から二代目又九郎死去の知らせを受けるとすぐに自邸に戻り、歌舞伎界の状況を確認した。すると市村座の座元八代目羽左衛門が四代目勘弥の「不行跡」（〇）に業を煮やし、二代目團十郎、大谷広次《おおたにひろじ》、坂東彦三《ばんどうひこさぶ》郎《ろう》ら看板役者を除く市村座の関係者らに二代目又九郎への弔問を禁止するほど立腹していることがわかった。

享保十九（一七三四）年八月八日（〇）、借金返済に困る四代目勘弥の伯父平兵衛に対して、二代目團十郎は五十四（五百文）を貸与している。*19 困窮する親戚にも無頓着な四代目勘弥が、歌舞伎関係者の反感を買うのもむべなることであろう。

そして二代目又九郎の死からわずか二ヶ月後の享保十九年八月十八日、四代目勘弥は地主らから再び訴えられたのだった。

このとき四代目勘弥は、地主らに対して五百両余の借金があった。[*20] この借金返済のため、地主らから劇場が建つ土地の返還を求められた。

先の享保十二年の訴えとは異なり、今回は森田座は休座、劇場の建っていた土地は更地となって、地主らに返還された。[*21]

第2節　控櫓の成立

控櫓の権利が初めて取得された経緯について検討していく。

新規歌舞伎劇場開業の試み

森田座の休座は森田家のみならず、劇場周辺の業者にも深刻な打撃を与えることになった。こうした窮地から脱するため、地主らはどのような行動をとったのだろうか。

森田座が休座となる二十年前の正徳四（一七一四）年、江島生島事件により山村座が閉鎖されると、山村座があった木挽町の人々は町に新たに劇場を開業させようとさまざまな試みを行った。こうした申請記録が七点残されている。それぞれについて検討していこう。

①享保二（一七一七）年三月二十二日、木挽町五丁目（現銀座五丁目）で貸屋業を営む平右衛門他八名が歌舞伎劇場の営業許可を申請した。[*22] 木挽町には江戸初期より多くの劇場が存在し、周辺には他業種の商店も多かったが、山村座閉鎖の影響を蒙って店をたたむものが相次いだ。新たな劇場が開業されれば、木挽町だけでなく近隣の町

も繁盛するとして、歌舞伎劇場の営業許可の申請が行われた。しかし、この申請は叶わなかった。却下された原因は不明。のちの不許可の理由などから判断すると、平右衛門らは劇場経営が本業でなかったからであろう。営業許可を受ける者は劇場経営者であることが肝要だった。

②享保五（一七二〇）年十一月十九日、古都《いにしえみやこ》伝内《でんない》が新たな劇場経営の許可を申請した。[*23] このときも許可されなかった。伝内一族は明暦万治期に堺町で劇場を経営していたが、このときすでに劇場経営を辞めていた。また橘町三丁目（現日本橋付近）で商店を営み、歌舞伎役者でなかったことも理由のひとつであろう。

③その一ヶ月後の享保五年十二月九日、説経節の土佐七太夫が劇場経営の申請を行った。[*24] 木挽町五丁目の年寄善兵衛や五人組の代表七兵衛、名主七左衛門ら保証人が奉行所に呼び出され、七太夫は以前から木挽町と関係があったか、また木挽町にはいつからどれくらいの劇場があったかなどについて尋ねられた。彼らは、江戸初期より木挽町にはさまざまな劇場があり、七太夫は、芝神明社（現港区芝大門・芝大神宮）境内で浄瑠璃や説経興行を長く催すなど、劇場経営者として経験が豊かであることを主張した。しかし、このときも許可されなかった。七太夫は木挽町で劇場を経営した経験がなかったことが原因ではないだろうか。

④享保十一（一七二六）年三月十四日、七太夫は再び申請書を提出した。[*25] 人形浄瑠璃劇場（操座）営業の申請だった「木挽町五丁目ニ六十二年以前（中略）大坂（土佐）七太夫と申す浄るり芝居」を営業していたとして、木挽町での営業資格を主張した。しかし、またも不首尾に終わった。このときの返事には「以来操座狂言座とも新芝居の義ハ、以来一切御取上無之旨」とあり、幕府は歌舞伎劇場と人形浄瑠璃劇場とを問わず、新規の劇場の営業許可を認めなくなった。

⑤なお、七太夫は享保十五（一七三〇）年十一月二十二日にも申請、ついに木挽町六丁目に人形浄瑠璃劇場の営

業許可を得ることができた。[*26] 木挽町で浄瑠璃劇場を経営していた家系であったことが認可の理由であろう。この成功を踏まえ、歌舞伎界の関係者らは新規の歌舞伎劇場の開業に向けて申請を続けた。

⑥享保十九（一七三四）年四月、桐大蔵《きりおおくら》が歌舞伎劇場の営業許可を申請した。[*27] 申請者は女座元の四代目妙恩《みょうおん》とその夫。桐家はもともと三河国（現愛知県）出身で幸若舞や女舞を催す家柄だが、大蔵の祖母で女座元だった初代妙恩は江戸初期、木挽町で十二間の大きな歌舞伎劇場を営業していたという。これを裏付ける資料も提出し、役人たちも好意的だったが、同業者である江戸三座の座元に可否を尋ねると、森田座の座元四代目森田勘弥から厳しい反論があがった。四代目妙恩らは偽りを述べているうえ、新規劇場の開業は江戸三座の営業をおびやかすものであるため、歌舞伎劇場の新規設立には賛成しかねると主張したのだった。[*28] これを受け、ここに初めて「三座限りと今般御定」となり、これ以降、江戸において歌舞伎劇場は三軒のみ営業が許可されることになった。[*29]

歌舞伎界や木挽町の人々が懸命に新規歌舞伎劇場の開業に尽力しているにも関わらず、四代目勘弥はそうしたチャンスを潰してしまい、しかもこれ以降、営業許可は三座のみという制限まで生み出してしまった。二代目團十郎ら歌舞伎界の関係者から「不行跡」を疎《うと》まれ、地主らから訴えられるのも無理からぬことだろう。

ここまで試行錯誤を経て、徐々に歌舞伎劇場の営業許可を取得するための条件がわかってきた。

(1)劇場を経営する家柄であること。幕府は新規歌舞伎劇場の営業許可を認めなかったが、かつて経営していた歌舞伎劇場には営業を許可していた。(2)しかし、古都伝内はそのような経歴をもっていたにも関わらず、長く経営から遠ざかっていたため許可されなかった。劇場経営の技量が求められ、劇場経営を継続していることも重要だった。(3)七太夫の場合、木挽町における経歴について何度も問われた。おそらく、歌舞伎劇場の立地条件も大きな要因だったのだろう。(4)申請書審査の際、町年寄、名主、五人組の代表者、歌舞伎界関係者らが呼び出された。有力な保証人、そして歌舞伎界の認定があることも肝要だった。⑸享保十九年以降、江戸歌舞伎劇場は三座のみに限定された。

控櫓の成立

享保十九年、森田座が休座となり、中村座と市村座の二座のみの営業となった。一座の空きがあることは、新たな歌舞伎劇場の営業許可を取得するにまたとないチャンスであった。

⑦享保十九年十月八日朝、当時市村座「根源今川状」に出演していた役者二代目河原崎権之助《かわらさきごんのすけ》の養子河原崎長《かわらさきちょう》十郎《じゅうろう》は、市村座の表方文声に会い、翌日「芝居ノソシセウ上ル（座の新設を出願する）」（○）ため休場することを伝えた。初代権之助は慶安四（一六四八）年、木挽町で河原崎座を経営していたが、寛文三（一六六三）年森田座に合併されている。ただしこのときは合併として、形式的には家業が継続していることになっており、営業許可を得る資格があったのだ。

河原崎長十郎は、享保十九年正月刊の役者評判記『役者三津物』に初めて登場する役者である。控櫓の許可を得るには申請者が役者でなければならず、長十郎はこのため二代目河原崎権之助の養子になったのだろう。

森田座の休座からわずか二ヶ月にして、新規劇場開業の適格者に目星がついた。あるいは江戸歌舞伎界の重鎮らは森田座休座以前から画策していたのだろうか。

翌十月九日（○）、長十郎は二代目團十郎に相談のうえ、申請書を提出した。すると同九日夕方、葺屋町の芝居茶屋代理人大黒屋久左衛門と両国橋の寄合料理茶屋亭主菱屋小左衛門[*30]が二代目團十郎のもとに集参、長十郎の申請に対する助言に謝意を表した。

享保十九年十月十二日、長十郎は町奉行所から呼び出されると再度審査を受け、同十月二十七日、長十郎は河原崎座の営業許可として初めて「控櫓」の権利を取得することができた。[*31]

このときは都座と桐座も控櫓を得た。森田座に代わる控櫓を三者が申請していたのだ。三者とも、四代目勘弥が復帰を希望した場合は、すぐに劇場を引き渡すとした。[*32] また、営業が許されたのは劇場一軒のみだったので、誰が開業するかは籤で決められ、河原崎座に決定した。河原崎座の経営状況が悪化したときには、営業を他の座に切り替えることも決められた。こうして木挽町に新たな歌舞伎劇場開業の目途がつき、商人らを窮地から救う手立てが講じられた。

木挽町の地主である弥兵衛、伝兵衛、久兵衛、五人組の佐兵衛、そして名主七右衛門ら森田座を訴え休座に追い込んだ者が、新劇場申請の際の保証人として後押しした。不誠実な劇場経営者に対しては厳しいが、信頼できる者は手厚く応援した。今回の申請では、二代目團十郎や菱屋小左衛門のような有力者が後見人にいたことも権利取得にプラスに働いたのだろう。

こうして河原崎座は享保二十（一七三五）年正月七日「権之助芝居の地祭」(●)、二月二十二日夜「土佐やにて権之介座の相談」(●)、同月二十六日夜「此夜両国ひしやにて権之助寄合有」(●)、およそ一ヶ月後の閏三月二十四日、劇場新築祝いとして入場無料の興行を開催、二代目團十郎や初代坂田半五郎《さかたはんごろう》、二代目鶴屋南北《つるやなんぼく》、早川新勝ら市村座の役者らが河原崎座で口上を述べた。そして翌二十五日より「漁船霊験入間川《いさりぶねれいげんいるまがわ》」を上演、大当たりを取った。閏三月二十六日には二代目團十郎が三度目の口上を述べ、このときには市村座座元八代目市村羽左衛門の息子満蔵《まんぞう》が舞台に登場するなど、歌舞伎界をあげて河原崎座旗揚げを祝福した。

控櫓の性質

こうして河原崎座は控櫓の権利を獲得し、開業となった。その後、控櫓はどのように利用されたのだろうか。

控櫓は本櫓に代わり、劇場営業を臨時に許可する仕組みだった。休座した森田座に代わって、河原崎座が控櫓として開業し、河原崎座と同時に控櫓の権利が認められた都伝内と桐大蔵は当初、河原崎座の経営が破綻した際の補塡的地位だったが、結局河原崎座の代役として営業することはなかった。後年中村座に代わって都座が、市村座に代わって桐座が控櫓として営業した。都座と桐座が営業を開始したのは、営業許可取得から五十年を経た天明四（一七八四）年だった。[*33] 以降本櫓と控櫓が交代で興行することになる。[*34]

寛政六（一七九四）年には江戸三座が同時に休座したが、控櫓によって個々歌舞伎劇場が経営破綻しても、江戸の町から歌舞伎劇場が姿を消すことはなかったのである。

このように控櫓という仕組みによって歌舞伎劇場を中心とした江戸の町の経営構造は安定したかに見えたが、本櫓の劇場は休座後、座元はどのように借金を返済したのだろうか。そのあたりの事情は不明である（中村座の借金については140ページ参照）。

* * *

河原崎座の地祭が行われた享保二十（一七三五）年正月七日朝、河原崎長十郎に息子が誕生した。二代目團十郎は「予に名を付くれよと願により」（●）「権十郎《ごんじゅうろう》」の名前を授けた。長十郎が河原崎座開業に尽力した二代目團十郎をいかに尊敬していたかを示していよう。

控櫓という制度により、個々の歌舞伎劇場の経営が悪化しても、江戸の町から歌舞伎劇場が消滅することはなかった。歌舞伎劇場周辺には歌舞伎観客が継続的に来訪し、さらに芝居茶屋や商店などさまざまな関連業者が経営を続けた。こうして徐々に歌舞伎劇場を中心とする商業圏が拡大していった。

注

＊1　渡辺保著『江戸演劇史』（講談社、二〇〇九年）

＊2　林公子著「江戸の座元」（『藝能史研究』八十八号、一九八五年）

＊3　小笠原恭子著『都市と劇場』（平凡社、一九九二年）

＊4　慶長十二（一六〇七）年正月七日、二月十三日（松平忠明著『当代記』『史籍雑纂』第二巻、続群書類従完成会、一九一一年所収）

＊5　「江戸名所図屛風」（寛永末期頃、出光美術館蔵）

＊6　伊原敏郎（青々園）著『歌舞伎年表』（岩波書店、一九五六年）

＊7　小笠原恭子著『都市と劇場』（平凡社、一九九二年）

＊8　桐座は寛文元（一六六一）年まで「小芝居」（小劇場）として分類されていたが、寛文元年三月には本櫓を得て「大芝居」（大劇場）と認められた。その後、享保十九（一七三四）年の控櫓申請時まで活動記録がない。

＊9　都座は寛文二（一六六二）年に分裂、役者の半数が中村座に移動する。寛文五（一六六五）年以降、活動記録がない。

＊10　「設立前史」（金森和子編『歌舞伎座百年史』本文篇上巻、歌舞伎座、一九九三年）

＊11　伊原敏郎（青々園）著『歌舞伎年表』（岩波書店、一九五六年）

＊12　伊原敏郎（青々園）著『歌舞伎年表』（岩波書店、一九五六年）

＊13　「森田勘弥座由緒記」（関根只誠纂録『東都劇場沿革誌料』国立劇場芸能調査室、一九八三年）

＊14　服部幸雄著『歌舞伎の原像』（飛鳥書房、一九七四年）

＊15　「森田勘弥座由緒記」（関根只誠纂録『東都劇場沿革誌料』国立劇場芸能調査室、一九八三年）

＊16　「森田勘弥座由緒記」（関根只誠纂録『東都劇場沿革誌料』国立劇場芸能調査室、一九八三年）

＊17　又九郎と勘弥の名跡の関係について林公子著『歌舞伎をめぐる環境考』（晃洋書房、二〇一三年）に詳しい。

＊18　延享元（一七四四）年に森田座を復活させた五代目座元から事実上の経営者は「勘弥」を名乗るようになった。

＊19　「昼ノ内勘弥伯父平兵衛ヨリ店請佐兵衛ト申者平兵衛状持来ル　不幸ニテ今日ヲタテカネ候ヨシ　勘弥少モカマヒ不申候由無心笑止ニ思ヒ金五十匹合力ス　アハレナルコト也」（〇）。佐兵衛は平兵衛の店請（保証人）。

＊20　享保十九（一七三四）年八月十八日「木挽町五丁目弥兵衛、伝兵衛、久兵衛地借、狂言座勘弥申上候。近年芝居不繁昌ニ付、地代金五百三十五両壱分、銀九匁五分相滞、並借金等催促ニ逢、当春地主共御願申上済方被仰付」（「芝居狂言座操座並其外上覧見分御用」『旧記拾要集』第十二巻、国立国会図書館所収）。

＊21　「木挽町勘弥ト地主ト公事　御内寄合ニ出　勘弥芝居　空地ニナリ　地主へ相渡ル」（〇）

＊22　伊原敏郎（青々園）著『歌舞伎年表』（岩波書店、一九五六年）

＊23　伊原敏郎（青々園）著『歌舞伎年表』（岩波書店、一九五六年）

＊24　伊原敏郎（青々園）著『歌舞伎年表』（岩波書店、一九五六年）

＊25　伊原敏郎（青々園）著『歌舞伎年表』（岩波書店、一九五六年）

＊26　享保十五（一七三〇）年戌十二月十八日「芝居狂言座操座並其外上覧見分御用」（『旧記拾要集』第十二巻、国立国会図書館所収）

＊27　伊原敏郎（青々園）著『歌舞伎年表』（岩波書店、一九五六年）

＊28　伊原敏郎（青々園）著『歌舞伎年表』（岩波書店、一九五六年）

＊29　伊原敏郎（青々園）著『歌舞伎年表』（岩波書店、一九五六年）

＊30　小左衛門は甲斐国（現山梨県）甲府藩藩主柳沢家より花菱の紋章をもらったという高級茶屋の主人（馬場文耕著『武野俗談』宝暦七〔一七五七〕年、有朋堂書店、一九二七年所収）。享保十九（一七三四）年正月二十七日、隠居した平戸藩藩主松浦篤信は二代目團十郎や八代目市村羽左衛門ら看板役者とともに小左衛門の店で宴席を催した（〇）。歌舞伎界に深く関わり、河

原崎座旗揚げに尽力した。

＊31 「長十郎　桐大クラ　都伝内等御呼出シ首尾ヨキ様子人々沙汰ス」（〇）

＊32 享保二十（一七三五）年正月二十七日「芝居狂言座操座並其外上覧見分御用」（『旧記拾要集』第十二巻、国立国会図書館所収、以下筆者翻刻）

一、岩代町惣右衛門店河原崎権之助申上候、木挽町五丁目狂言座勘弥芝居、此度相休候ニ付、所不繁昌ニ而難儀仕并芝居ニ関り候者共渡世相止メ、及難儀至極候間、外ニ芝居壱軒被仰付被下置候様ニ木挽町之者共下野守殿江度々御願申上候処、別段ニ芝居壱軒相増候儀難被仰付候間、重而勘弥芝居再興仕候ハヽ、早速相止メ仕候預りニ而勘弥相休候内芝居壱軒可被仰付候、因蔭私并桐大内蔵、都伝内三人之者共儀は先年より芝居之名題ヲ持來り候もの共ニ而、芝居御免之儀度々前々より御願申上置候ニ付、此度右之段三人之者共江御尋被遊候処ニ、勘弥再興仕候ハヽ、其節は早速相止メ可申間、芝居御免被成下候様ニ、三人同意ニ申上候、然処此節ニ至り勘弥儀又々芝居取立申度旨御願申上候得共木挽町五丁目勘弥ニ芝居地貸候義、難致旨申上勘弥義も芝居取立かたき躰ニ御座候ニ付、去寅年十二月二十四日、当御番所江私并桐大内蔵、都伝内被召出、籤取被仰付候処ニ、私儀籤ニ当り候ニ付、願之通芝居被仰付候、然上は木挽町五丁目ニ而当月晦日迄ニ芝居取立、只今迄芝居ニ関り候者共相対を以召抱并芝居ニ付候□キ者共迄渡世ニ不相離候様ニ可仕候、尤重而勘弥芝居取立候ハヽ、早速私芝居相止メ可申候、其節彼是御願申上間敷候、且又芝居取立□滞仕候ハヽ、桐大内蔵、都伝内両人之内江又々可被仰付旨被仰渡奉畏候

＊33 伊原敏郎（青々園）著『歌舞伎年表』（岩波書店、一九五六年）

＊34 服部幸雄著『歌舞伎の原像』（飛鳥書房、一九七四年）

第7章　享保期の芝居茶屋

江戸初の芝居茶屋は猿若座（後に中村座）が開座した寛永元（一六二四）年、猿若座の隣に開業した和泉屋勘十郎の店だといわれている。[*1]その後享保期末までに、中村座や市村座の周辺に三十軒ほどの芝居茶屋が立ち並び、歌舞伎劇場の桟敷席はこれら芝居茶屋を通して予約するようになっていた。天保期になると、桟敷席の観客は飲食代として入場料と同額から三倍の金額を芝居茶屋に支払うようになったという。[*2]

また江戸初期の茶屋では、役者が観客に対して売色を行っていたが、絵島生島事件（正徳四（一七一四）年）後にはこうした行為に対する取り締まりが強化され、それに伴い芝居茶屋の営業内容も変化していった。江戸後期、芝居茶屋は桟敷席の観客に料理や酒、菓子などを販売するようになるが、転換期である享保期に、芝居茶屋がいかなる形で営業していたかははっきりしない。

本章では、芝居茶屋の由来および歌舞伎劇場とどのように関係を構築していったか、また提供するサービスがどのように変わっていったかについて検討し、享保期の芝居茶屋の実態に迫る。

第1節　芝居茶屋の由来

中世から延宝期まで

茶屋はどのように発生したのだろうか。また役者らとどのように関係を結んでいったのだろうか。

応永十（一四〇三）年、京都・東寺の南門前で茶を個売りする「一服一銭茶屋」[*3]の営業申請が三者からなされた。やがて町を歩いて茶を販売する荷茶屋と屋台で茶を販売する小屋懸け茶屋が登場し、これらが芝居茶屋の原型となった。[*4]

茶を売る商人ははじめ、さまざまな芸能人と関係をもった。

茶を売る商人の多くは寺社の門前で営業した。[*5]寺社では建物の修繕費などをまかなうために、営利目的で勧進興行を開催、その一環として平曲の演奏や猿楽能、白拍子の舞などさまざまな芸能興行が行われた。茶を売る商人と演者はごく近い地域で共存していたのである。

文明元（一四六九）年、平城京左京（現奈良県奈良市）大本山興福寺《こうふくじ》近隣で、踊りの興行が行われた。[*6]このときは勧進興行でなく、演者らが入場料を徴集し、その付近に屋台茶屋も出店した。茶を売る商人と演者らの関係が親密になると、やがて寺社から独立し、両者はお互いに利益をもたらすようになった。

この興行はまさに応仁の乱（応仁元〔一四六七〕～文明九〔一四七七〕）と時を同じくするが、この頃まで寺社は集金のためにしばしば勧進興行を催していた。ところが、応仁の乱の後になると、寺社は役者を雇う経済的余裕もなくなり、勧進興行が催されなくなっていった。そのため、守屋毅が「芸能それ自身が、ようやく商品として機能する段階に立ち至った[*7]」というように、役者らは自ら興行を行うようになった。[*8]

図16　八坂神社の門前に建ち並ぶ茶屋（中世後期）（大阪市立博物館蔵）

天正十九（一五九一）年、北野天満宮でややこ踊りの一座が興行を行った。[*9] 一座は北野天満宮に一貫文を支払うと、茶屋の裏手で営業することが許可され、簡素な塀で囲われた舞台を設置した。

舞台興行は多くの観客を集めるため茶屋に利益をもたらし、もともと人が集まる場所に茶屋があったので、茶屋付近は興行を行うのに打ってつけであった。

こうして茶を売る商人や茶屋と興行を行う役者らは関係を深めていった。

続いて、茶屋と歌舞伎劇場の関係についてみてみよう。

長禄四（一四六〇）年頃、京都八坂神社参道の南側に二軒、[*10] 北側に九軒の茶屋[*11]が開業していた。中世後期、八坂神社門前には数多くの茶屋があったが（図16）[*12]、この頃はまだ劇場は常設されていなかった。

江戸初期、八坂神社参道（四条通り）両側には、塀に囲われ、舞台や桟敷席に屋根のある歌舞伎劇場が設置されるようになったが、それ以前から、参道の周辺には屋台型の茶屋があった。茶屋は劇場建立の前から存在しており、歌舞伎劇場の周辺に、あとから茶屋ができたというわけではなかった。

慶長期以降、劇場周辺の茶屋は二種類のサービスを提供していた。ひとつは役者の売色であり、もうひとつは劇場内への飲食の提供であった。

図17　庭付きの芝居茶屋。左下に役者がいる（『野郎虫』、国立国会図書館蔵）

茶屋での売色

応永十八（一四一一）年、京都・東寺南門前の茶屋に対し「集遊君」「茶按排」が禁じられた。[*13] この頃すでに売色を行う色茶屋（後に水茶屋とも）が営業していたのだ。

その後寛永六（一六二九）年に遊女歌舞伎が、また承応元（一六五二）年に若衆歌舞伎が禁止され、野郎歌舞伎が上演されるようになるが、売色は引き続き行われた。

茶屋で役者らはどのようなことを行ったのだろうか。

役者評判記『野郎虫《やろうむし》』には挿絵（図17）[*14]とともに、役者の行為について「こしよくにてくるいたがる事。べか犬のことし。床にいりての後は。あぢものじやといふ（。）右のかたの口ひるにちいさきしは有てみくるし(。)初対面の人にも何やら連々所望めさるゝといふ」と、かなり具体的に記されており、この頃の役者の売色の様子がわかる。

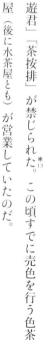

役者と客の待ち合わせは、売色が行われる茶屋とは別の場所が利用されていた。

この頃、京都八坂神社参道の劇場近隣に店を構える茶屋は、おもに待ち合わせに使われていた。建物はなく床几のみが置かれ、茶や田楽を提供した。一方、売色が行われる茶屋は劇場からやや離れたところに建物があり、室内は畳敷きで屛風なども飾られ、庭付きの座敷だった。[15]

寛文期になると、茶屋では売色が盛んに行われた。そのため、寛文十一（一六七一）年四月、歌舞伎役者は芝居茶屋や桟敷席で客と会うことを禁止された。[16] そしてここに初めて「芝居茶屋」という言葉を確認することができる。

芝居茶屋の飲食のサービス

歌舞伎劇場への飲食の提供は、いつ、どのようにはじまったのだろうか。

慶長期の「阿国歌舞伎図屛風《おくにかぶきずびょうぶ》」（図18）[17]には、笠の下で茶や田楽を売る屋台が見られる。元和寛永期の「歌舞《かぶ》伎図屛風《きずびょうぶ》」[18]には木戸前に屋根付きの茶屋が描かれている。軽食を販売しているので、待ち合わせの茶屋であろう。

図18　お国歌舞伎興行の木戸前に見られる茶屋の屋台（京都国立博物館蔵）

この頃の芝居茶屋は、まだ桟敷席の管理を行っていなかった。桟敷席の観客は、芝居茶屋に食事や酒を注文せず、自ら持参していた。

寛永期になると、劇場内（土間）で茶の振り売りが営業するようになった。[19]

寛永末期、京都佐渡島座内には茶と田楽を売る売店があった（図19）。[20] 同じ頃、江戸木挽町の歌舞伎劇場には屋根付きの芝居茶屋が劇場に隣接して建てられていた（図20）。[21] 上方や江

図19　佐渡島座土間の屋台（寛永期）（天桂院蔵）

戸ではこの頃から芝居茶屋が劇場へ飲食のサービスを提供するようになったのだろう。

寛文延宝期、芝居茶屋は酒を販売し、歌舞伎劇場も半畳や煙草、チラシなどを販売した。[*22]

延宝初期、京都と江戸の芝居茶屋は、桟敷席の観客のために毛氈を敷き、提げ重や弁当（図21[*23]・図22[*24]）、また酒を提供した。[*25]ところが店に注文せず樽や毛氈、提げ重、瓢箪などを持参する場合もあった。[*26]

貞享期、江戸の中村座には隣接して芝居茶屋があったが、桟敷席の観客は弁当を持参していた。[*27]しかし、京都も江戸も、まだ芝居茶屋が飲食の提供を独占していたわけではなかった。

延宝期の芝居茶屋は、提供するサービスの内容から大きく①役者と観客が待ち合わせする茶屋、②宴会や売色を行う茶屋、③「きんちゃくや」と呼ばれる茶屋の三種類に分類することができる。それぞれについて、どのような性質をもっているか検討する。

①役者や観客が待ち合わせする茶屋　この茶屋は江戸初期から劇場周辺に存在していた。簡易な屋台で茶や団子など軽食を提供した。

②宴会や売色を行う茶屋　豪華な設えの建物が常設され、役者の売色を管理し、酒や食事、マッサージのサービスも提供した（図23）。[28] 延宝九（一六八一）年、このような芝居茶屋は堺町に十四軒、葺屋町に七軒あった。[29] 翌天和二（一六八二）年、いわゆる「お七火事」によって、劇場周辺は茶屋も含めて多くの建物を焼失してしまうが、三年後の貞享元（一六八四）年には堺町に同じく十四軒、葺屋町に八軒の茶屋が確認できる。[30]

図 20　手前左下に歌舞伎劇場木戸隣の茶屋（右中央）（出光美術館蔵）

図 21　料理の用意をする芝居茶屋の様子（江戸堺町）（ボストン美術館蔵）

③きんちゃくや　きちゃくやは劇場からやや離れたところにあった。これは②の芝居茶屋と同様、役者が売春するための店[*31]であったが、両者には違いがあった。きんちゃくやは数多く存在したが建物が小さく、歌舞伎劇場から離れた狭い露地にところ狭しとひしめいていた。「延宝九年図[*32]」には八軒（すべて葺屋町）、『野良三座託《やろうさんざたく》』[*33]収録の図には二十三軒（堺町九軒、葺屋町十四軒）が描かれている。

　これは吉原の揚屋のような存在なのだろうか。吉原にはさまざまな茶屋があり、引き手茶屋が客引きを行うと、客は遊女を抱える茶屋に案内され、そこで遊女と酒宴をもった。下級の遊女らはその場で客と同衾したが、太夫や格子といった高級遊女は揚屋と呼ばれる別の場所に移動し、客と情交した。揚屋は吉原揚屋町の狭い露地に林立し、引き手茶屋や宴会を行う茶屋より狭かったが、内装や調度品は豪華だった[*34]。きん

図22　手前に芝居茶屋が並ぶ（京都四条通り）（早稲田大学演劇博物館蔵）

ちゃくやが吉原の揚屋と同じような役割を担っていたとすれば、高級店だった可能性もあるだろう。

これ以外に、前記三種類の芝居茶屋と性質が異なる芝居茶屋もある。「延宝九年図」において葺屋町の「ちゃ屋七左衛門」と「茶屋庄左衛門」の二軒のみ「茶屋」と記載されているのである。①〜③の茶屋と違い、劇場内へ飲食を提供したか、あるいは周辺の芝居茶屋を取りまとめていたのだろうか。

元禄期の芝居茶屋

元禄期になると歌舞伎劇場近隣で営業する芝居茶屋は、売色と桟敷席の観客への飲食のサービスの両方を行うようになった。

この頃の遊女評判記には、茶屋が抱えている遊女の名が記されていた。同じように、役者評判記『野良三座託』などにも、役者の住所と

図23　役者の売色を管理する芝居茶屋（大英博物館蔵）

抱え主の名が記されていた。抱え主の居宅は、売色の場でもあった。遊女評判記が遊女に会うために利用されていたのと同じように、役者評判記も客が売色する役者に会うために利用されたのであろう。

ところが元禄期以降、役者評判記からこうした役者の情報は姿を消している。客が直接役者を訪問するのではなく、芝居茶屋を仲介するようになったためであろう。歌舞伎役者は芝居茶屋で男性客、さらに女性客の相手もつとめていた[*35]（図24[*36]・図25[*37]）。この頃から、芝居茶屋が役者の売色を独占するようになっていたと考えられる。

芝居茶屋が提供する料理とは、どのようなものだったのだろうか。江戸初期の歌舞伎劇場が描かれた屏風や絵巻物を吟味すると、劇場内で饅頭、餅、貝、刺身、そして茶や酒などが提供されていた。元禄期、京都の芝居茶屋は「御汁干葉に蛤のぬき実、料理鱠子見合せ、煮物生貝ぜんまい、やき物干鱈引きてかう物」[*38]などの弁当を販売した。料理の種類は、江戸初期に比べて増加した。

安永天明期になると、「善〇汁（青菜摘入）大平（摺肉　芹　長芋　椎茸）猪口（青菜）夜飯　汁（振豆腐　青菜）平（蒟蒻　卵　煎物）」[*39]、また「茶清　煮染（長芋　しひたけ　かんぴやう）夜飯　汁（やき豆腐　うど　口切）煎物　清物（菜）」[*40]などと、さらに品目がふえていった。

第2節　元禄期以降の芝居茶屋

茶屋の組織化

元禄期までに、芝居茶屋は役者の売色を管理し、また桟敷席や土間への茶や酒、軽食などを提供するようにな

図24　中村座近隣の芝居茶屋における男性客の宴席（元禄期）（菱川師宣画、東京国立博物館蔵、部分）

ったが、この時期から組織化していった。

元禄期、京都、大坂、そして江戸では職人や商人らは「株仲間」という独占的な組合を生み出した。江戸初期以降、こうした組合は禁止されていたが、明暦期にはその存在が黙認され、享保期になると、ついに公認されるようになった。

組合のおもな業務は、享保期以前は輸入品の統制や製品等の品質の管理などであったが、享保期以降になると奢侈品禁止の励行や価格の管理、また税の徴収などが行われた。*41

芝居茶屋の株仲間は公認されていなかったが、実際に存在していた。

元禄初期、大坂・道頓堀には歌舞伎や浄瑠璃などの劇場が十二軒、芝居茶屋が五十八軒あり、株仲間の組織化

図25　中村座近隣の芝居茶屋における女性客の宴席（元禄期）（菱川師宣画、東京国立博物館蔵）

が進んでいった。まず劇場の木戸番らが株仲間を結成、貞享三（一六八六）年、大坂の芝居茶屋の株（営業権）を取得した。*[42] 元禄二（一六八九）年には大坂の歌舞伎役者も株仲間を組成した。*[43] ところが元禄七（一六九四）年、木戸番による窃盗事件が発生すると、芝居茶屋の株は芝居主*[44]らが掌握するようになった。*[45] こうして大坂の芝居主が芝居茶屋の株仲間を管理するようになったのである。京都や江戸にもこうした芝居茶屋の株仲間と劇場の関係が存在したのだろうか。

京都では大坂同様、芝居主が座元に劇場を貸していた。こうしたことから、京都の芝居茶屋も株仲間を組織し、大坂同様芝居主が芝居茶屋を管理していたと考えられる。しかし、江戸には芝居主がおらず、座元が劇場を運営していたと考えられる。江戸歌舞伎劇場の座元が芝居茶屋を管理していたかは不明である。しかし、芝居茶屋らが株仲間として組織化していたことを示す手がかりがある。

享保八（一七二三）年二月十五日、中村座創設記念公演に際し「さかい町ふきや町惣役者ちや屋中間よりついぜんの為色〱の作り物を*[46]」飾ったという。また享保十九（一七三四）年九月十八日、葺屋町の芝居茶屋を代表して大黒屋久左衛門が二代目團十郎の許に赴き、市村座「根源今川状《こんげんいまがわじょう》」の上演日を延長するよう依頼した。翌日「昼前フキヤ町茶ヤ中間不残ハカマニテ十日勤ムル迚礼ニ来ル」(〇)。ここでいう「茶ヤ中間」は大坂の「株仲間」と同一ではないにもせよ、江戸でも芝居茶屋の組織化が進んでいたことを示しているだろう。

芝居茶屋と絵島生島事件

絵島生島事件はよく知られているが、事件現場が芝居茶屋であり、その経営にも大きな影響があったので、いま一度概要を確認する。

元禄期、それまでの人口増加・経済拡大による消費増加が、江戸の社会に急激なインフレをもたらした。宝永期には大地震や富士山噴火もあり、市民生活は苦しくなっていった。そして、ついに倹約を奨励する「享保の改革」が施行され、町人の華美な衣装や調度品の使用を制限し、大名や大奥の無駄な支出も抑えられるようになった。

こうしたなか、絵島生島事件が発生した。事件の顛末は『徳川実紀《とくがわじっき》』に掲載され、これをもとに伊原青々園が「外形の変遷と及び法令」*47にまとめている。ここでは青々園の記録に従って事件の概要をたどる。

正徳四(一七一四)年正月十二日、第七代将軍徳川家綱《とくがわいえつな》の母月光院《げっこういん》の年寄絵島《えじま》および宮路《みやじ》は増上寺《ぞうじょうじ》と寛永寺《かんえいじ》に代参した。絵島はその前日、参拝後に歌舞伎観覧の許可を申請したが、許されなかった。これに立腹した絵島は昵懇にしていた呉服屋後藤縫殿助《ごとうぬいどのすけ》に依頼し、歌舞伎劇場山村座の二階桟敷席五十間および弁当と酒百名分を用意させた。絵島と宮路に加え、女中八人、絵島の兄白井平右衛門、弟豊嶋平八郎、医師奥山交竹院、その弟で水戸中納言家臣の奥山喜内と、彼らの連れのもの合わせて百三十名が山村座を訪れることとなった。

一行は山村座座元山村長太夫《やまむらちょうだゆう》や看板役者生島新五郎《いくしましんごろう》らを桟敷席に呼んで観劇した。その後、桟敷席から芝居茶屋松屋、海老屋へ移動し、さらに宴席を長太夫の自宅へと移すと、ここで絵島と新五郎が参会した。*48

一行はその後、さらに芝居茶屋山屋に移動し、遅くまで酒宴を続けたため、絵島らの帰城が遅れた。これが看過できない事態として問題視された。

江戸城の女中らが歌舞伎を観劇し、宴を催すことは決して珍しいことではなく、絵島も九年前から歌舞伎劇場を訪れていた。しかし、享保の改革によって、花見会、船遊び、歌舞伎観劇など娯楽の自粛が求められており、これに抵触したため、関係者は厳しく取り調べられた。

二十七日間に及ぶ取り調べの結果、絵島の兄平右衛門と奥山喜内は死罪、絵島と医師交竹院ら五名は永遠流（永久に戻ることがない）、新五郎、長太夫ら五人は流罪（復帰の可能性がある）と厳しく罰された。

すでに江戸初期から、歌舞伎役者と身分の高い観客の接触は禁止されていたが、厳しく取り締まられていたわけではなかった。宝永三（一七〇六）年、生島新五郎の弟で女形の生島大吉《いくしまだいきち》は尾張藩の奥方と密会し、両者とも捕らえられたが、このときは大吉が病死したため、歌舞伎界全体に関わる問題にはならなかった。

絵島生島事件では、宴席の会場となった芝居茶屋松屋、海老屋、山屋も取り調べを受けたが、彼らはあくまでも証人として扱われ、罰せられることはなかった。堺町の芝居茶屋橘屋八郎兵衛と葺屋町の芝居茶屋大黒屋久左衛門も取り調べを受け、久左衛門は宴席に参加した者として、無名な役者らの名を告げた。*49

事件後、二代目團十郎も二度取り調べを受けたが、結局無罪となった。

この件によって山村座は営業停止となり、建物が取り壊された。その他の劇場も取り調べ中一時的に営業停止となったが、その後営業を再開した。芝居茶屋の主人らは罰せられることはなかったが、芝居茶屋の営業内容が制限されることになった。

歌舞伎劇場内には桟敷席から隣接する芝居茶屋に直接通じる通路があるが、この使用が禁止された。また役者らは観客が桟敷席や芝居茶屋で催す宴席に参加することも禁じられた。[*50] これは、芝居茶屋で行われる歌舞伎役者の売色を制限しようとしたものだろう。さらに屛風や蒔絵食器などの使用も禁じられた。華美な設えをたしなめるのと同時に、身分の分別を明確にするためだった。[*51] その他、芝居茶屋の建物も劇場同様、柿葺き屋根から莚葺き屋根に変更するよう命じられた。[*52]

江島生島事件の全貌は以上のようなものだった。先行研究では芝居茶屋に触れるものが少なかったため、ここでは詳しく論じた。

二代目團十郎がこの宴席に参加したか否かは結局わからないのだが、伊原青々園はじめ歌舞伎研究者らは、これを疑問に思い、その理由についてあれこれ憶測した。

単に二代目團十郎が宴席に参加しなかったとする説を採るものはほとんどいない。有力なのは、自分の弟子が初代團十郎を刺殺したため、二代目團十郎に対して負い目を感じていた生島新五郎が一人で罪を被ることにしたというものだ。

別の説もある。二代目團十郎は、第六代将軍徳川家宣《とくがわいえのぶ》の正室天英院《てんえいいん》の実家近衛家より杏葉牡丹の紋を授かっていた。絵島が仕えた家綱の母月光院と対等の権勢をもつ近衛家の影響によって、二代目團十郎は罪を免れたとするものだ。[*53] 杏葉牡丹の紋は助六が纏う小袖に染められたというが、[*54] 二代目團十郎がいつこの紋を授かったかは未詳であり、この説も信憑性が高いとは言いがたい。

ここで別の仮説を立ててみたい。

取り調べを受けた芝居茶屋大黒屋久左衛門[*55]は宴席に参加した役者の名前を明かしたが、無名の役者のみに留め、看板役者の名は口にしなかったというものだ。

久左衛門は市村座がある葺屋町の芝居茶屋を統轄する人物だった。もし二代目團十郎が宴席に参加した罪によって罰せられることになれば、看板役者を失い江戸の歌舞伎劇場から客足が遠のいてしまう。これはすなわち芝居茶屋にも大きな被害をもたらすことになる。こうしたことを回避するため、久左衛門は二代目團十郎を守ろうとして、その名前を口にしなかったのではないか。罪によって歌舞伎界を去ることが確実視されていた新五郎以外に、これ以上集客力ある看板役者を失いたくなかったのだろう。

理由は定かではないが、この後二代目團十郎は大黒屋久左衛門を大いに信頼し、芝居茶屋のために尽力したのである。

享保期の芝居茶屋

元禄期、しばしば役者との売色が行われていた芝居茶屋は江島生島事件を受け、享保期以降、提供するサービスの内容を変更していった。桟敷席への飲食の提供は引き続き行われたが、それまで行われていた売色は看板役者から無名の役者に引き継がれ、新たに役者の管理が行われるようになった。

享保期の飲食のサービスについては詳らかにしない。売色について考察しよう。

享保十八（一七三三）年八月、市村座「相栄山鳴神《おうさかやまなるかみ》不動《ふどう》」では、誉め言葉として観客が女方瀬川《せがわ》菊次郎《きくじろう》に「一夜のちぎりとかや、君ゆへならバ命さへおしからざりしつゆの身や恋のしらなみ」[*56]と声をかけた。芝居茶屋での逢瀬を前提としていたのだろう。こうした表現は、絵島生島事件後も歌舞伎役者の売色が行われていたことを示している。

歌舞伎劇場には著名な看板役者が多数所属していたが、これとは別に「舞台子」「色子」と呼ばれる、十代の見習い役者も多数所属していた。彼らは舞台に登場してもせりふもなく給料も少なかったが、観客から桟敷席や芝居茶屋に呼ばれると売色を行うのが常であった。舞台に出ず、芝居茶屋で働くのみの色子を「陰間」と呼んだ。色子や陰間を劇場席の桟敷に呼べたのは西側の一階桟敷席の観客のみだったが、浄瑠璃座では東側の桟敷からも呼ぶことが可能だった。[*57] 色子の前身は女方や若衆方だったのだろう。

享保四（一七一九）年、中村座と市村座にそれぞれ五人の、森田座には二人の色子がいた。[*58] 享保八（一七二三）年二月十三日には「蔭間禁止。所刑数十人。座本抱への色子解雇さる」[*59]、色子や陰間が禁止されたが、享保二十（一七三五）年には中村座と市村座が合わせて五十四人[*60]の色子を抱えるなど、禁令が出されたにも関わらず享保期中にその数は急激に増加している。こうした流れを受けて天明期、歌舞伎劇場は三十三人まで色子を抱えることが許された。[*61]

色子は役者評判記巻末に名前が掲載されるなど、表向きには役者としての扱いを受けていたが、実際はもっぱら売色に従事し、芝居茶屋の経営に欠かせない存在だったのだ。

人気の色子のなかには役やせりふが与えられ、若女形として出世する者もあった。享保期に人気を博した瀬川《せがわ》菊之丞《きくのじょう》はもとは大坂の色子であり、初代山下金作《やましたきんさく》も色子出身でのちに人気が出た役者である。[*62]

天明期、色子を一日予約する料金は三両、昼の部、夜の部のみであれば一両二分だった。桟敷席の入場料が高くても約二分だったことと比較すれば、色子を予約する料金は決して安くなかった。[*63] 色子が客の自宅を訪れることは「他所行」と呼ばれ、その料金は二両だった。この「他所行」を注文するのはおもに女性客で、なかでも御殿女中からの注文は「金ぶすま」と呼ばれた。[*64]

このように享保期の芝居茶屋は、絵島生島事件の影響から看板役者ではなく色子や陰間らを利用して売色を行うことが多くなった。

役者の管理

芝居茶屋は看板役者と富裕層の観客との付き合いを管理していた。具体的にどのようなことをしていたのだろうか。ここでは二代目團十郎と芝居茶屋の主人大黒屋久左衛門との関係について見てみよう。

芝居茶屋の主人は、桟敷席からの差し入れや手紙を受け取るとこれを役者に渡し、役者を客に引き会わせた。また、歌舞伎役者とともに常連客の屋敷を訪問することもあった。

二代目團十郎は享保六（一七二一）年以降、毎年六月は目黒の別荘で過ごした。享保十九（一七三四）年は六月二十日から二十九日にかけて（○）、二代目團十郎は市川家と久左衛門の子供たちを連れて蛍狩りに行ったり、久左衛門と品川へ遠出したり、さらに大黒屋のご隠居が自宅に戻るときに市川家の下男宇兵衛に道案内をさせるなど、両家には懇意な付き合いがあった。

久左衛門は二代目團十郎と平戸藩藩主松浦篤信《まつうらあつのぶ》[*65]との関係も取りもった。

享保十九（一七三四）年正月十一日（▽）、篤信は大黒屋において宴会を開催、二代目團十郎、市村座座元八代目市村羽左衛門《いちむらうざえもん》、俳人鶴見一漁《つるみいちぎょ》らが参加した。二代目團十郎はリラックスしていたのだろう、酔って下駄を踏み返してしまった。

八月二十六日（○）、久左衛門は篤信邸に呼ばれ、二代目團十郎に贈り物を届けるよう依頼された。十月十六日「今日松浦様御隠居ヨリ口切ノ御茶一器御庭ノ冬ザクラノ花紅葉柚子二ツ来ル」（○）。さらに二十日、久左衛門は篤信の依頼で「紅毛人形」（○）を市川家に持参した。

十月二十三日（○）、篤信邸で紅葉狩りが行われ、二代目團十郎、三代目團十郎（当時升五郎）、八代目羽左衛門、息子九代目羽左衛門（当時満蔵）、市村座の狂言作者椿昌、浄瑠璃太夫夕丈、俳人鶴見一漁、大黒屋久左衛門ら十一名が参加した。当日は庭の紅葉を眺め、茶を喫し、句を詠んだ。二代目團十郎と八代目羽左衛門はオランダ製の布、三代目團十郎、九代目羽左衛門は香箱を篤信から拝領、「オフヂ」や「オキヨ」（屋敷の女中か）と酒宴をともにし、酔った二代目團十郎は玄関で寝てしまった。

篤信邸は役者や俳人が集まる文化サロンであり、こうした集まりに参加することは、パトロンを確保するうえでも重要なことだったのだろう。

近世初期、歌舞伎役者は大名屋敷の宴席にしばしば参加したが、[*66]元禄末期になるとこうしたことが問題視されるようになり、歌舞伎役者が武家と会うことは御法度とされた。[*67]このとき篤信は隠居の身であったとはいえ、江戸歌舞伎界第一の役者や座元ら歌舞伎関係者を自邸に招くのは、問題ないわけではなかったであろう。しかし、歌舞伎関係者からすれば、篤信のような身分の高い富裕層との交流は非常に重要で、芝居茶屋の主人は看板役者との交流を取りもったのだ。

このように芝居茶屋の店主は劇場外でも、看板役者のマネジャーのような役目を果たした。

＊　＊　＊

ここまで見てきたように、茶屋は劇場が常設される前から存在し、室町期から芸能に携わる者と茶を販売する者は親密に関わっていた。

江戸初期以降、芝居茶屋は歌舞伎劇場を取り巻く商業圏の発展にきわめて重要な存在であった。芝居茶屋は享保期までに歌舞伎劇場の桟敷席の管理の仕組みを構築したのであろう。今後、その詳細を明らかにしていきたい。また芝居茶屋は、歌舞伎演目の上演期間やその内容、役者の選定にも発言したようだ。宝暦期頃活躍した狂言作者金井三笑は芝居茶屋金井筒屋の主人でもあり、自作の歌舞伎に自分の店の色子を舞台に立たせていた。また、芝居茶屋は文化サロンの役割も果たしていた。芝居茶屋はさまざまな身分の人々が交流場としての役目も果たしていた。

こうした歌舞伎劇場と芝居茶屋の関係については、今後さらに吟味していく。

注

＊1　服部幸雄、富田鉄之助、廣末保編『新版歌舞伎事典』（平凡社、二〇一一年）

＊2　木村涼資料「芝居茶屋利用に伴う観客費用について」（歌舞伎学会、二〇一〇年十二月例会）

＊3　「一服一銭茶売人」（応永十（一四〇三）年四月、『東寺百合文書』ケ函第一分冊、京都府立総合資料館所収）

＊4　守屋毅著『「かぶき」の時代』（角川書店、一九七六年）

＊5　「粉河寺参詣曼荼羅」「珍皇寺参詣曼荼羅」「須磨寺参詣曼荼羅」「瀧安寺参詣曼荼羅」「伊勢参詣曼荼羅」「多賀社参詣曼荼羅」「祇園社大政所絵図」（室町時代、大阪市立博物館編『社寺参詣曼荼羅』大阪市立博物館、一九八七年所収）などに門前茶屋の様子が描かれている。

＊6　『経覚私要鈔』（山路興造著『近世芸能の胎動』八木書店、二〇一〇年所収）

＊7　守屋毅著『「かぶき」の時代』（角川書店、一九七六年）

＊8　小笠原恭子著『都市と劇場』（平凡社、一九九二年）

＊9　『北野天満宮禅昌日記』（天正十九〔一五九一〕年、棚町知弥翻刻「北野社古記録（文学・芸能記事）抄（一）」、「有明工業高等専門学校紀要」第四号、一九六八年所収）。北野天満宮祠官の連歌師禅昌は天正十九（一五九一）年五月二十四日に「やゝ子おとり　松梅院へ参、おとり申候　百疋被遣候　明日二十五日にくわんしん仕たきとて参候　則覧海いはのきハを（割注茶の〔屋カ〕のうしろニて）つかまつれと被仰出候」と記す。

＊10　「祇園社境内分地口帳」（長禄四〔一四六〇〕年、官幣大社八坂神社社務所編纂『増補八坂神社文書』下巻1、臨川書店、一九九四年所収）に「茶屋衛門九郎、茶屋彦与門」（南）とある。

＊11　「祇園社境内分地口帳」（長禄四〔一四六〇〕年、官幣大社八坂神社社務所編纂『増補八坂神社文書』下巻1、臨川書店、一九九四年所収）に「三郎四郎、与門四郎、孫七、平次郎、こうや、大郎三郎、与門、禅そう、いまはし」（北）とある。

＊12　「八坂法観寺塔曼荼羅」（大阪市立博物館編『社寺参詣曼荼羅』大阪市立博物館、一九八七年所収）

＊13　「南大門前茶商人沙弥浄音条々請文」（応永十八〔一四一一〕年二月、『東寺百合文書』や函、京都府立京都学・歴彩館蔵）

＊14　『野郎虫』（万治三〔一六六〇〕年四月、国立国会図書館蔵）

＊15　『野郎虫』（万治三〔一六六〇〕年四月）

＊16　伊原敏郎（青々園）著「外形の変遷と及び法令」（『日本演劇史』近世文芸研究叢書第二期芸能篇二、歌舞伎2、クレス出版、一九九六年所収）

＊17　「阿国歌舞伎図屏風」（慶長頃、京都国立博物館蔵）

＊18　「歌舞伎図屏風」（元和寛永期、逸翁美術館蔵）

＊19　「歌舞伎図屏風」（寛永期、静嘉堂文庫美術館蔵）

＊20　「四条河原遊楽図屏風」（寛永末期、天桂院蔵、蔵辻惟雄他編『日本美術全集12』小学館、二〇一四年所収）

＊21　「江戸名所図屏風」（寛永末期か、出光美術館蔵）

＊22　「歌舞伎図屏風」（寛文延宝期、逸翁美術館蔵）

＊23　「中村座舞台図屏風」（延宝二、三〔一六七四、七五〕年頃、ボストン美術館蔵〔Photograph © [2019/2/28] Museum of Fine Arts,

Boston.〕)。「江戸芝居図屏風」ともいう。

＊24 「都万太夫座歌舞伎図屏風」(延宝期頃、早稲田大学演劇博物館蔵、請求番号：07948)

＊25 「水茶やのかゝにたばこぼんもたせ．入くるこそげに都座」、『芝居品定・可盃』(延宝四〔一六七六〕年七月)

＊26 『千種日記』(天和貞享期、第十巻、古典文庫、一九八四年所収)

＊27 菱川師宣画『古今役者物語』(延宝六〔一六七八〕年、東大霞亭文庫蔵)

＊28 菱川師宣画「芝居茶屋」(貞享二〔一六八五〕年、大英博物館蔵〔© The Trustees of the British Museum〕)

＊29 「延宝九年図」記載の芝居茶屋名は堺町「おはりや久右衛門」、「高嶋や猿兵衛」、「かしわや孫兵衛」、「市川や三左」、「いせや清左衛門」、「するがや伴六」、「かぎや長五郎」、「いせや仁兵衛」、「たちはなや」、「えちぜんや長三」、「えびや市六」、「太田や忠兵衛」、「いくたや市右衛門」、「いばらきやとく兵衛」(合計十四軒)、葺屋町「ちや屋七左衛門」、「近江屋忠兵衛」、「和泉屋勘十郎」、「茶屋庄左衛門」、「えびすや」、「いづみや清右衛門」「あふみや伝内」(合計七軒)。(瀬川如皐編『牟芸古雅志』文政九〔一八二六〕年頃、『日本随筆大成』第二期4、吉川弘文館、一九七四年所収)。

＊30 「貞享元年図」記載の芝居茶屋名は以下のとおり(太字は「延宝九年図」に確認できる芝居茶屋)。堺町「**するがや**」、「ちや屋」、「えひや」、「まつもとや」、「**太田や**」、「つるや」、「**かしわや**」、「ちや屋」、「ちや屋」、「**市川や**」、「**いせや**」、「ちや屋」、「ちや屋」「ちや屋」(合計十四軒)、葺屋町「ちや屋」、「ちや屋」、「ちや屋」、「わたや」、「**いづみや**」、「ちや屋」、「**えひすや**」、「きくや宗徳」(合計八軒)(『野良三座託』貞享元〔一六八四〕年三月)。

＊31 武井協三著『歌舞伎とはいかなる演劇か』(八木書店、二〇一七年)

＊32 「延宝九年図」(瀬川如皐編『牟芸古雅志』文政九〔一八二六〕年頃、『日本随筆大成』第二期4、吉川弘文館、一九七四年所収)

＊33 『野良三座託』(貞享元〔一六八四〕年三月)

＊34 藤元箕山著『色道大鏡』(延宝六〔一六七八〕年、新版色道大鏡刊行会編、八木書店、二〇〇六年)

＊35 守屋毅著『元禄文化』(講談社、二〇一一年)

＊36 菱川師宣画「歌舞伎図(中村座内外図)屏風」(元禄期、東京国立博物館蔵〔Image: TNM Image Archives〕)

＊37 菱川師宣画「北楼および演劇図巻」(貞享元禄期、東京国立博物館蔵〔Image: TNM Image Archives〕)

＊38　井原西鶴著『万の文反古』（元禄九〔一六九六〕年、『新編西鶴全集』第四巻・本文篇、勉誠出版、二〇〇四年）。弁当は銀二匁（百三十二文）で販売された。

＊39　安永二（一七七三）年十一月十三日（柳沢信鴻著『宴遊日記別録』、藝能史研究會編『日本庶民文化史料集成』第十三巻、芸能記録（二）、三一書房、一九七六年）

＊40　安永三（一七七四）年二月十九日（柳沢信鴻著『宴遊日記別録』、藝能史研究會編『日本庶民文化史料集成』第十三巻、芸能記録（二）、三一書房、一九七六年）

＊41　岡崎哲二著『江戸の市場経済』（講談社、一九九九年）

＊42　大阪市参事会編『大阪市史』第一（大阪市参事会、一九一三年）

＊43　「歌舞伎役者共判形帳前書」「株仲間名前帳前書第九七条」（塚田孝編『身分的周縁の比較史』清文堂、二〇一〇年所収）

＊44　林公子著「江戸の座元」（『藝能史研究』八十八号、藝能史研究會、一九八五年）

＊45　『今昔芝居鑑』（宝暦十四〔一七六四〕年頃、藝能史研究會編『日本庶民文化史料集成』第七巻人形浄瑠璃、三一書房、一九七五年所収）。本書はおもに明暦二（一六五六）年から宝暦十四年（一七六四）までの上方劇場に関する諸記録を収録。大坂の竹田座座元竹田近江太夫が集めた資料とされているため、竹田座についての記述が多い。

＊46　近藤清春画『金之揮』（享保十三〔一七二八〕年、『資料集成二世市川團十郎』和泉書院、一九八八年所収）。猿若彦作は初代勘三郎の師匠とされる。この年は中村座創設百年記念との注あり。

＊47　伊原敏郎（青々園）著「外形の変遷と及び法令」（『日本演劇史』近世文芸研究叢書第二期芸能篇二、歌舞伎2、クレス出版、一九九六年所収）

＊48　伊原青々園は、絵島と新五郎は七年も続いた間柄であり、医師交竹院が女装した新五郎を密かに江戸城に連れ込んだともいう。

＊49　大黒屋久左衛門は二回目の取り調べにおいて、中村座の役者岸田小吉、市村座の竹中吉三郎、坂田采女之丞、森田座の筒井歌之助らが参加したと告げた（伊原敏郎〔青々園〕著『団十郎の芝居』早稲田大学出版部、一九三四年）。役者評判記『役者色景図』（正徳四〔一七一四〕年二月）には、竹中吉三郎は市村座の若女形（位一中）、筒井歌之助は森田座の若女形（位上）と記されているが、岸田小吉と坂田采女之丞の名前は役者評判記に見られない。

＊50　関根只誠纂録『東都劇場沿革誌料』（国立劇場芸能調査室、一九八三年）に「舞台にて芸致候外、或ハ桟敷又ハ茶屋等へ呼候共、一切差趣中間敷候」とある。

＊51　土肥鑑高著「享保期の江戸町人」（『江戸町人の研究』第一巻、吉川弘文館、一九七二年）

＊52　伊原敏郎（青々園）著『歌舞伎年表』（岩波書店、一九五六年）

＊53　渡辺保著「絵島生島事件」（『江戸演劇史』講談社、二〇〇九年）

＊54　助六初演時の絵図は現存しない。事件後の正徳六（一七一六）年、中村座「式例和曾我」での二回目の助六を描いた鳥居清倍画「そがの助六」（大英博物館蔵）に牡丹の紋が見られる。

＊55　伊原敏郎（青々園）著『団十郎の芝居』（早稲田大学出版部、一九三四年）

＊56　せりふ正本「さかい町ふきや町茶屋家名づくし　瀬川菊次郎　ほめ言葉」（ケンブリッジ大学図書館蔵）

＊57　関根只誠纂録『東都劇場沿革誌料』（国立劇場芸能調査室、一九八三年）

＊58　『役者全化粧』（享保四〔一七一九〕年正月）。中村座には花川千太郎、染川常世、中村さよの介、玉沢万三郎、岸田才三郎、市村座には上村門之介、坂田常三郎、桐山辰之介、竹中三五、山崎庄之助、さらに森田座には市川吉三郎そして鈴木つねよがいた。

＊59　伊原敏郎（青々園）著『歌舞伎年表』（岩波書店、一九五六年）

＊60　『役者初子読』（享保二十〔一七三五〕年正月）

＊61　役者評判記『男色評判記』（関根只誠纂録『東都劇場沿革誌料』国立劇場芸能調査室、一九八三年所収）

＊62　関根只誠纂録『東都劇場沿革誌料』（国立劇場芸能調査室、一九八三年）

＊63　関根只誠纂録『東都劇場沿革誌料』（国立劇場芸能調査室、一九八三年）

＊64　関根只誠纂録『東都劇場沿革誌料』（国立劇場芸能調査室、一九八三年）

＊65　松浦篤信は貞享四（一六八七）年、浅草生まれ、宝暦六（一七五七）年十二月没。正徳三（一七一三）年より平戸藩藩主。享保十二（一七二七）年、病気を理由に退職し、隠居の身でさまざまな趣味を嗜んだ。子供は十九人（男性十一人、女子八人）おり、孫に経済・政治学者松浦静山がいる。

＊66　『弘前藩庁日記』（武井協三著『若衆歌舞伎・野郎歌舞伎の研究』八木書店、二〇〇〇年所収）
＊67　鈴木博子著「加賀藩前田家記録にみる元禄」（「演劇研究会会報」二十九号、二〇〇三年）および「屋敷方における御出入り役者の動向」（「歌舞伎　研究と批評」三十一号、二〇〇三年）

第8章　江戸歌舞伎の観客

江戸歌舞伎の観客についてはこれまで、高額な桟敷席と安価な土間席に区別して研究されてきた。[*1]前者は少人数ながら芝居茶屋を通して席を予約し飲食も行うなど、歌舞伎劇場や周辺の関連業者に利益をもたらし、後者は人数が多く、いわゆる「大衆」とされ、両者とも歌舞伎の演技・演出に影響を与えた。

元禄期、京都と大坂では、あらゆる身分の人が歌舞伎を観劇した。[*2]なかでも町人がもっとも多く、豊かな財産をもつ町人らはしばしば桟敷席を利用した。武士も四十石以上であれば桟敷席で観劇したが、十石以下の武士や給金の低い奉公人らは立見した。

天明期以降、桟敷席で観劇できるのは富裕層に限られ、豊かな財産をもつ町人が多くを占めた。[*3]元禄期と天明期にはさまれた享保期において、歌舞伎劇場の構造が変化し、客層も変わったとされる。[*4]しかし、その詳細についてはいまだ明確にされていない。

享保期、江戸歌舞伎劇場の客層はどのように変遷していったのであろうか。こうした疑問に答えるために、江戸歌舞伎劇場の内部の様子が詳細に描かれた劇場図の分析を試みた。歌舞伎劇場を描写した絵図は歌舞伎に興味をもつ人々に向け、また江戸初期の絵屏風や絵巻物は歌舞伎文化や風俗に興味をもつ富裕層に向けて制作されたのであろう。そのため厳密に写実的ではなくとも、現実から大きく乖離することなく、当時の様子を伝えていると考えられる。[*5]

本章では、これら劇場絵図の特徴、時代における変遷、あるいは共通点を考察することで、江戸歌舞伎劇場の客層がどのように変化したかを分析していく。さらに、二代目團十郎と歌舞伎愛好家だった大和国郡山藩藩主柳《やなぎ》沢《さわ》信鴻《のぶとき》の日記から、桟敷席の観客の実態について考察する。

第1節　劇場図にみる客層

服部幸雄は劇場図に描かれた観客をつぶさに観察し、観客の身分について分析する手法を提案した。[*6] ここではその手法を用い、近世期の歌舞伎劇場の内部の様子が描かれた絵図三十四点（直筆十二点、印刷物二十二点、234ページ表6参照）について、桟敷席と土間席の観客の割合、男女の割合、さらに身分について分析した。

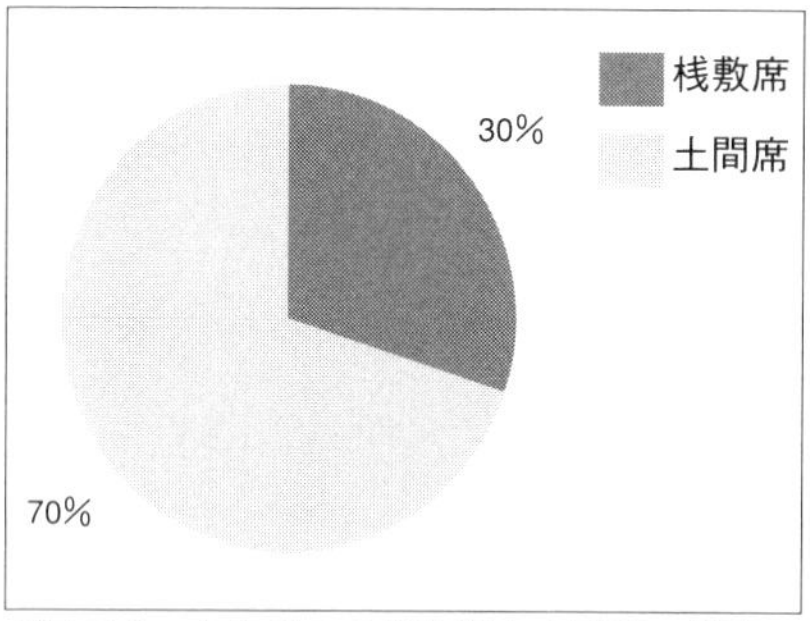

グラフ1　全作品中の桟敷席と土間席の観客の割合

劇場図三十四点には合計三千六百四名の観客が描かれており、桟敷席は千八十一名（30％）、土間席は二千五百二十三名（70％）だった（グラフ1）。桟敷席には男性客五百五十一名（51％）女性客五百三十名（49％）（グラフ2）、土間席は男性客千八百九十二名（75％）女性客六百三十一名（25％）だった（グラフ3）。劇場全体の男女の割合は男性68％女性32％となる。

身分の区別は、その属性を示す特徴に着目した。男性客においては、太刀あるいは二本の刀をもつ者を武士、脇差しのみの者を町人、前髪若衆、また

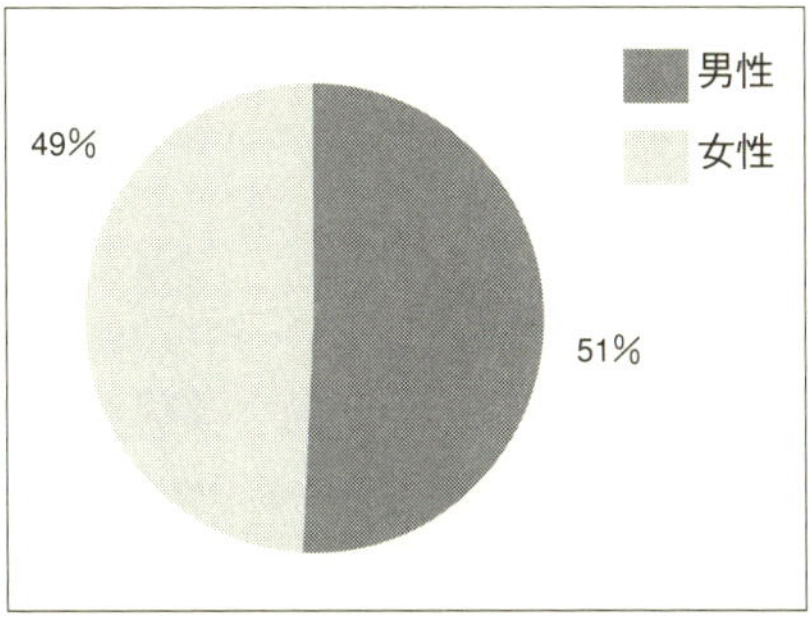

グラフ２　全作品中の桟敷席における男女比

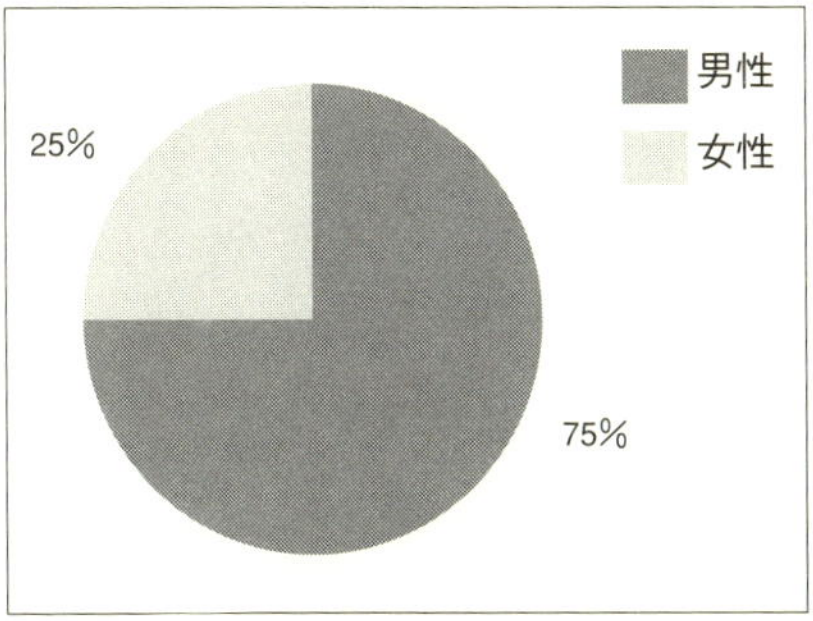

グラフ３　全作品中の土間席における男女比

浪人や医者と思われる者を立髪男性、坊主頭の者を僧侶、法被を着ている者を下男、こうした特徴のない者を一般男性とした。なお、明らかに役者と思われる者はこれを数えていない。

女性客は、打掛けや下げ髪の者を上流の女性、尼姿の者を尼、上流の女性や尼らに従っている者、また綿帽子を被っている者を女中（武家に奉公する女性）、眉毛のない者を女房（町人の妻）、娘らしい髪飾りなどの者を娘（町人の娘）、年老いた女性を老婆、幼児に乳をあげる者を乳母、特徴が見当たらない女性を一般女性とした。

男性客における身分ごとの割合は、武士が二百九十三名（12％）、前髪若衆が百九十五名（8％）、立髪男が四十九名（2％）、僧侶と町人がいずれも百七十一名（7％）、下男が二十四名（1％）、一般客が千五百十五名（62％）だった（グラフ4）。

また上流の女性は七十名（6％）、尼が十二名（1％）、女中が二百九十名（25％）、女房が百三十九名（12％）、娘が二百二十一名（19％）、乳母や老婆が二十三名（2％）、一般女性が三百九十五名（34％）であった。なお、特殊なグループとして旅人、禿が六人（0.5％）いた（グラフ5）。

歌舞伎劇場図三十四点は制作された時期や技法によってそれぞれ特徴が見られた。ここでは歌舞伎界をとりまく環境が大きく変わる五つの時期にわけ、そ

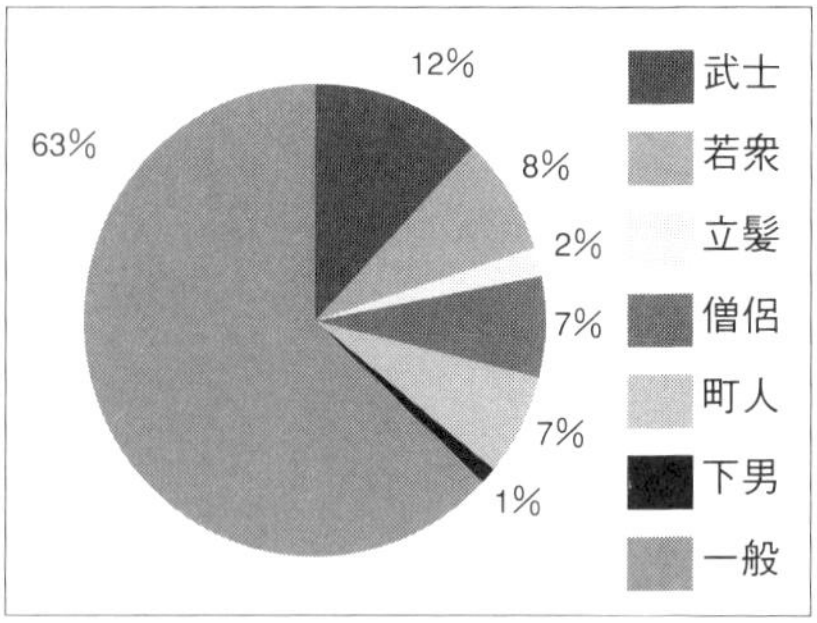

グラフ４　全作品中の男性客の身分の割合

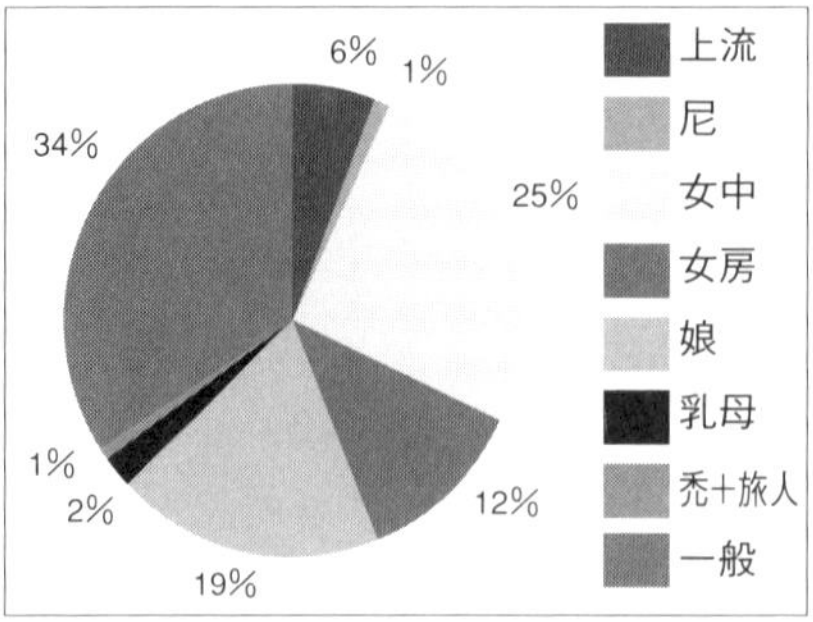

グラフ５　全作品中の女性客の身分の割合

の特徴について分析した。

第Ⅰ期（江戸初期～寛文十二（一六七二）年）――女歌舞伎や若衆歌舞伎に対して禁令が出され、野郎歌舞伎が開始

【作品名】「江戸名所図屏風《えどめいしょずびょうぶ》」、『江戸名所記《えどめいしょき》』

第Ⅱ期（延宝元（一六七三）年～正徳四（一七一四）年）――野郎歌舞伎全盛期

【作品名】「中村座舞台図屏風《なかむらざぶたいずびょうぶ》」、『江戸雀《えどすずめ》』、『古今役者物語《ここんやくしゃものがたり》』、「中村座芝居興行図巻《なかむらざしばいこうぎょうずかん》」、『故郷帰乃江戸咄《こきょうがえりのえどばなし》』、「北楼《ほくろう》及《およ》び演劇図巻《えんげきずかん》」、「中村座図屏風《なかむらざずびょうぶ》」、『正月揃《しょうがつぞろえ》』、「上野花見歌舞伎図屏風《うえのはなみかぶきずびょうぶ》」、「歌舞伎図《かぶきず》（中村座内外図《なかむらざないがいず》）屏風《びょうぶ》」、「江戸風俗図屏風《えどふうぞくずびょうぶ》」、「歌舞伎図屏風《かぶきずびょうぶ》」、『関東名残《かんとうなごり》の袂《たもと》』、「芝居風俗巻《しばいふうぞくかん》」

第Ⅲ期（正徳五（一七一五）年～享保十九（一七三四）年）――江島生島事件による影響

【作品名】「中村座芝居図屏風《なかむらざしばいずびょうぶ》」、「市村座場内図屏風《いちむらざばないずびょうぶ》」

第Ⅳ期（享保二十（一七三五）年～明和八年（一七七一）年）――河原崎座が控櫓として営業を開始

【作品名】「市村座場内図《いちむらざしばいず》」、「中村座図《なかむらざず》」（延享元年版）、「中村座図」（延享二年版）、「仮名手本忠臣蔵《かなでほんちゅうしんぐら》」（寛延二年版）、「中村座仮名手本忠臣蔵《なかむらざかなでほんちゅうしんぐら》」、「大芝居狂言浮絵図《おおしばいきょうげんうきえず》」、「百夜草鎌倉往来《ももよぐさかまくらかよい》」、「仮名手本忠臣蔵」（明和二年版）、『絵本三家栄種《えほんさかえぐさ》』

第Ⅴ期（安永元（一七七二）年～文化十四（一八一七）年）――歌舞伎が定型化

【作品名】「歌舞伎芝居図《かぶきしばいず》」（太田記念美術館蔵）「歌舞伎芝居図」（神戸市立博物館蔵）、「歌舞伎芝居図」（ボストン美術館蔵）、「御曳花愛敬曾我《ごひいきのはなあいきょうそが》」、「歳男徳曾我《としおとこえほうそが》」、「中村座内外の図《なかむらざないがいのず》」、「芝居大繁昌図《しばいおおはんじょうず》」

劇場図の制作技法は直筆と板木による印刷に分けられる。直筆作品には依頼主からの注文によるものと、依頼主がなく、販売目的で制作されたものがある。また印刷物には江戸名所などを解説した案内書、浮世草子、そして劇場の様子が描かれた一枚刷りがある。

時期ごとの劇場図の特徴

時期ごとに作品の特徴を分析していく。

第Ⅰ期　（江戸初期〜寛文十二〔一六七二〕年）

この時期には直筆作品が一点、印刷物が一点ある。

観客は桟敷席に18％、土間席に82％描かれている。男女比は、桟敷席は男性66％女性34％、土間席は男性85％女性15％だった。

男性客の身分は武士19％、前髪若衆13％、立髪男8％、僧侶3％、そして一般客58％だった。女性客の身分は上流の女性14％、尼3％、女中18％、女房10％、禿19％、娘、乳母、旅人がいずれも1％、一般女性客34％だった。「江戸名所図屏風」[*7]（図20）を検討していこう。直筆で「注文制作された作品は、その注文主をも表現する。その嗜好・趣味を表す。身分や生活も、彼の動機と願望も、そして幻想さえも描き出す」[*8]といわれる。これを踏まえ、「江戸名所図屏風」には、「下がり藤」の家紋、また向井監物邸が描かれていることから、依頼主は水軍向井監物家の嫡子向井五郎左衛門正俊とされている。[*9] 観客として上流の武士や上流の女性が多く描かれているが、その他の身分については詳しく描かれていない。これは依頼主の身分が上流武士だからであろうか。

図 26　武士と僧侶が多く見られる（中村座）（『江戸名所記』、国立国会図書館蔵）

江戸の名書を案内する『江戸名所記』（図26）[*10] 巻四には、禰宜町（現中央区京橋）の浄瑠璃劇場や歌舞伎劇場が紹介されている。挿絵の歌舞伎劇場の櫓幕には「勘三郎」と記されており、この劇場が中村座であることを示すが、中村座は本書刊行の九年前、慶安四（一六五一）年に堺町に移転しており、挿絵は正確とは言えない。

図中には、武士や前髪若衆、僧侶らがみえる。劇場内に僧侶が多く描かれているのは、作者了意が武士から僧侶となった人物だからだろうか。

この時期、江戸の町は急速に拡大し人口も増加したため、江戸の名所を紹介・解説する案内書が多く刊行されるようになった。名所や観光地を案内するというその性質から、案内書に収められた挿絵には写実性を期待することができるが、こうしたものには名所案内だけでなく、現地の名物などを宣伝し集客する目的もあったため、描かれた情景は多少美化されているだろう。さらに、販売促進のために購読者の好みにも合わせたであろう。

第Ⅰ期の劇場図には特徴がふたつある。ひとつは、観客の八割を男性が占めていること。これは、近世初期の江戸の人口に男性が多かったことを反映しているのだろう[*11]。もうひとつは、身分を表わす属性が明確に描かれていることである。

第Ⅱ期　（延宝元〔一六七三〕年～正徳四〔一七一四〕年）

第Ⅱ期には直筆作品八点、印刷物が五点ある。

この時期には江戸歌舞伎劇場が繁盛し、劇場図も多く制作された。ここで、依頼主の注文による直筆作品のほかに、販売目的で制作された作品が現れた。これらの作品は観客を細密に表現しているが、ステレオタイプとして描かれ個性がない。また新しい小説のジャンルとして浮世草子が成立し、その挿絵に劇場内の様子が描かれた。

この時期、観客は桟敷席に29％、土間席に71％描かれている。男女比は、桟敷席は男性56％女性44％、土間席は男性66％女性34％であった。

男性客の身分は武士22％、前髪若衆と僧侶がいずれも12％、町人9％、立髪男1％、一般男性44％だった。女性客の身分は上流の女性は4％、尼6％、女中39％、女房8％、娘5％、乳母10％、旅人2％、禿1％、一般女性は26％だった。

直筆作品の「中村座舞台屏風[*12]」（図27）には、延宝三（一六七五）年の中村座の様子が描かれている。桟敷席の中央に白い頭巾の年配の女性がおり、連れの者の着物には「木瓜」の家紋や梅の模様が見られる。依頼主は石見守朝倉仁左衛門有重系統の朝倉家の者ではないだろうか[*13]。

「江戸風俗図屏風[*14]」には「左三つ巴」の家紋が描かれている。「左三つ巴」を利用する家柄は多いが、この作品

図27　二階桟敷席前列中央に上流の女性客が座る（ボストン美術館蔵）

には歌舞伎劇場、吉原道中や広小路の見世物、浅草寺の風景、また蹴鞠や相撲、犬追いなど武士の遊戯なども見られるため、依頼主は上流の武家ではなかろうか。[*15]

「歌舞伎図屏風」[*16]では、桟敷席の中心に豊かな財産をもつ町人の家族が描かれている。依頼主は裕福な町人であろう。[*17]

　この時期には依頼主がいない直筆作品も作られた。菱川師宣《ひしかわもろのぶ》画「上野花見歌舞伎図屏風」（図28）[*18]は構図や人物の描き方が「歌舞伎図屏風」（130ページ図11）に酷似している。ここには依頼主を示す個性がなく、ステレオタイプとして描かれている。菱川師宣やその一派同様、作中の人物はどの作品でも同じように描かれている（師宣風）[*19]。桟敷席に上流の女性のものと思われる十二骨の家紋「源氏車」が見えるが、「源氏車」は本来六骨または八骨であり、これは架空のものである。「中村座図屏風」や「歌舞伎図（中村座内外図）屏風」など他の作品でも、一部が隠れているか実在しない家紋が描かれている。依頼主がいれば、依頼主の身分や家紋を正確に描くが、ここではそうしていない。販売を目的に描かれたためではないだろうか。

　またこれらの直筆作品には、女性客が多く描かれている。桟敷席は女性客が56%を占め、同時期の印刷作品、また他の時期の作品と比べ高い割合になっている。

菱川師宣作の挿絵を収めた案内書『江戸雀』[*20]、芝居町案内書『古今役者物語』[*21]、案内書『故郷帰乃江戸咄』[*22]（劇場図は『江戸雀』とほぼ同じ）の挿絵に描かれた観客には武士が多く（42％）、町人や下男、隠居なども見られ、一般客が少ない。さまざまな身分の観客を描き出すのは師宣の直筆作品と似ているが、ここでは男性客が多い。案内書は読者層として、参勤交代で江戸に来た武士や町人をを想定していたのであろうか。

図28 「歌舞伎図屏風」（図11）と同じ構図で描かれている（菱川師宣画、サントリー美術館蔵）

第II期の作品には浮世草子『正月揃』[*23]と浮世草子『関東名残の袂』[*24]（77ページ図2）がある。『正月揃』には男性客が多く描かれ、桟敷席は全員男性である。

それに対して『関東名残の袂』の挿絵では、桟敷席が女性客で埋め尽くされている。本書は女性に人気があった初代中村七三郎《なかむらしちさぶろう》の追善書で、読者層として女性を想定していたため、女性客が多く描かれたのだろう。

浮世草子の挿絵は観客の身分の属性が明確で、一般客に分類される人物はいなかった。男性客には武士と前髪若衆が多く、女性客には上流の女性と女中が多い。

第II期の作品には、さまざまな身分の観客が描かれていた。菱川師宣は、直筆作品と印刷物とを問わず身分の特徴を丁寧に描く

が、前者は女性客が多く、後者では男性客が多かった。この時期の浮世草子には上流の武士や上流の女性が目につく。しかし、僧侶や前髪若衆、立髪男、町人、下男、また女中や女房、娘らも描かれており、多様な観客が描かれていた。

第Ⅲ期（正徳五〔一七一五〕年〜享保十九〔一七三四〕年）

第Ⅲ期の作品には直筆の「中村座芝居図屏風」*25（152ページ図15）と「市村座場内図屏風」*26（図29）がある。

「中村座芝居図屏風」は享保十六（一七三一）年、中村座「傾城福引名護屋《けいせいふくびきなごや》」、「市村座場内図屏風」は享保十八（一七三三）年、市村座「栄分身曽我《はなぶさぶんしんそが》」の様子が描かれている。

観客の割合は、桟敷席27%土間席73%。男女比は、桟敷席は男女とも50%、土間席は男性87%女性13%と、男性客が多い。

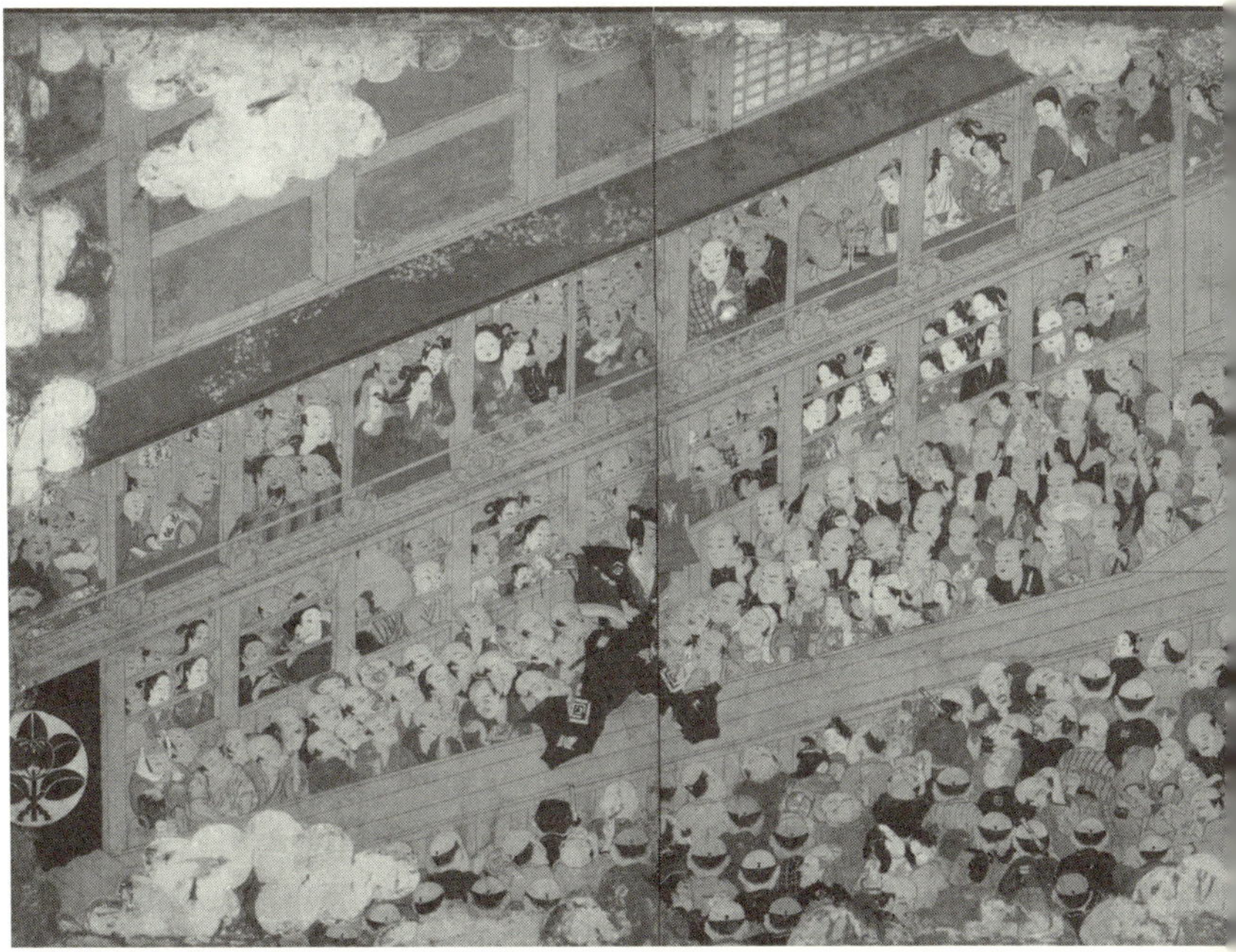

図29　劇場内は観客の頭部で埋め尽されている（早稲田大学演劇博物館蔵）

身分についてみていくと、男性客は武士17%、前髪若衆7%、僧侶8%、町人2%、一般男性66%だった。女性客は上流の女性10%、尼1%、女中26%、女房、娘はいずれも14%、一般女性35%だった。

この二作品の制作時期は二年間しか離れていないが、作風はかなり異なっている。「中村座芝居図屏風」は師宣風の作品で、女中に囲まれた上流の女性、武士、若衆らの属性が細かく描かれている。これに対して「市村座場内図屏風」は観客の身分を示す属性がほとんど描かれていない。劇場の混雑ぶりが強調された、これまでの劇場図には見られない新しい表現方法がとられている。

こうした作風はこれ以降さらに強くなっていく。第Ⅲ期を劇場図の作風の転換期と見ることができるだろう。

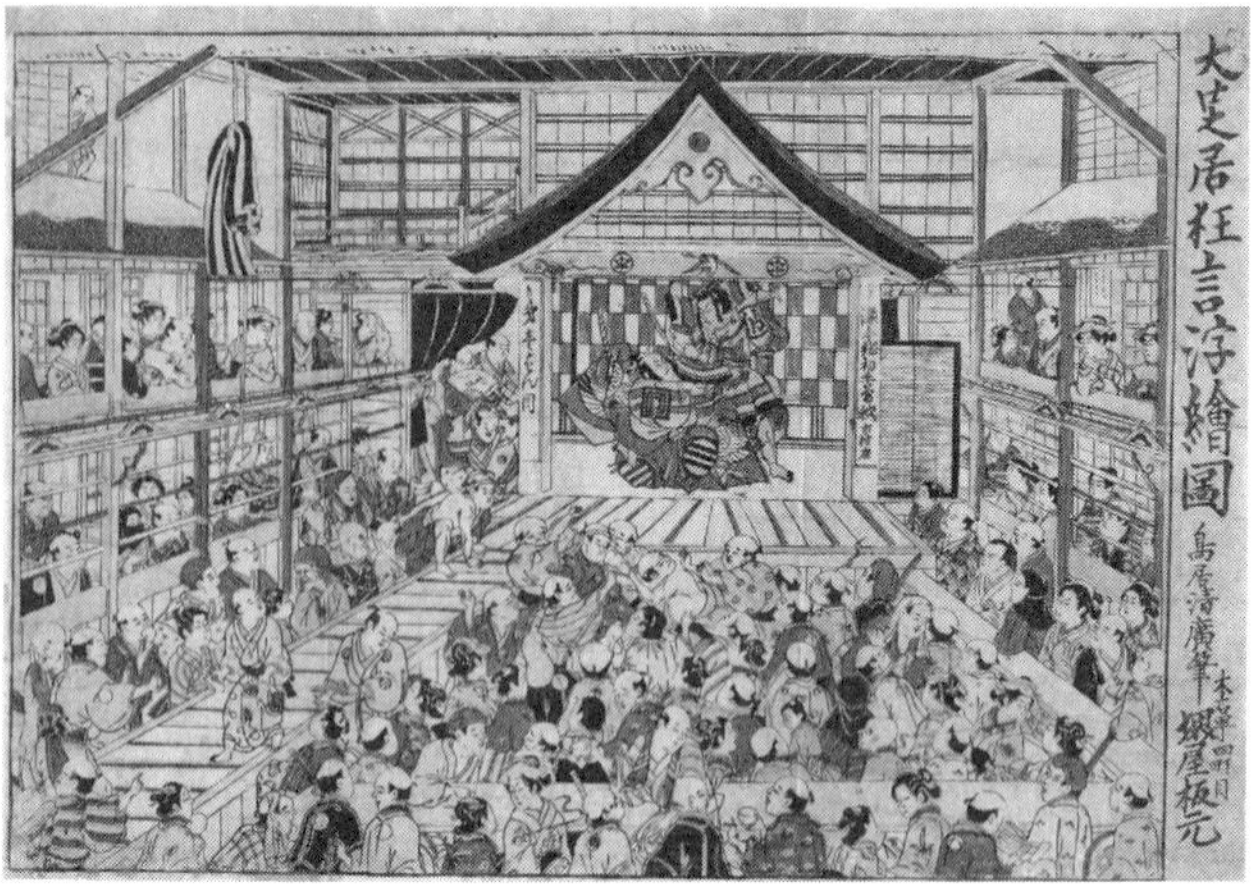

図30　劇場内には観客が溢れ、身分の属性が見えない（鳥居清広画、早稲田大学演劇博物館蔵）

第Ⅳ期（享保二十〔一七三五〕年〜明和八〔一七七一〕年）

直筆の作品がなくなり、印刷された劇場図九点がある。これらは依頼品ではなく販売を目的として制作されたが、誰が購入したかは不明である。

観客の割合は、桟敷席30％土間席70％。男女比は、桟敷席は男性52％女性48％、土間席は男性71％女性29％であった。

身分について、男性客は武士4％、前髪若衆2％、僧侶6％、一般客88％となっている。女性客は上流の女性2％、尼2％、女中27％、女房11％、娘25％、乳母1％、一般女性客が33％を占める。

ここでも、第Ⅲ期に登場した、個々の観客についての細かい描写のない作風が踏襲され、劇場に押し寄せた人々の様子が描かれている。多くの観客は頭部しか描かれておらず、とくに男性客の身分を見分けるのが難しい（図30）。[*27]

第Ⅴ期（安永元〔一七七二〕年〜文化十四〔一八一七〕年）

第Ⅴ期には印刷物七点がある。

観客の割合は、桟敷席29％土間席71％。男女比は、桟敷席は男性客44％女性客56％、土間席は男性客80％女性

図31　劇場内は混雑し、頭部しか見えない観客が多い（歌川豊春画、ボストン美術館蔵）

客20%だった。桟敷席の女性客がこれまでの作品中もっとも多い。

身分については、男性客は武士1%、僧侶1%以外に男性客の属性を見分けることができず、一般客98%となった。女性客は上流の女性2%、女中19%、女房13%、娘24%、一般女性42%であった。

この時期、劇場図に描かれる観客の人数が増えた。第Ⅳ期の一作品に描かれた観客数は平均六十八名だったのに対し、第Ⅴ期は平均三百十四名だった。享保期以降、土間の一部に客を詰め込む「追い込み」や舞台上に臨時に観客を上げる「羅漢台」（132ページ図14）が設けられた。第Ⅳ期の作品にはそれらは描かれていなかったが、第Ⅴ期の作品は三枚続きで追い込みや羅漢台の観客も描き、そのため観客数がいちじるしく増加した。劇場の混雑ぶりが強調され、男性の身分の属性が区別できなくなっていった（図31[*28]・図32[*29]）。

時代による変遷

第Ⅰ期から第Ⅴ期をとおして、桟敷席と土間席の割合、男女比、身分の割合の変遷について考察する。まず第Ⅰ期から第Ⅴ期をとおして桟敷席と土間席の割合について見てみよう。

第Ⅰ期を除けば、いずれの時期も桟敷席30%、土間席70%に近い値を示していた（グラフ6）。

図 32　身分を区別できない観客が多い（歌川豊国画、国立国会図書館蔵）

第I期には桟敷席の観客がまったく描かれていない案内書『江戸名所記』が含まれるため、桟敷席の観客の割合が低くなった。しかし、第II期以降、桟敷席と土間席の割合に大きな変動は見られない。こうしたことから、当時の歌舞伎劇場における実際の観客の割合は、どの時代においても桟敷席30%、土間席70%だったと考えられるだろう。

桟敷席の男女比はどのように変化していったのだろうか。

女性客の割合は34%（第I期）から、56%（第V期）へと増えていく。土間席では男性客が85%（第I期）、87%（第III期）、80%（第V期）と多数を占めている（グラフ6・7・8）。

第I期の土間席に男性客が多いのは、当時の江戸の人口の男女比を反映しているからであろうが、観客の身分を示す属性が描かれなくなりだした第III期と追い込みや羅漢台が描かれた第V期に男性客の割合が増えた理由は不明である。

観客の身分の割合はどのように変化していっただろうか。

一般男性は第I期では58%、第II期では44%だったが、第III期66%、第IV期88%、さらに第V期98%となっていった。男性客の身分を示す属性が時代を追うごとに描かれなくなっていった結果、このよう

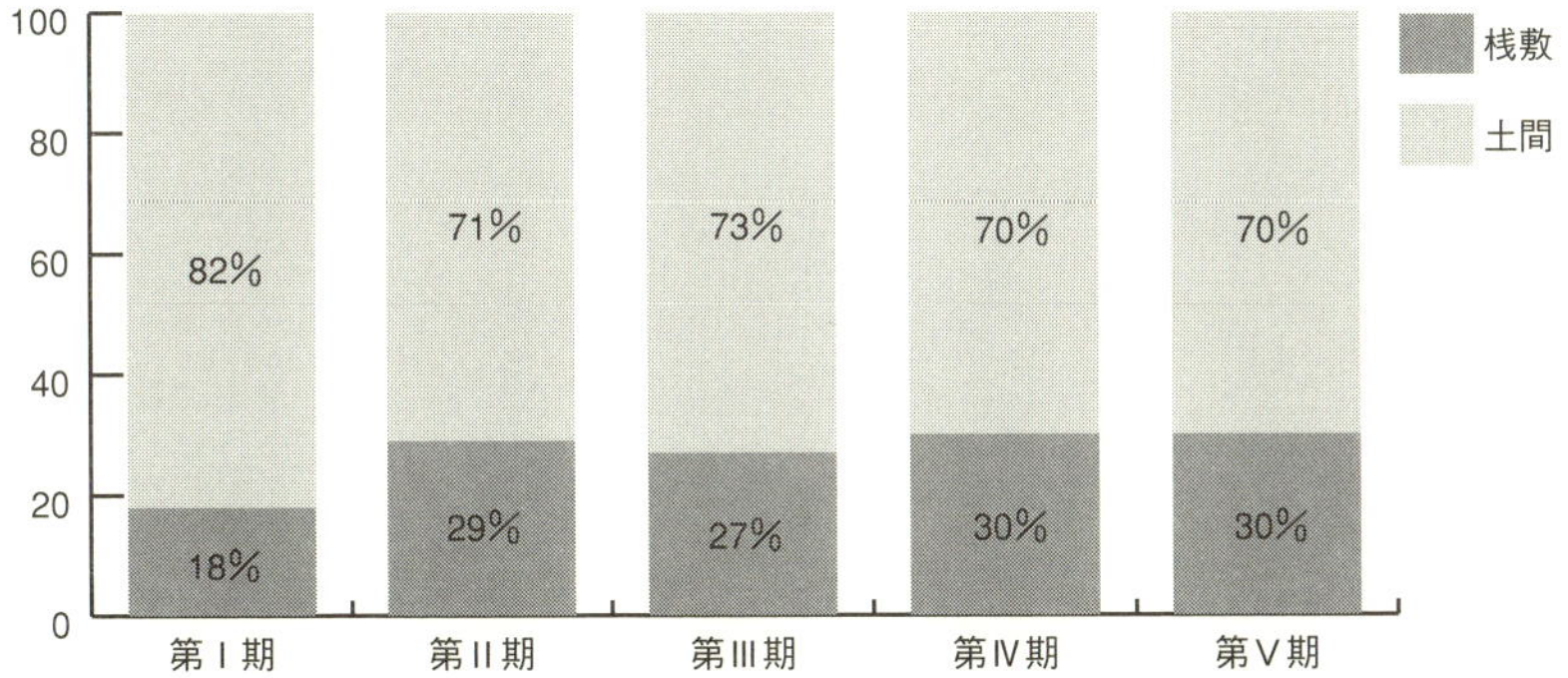

グラフ6　桟敷と土間の観客の割合

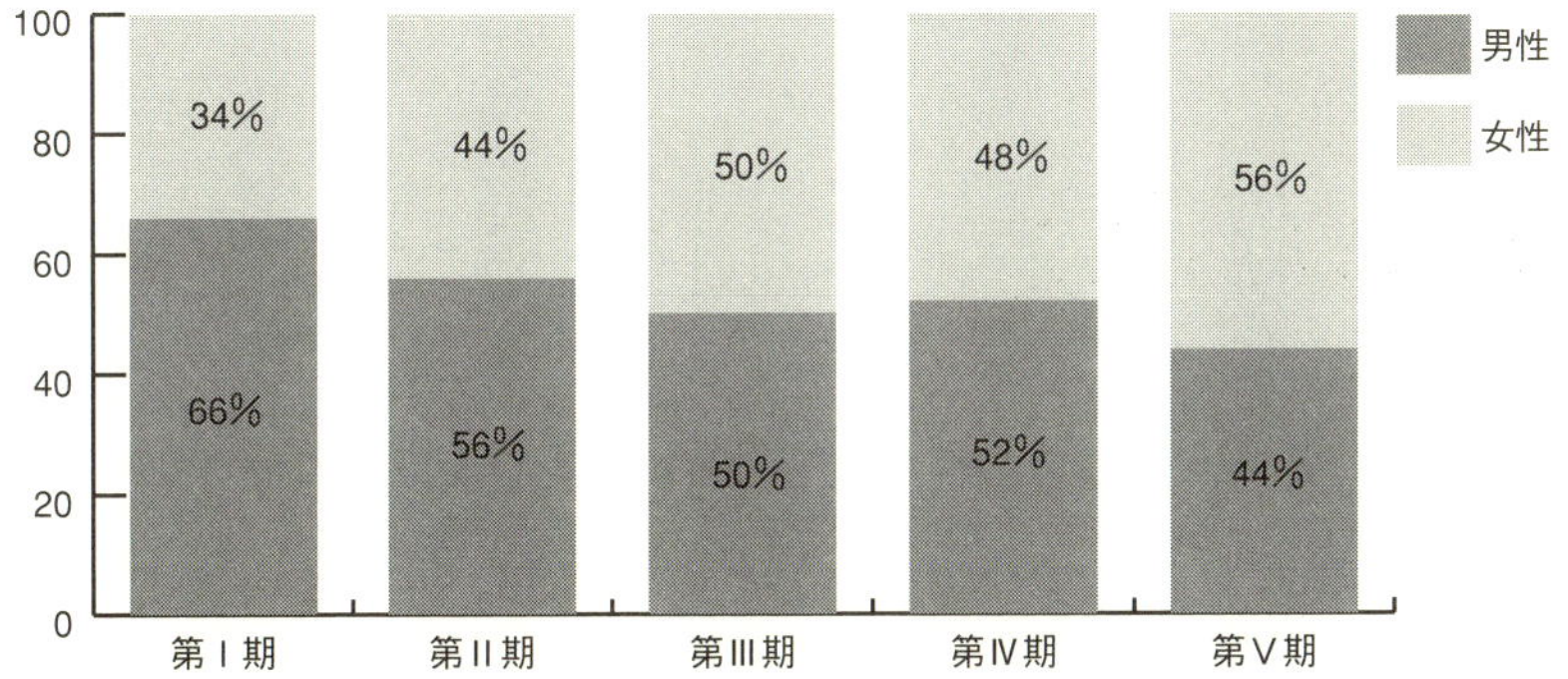

グラフ7　桟敷席の男女比

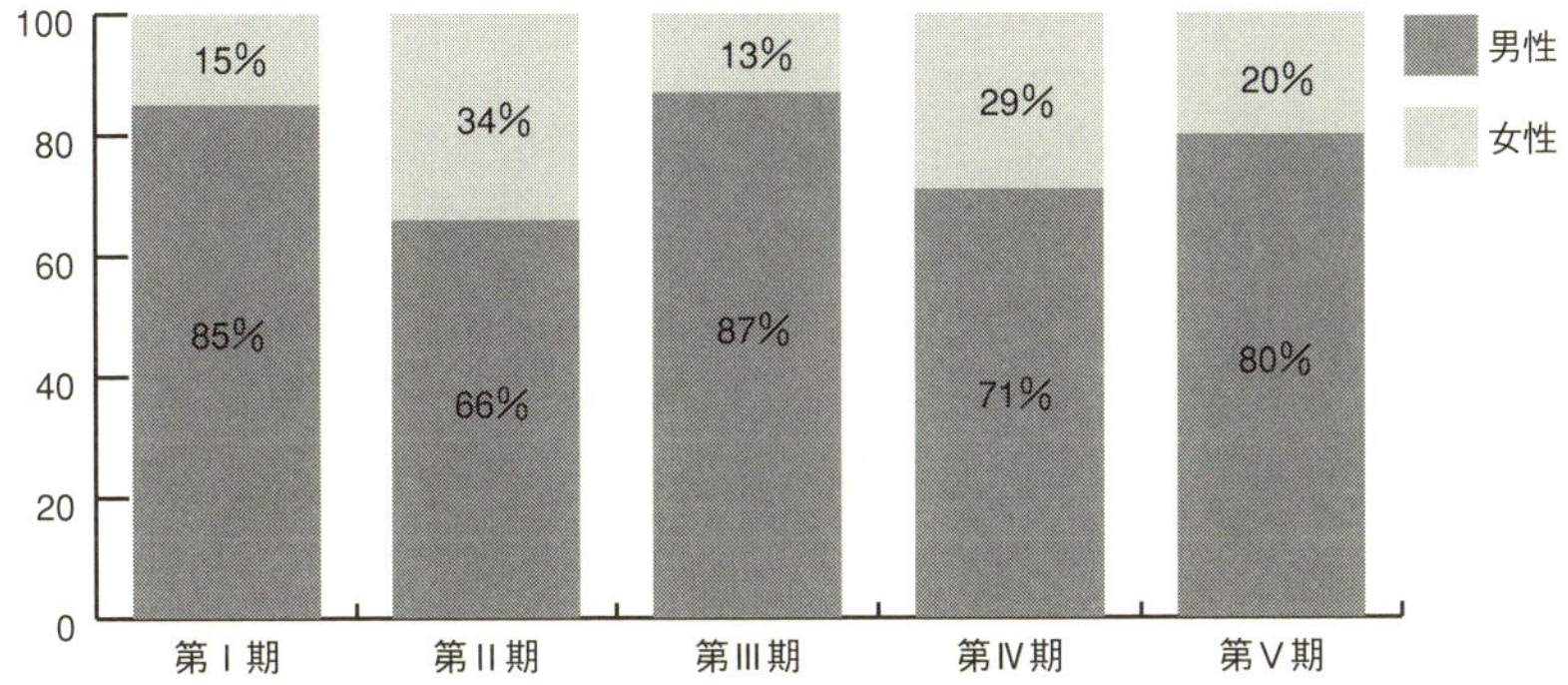

グラフ8　土間席の男女比

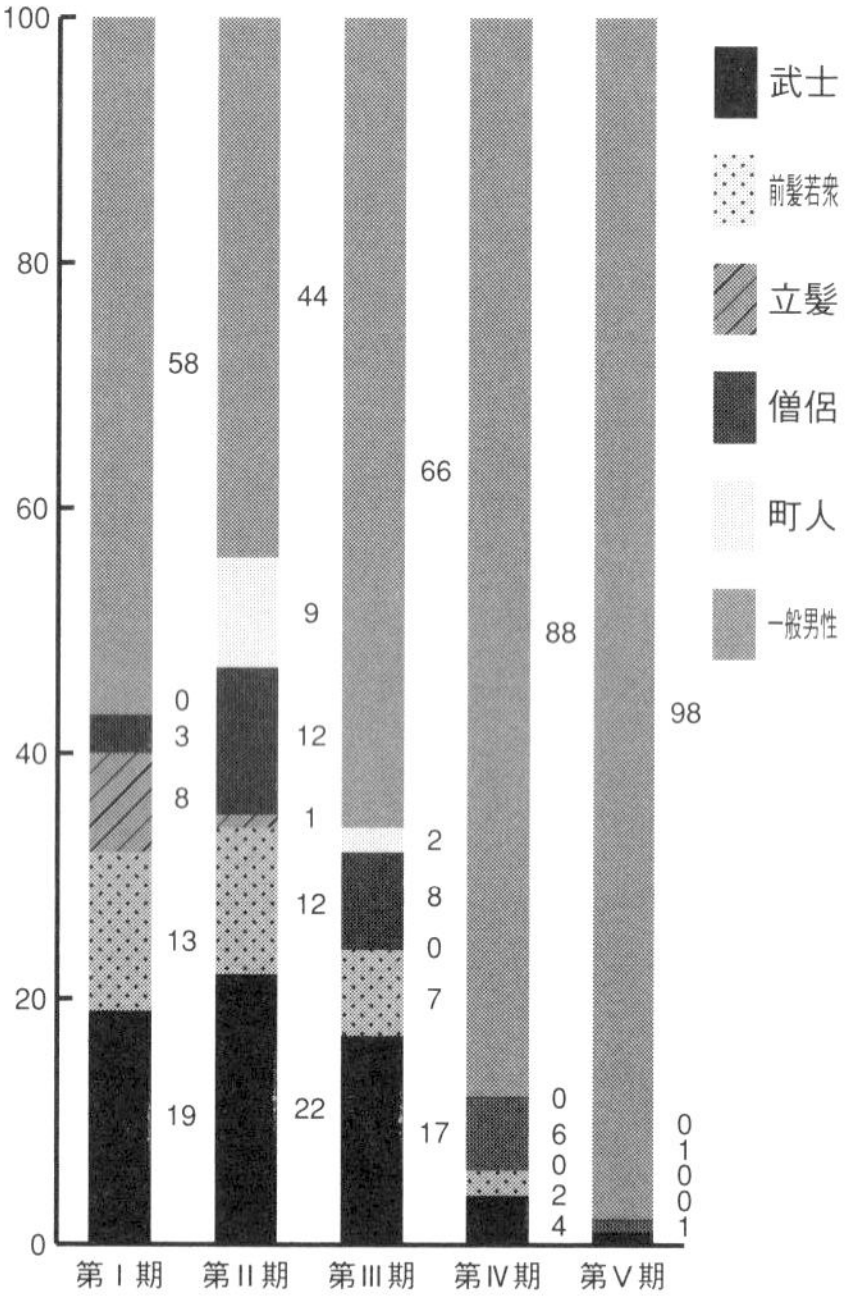

グラフ9　男性客の身分の割合

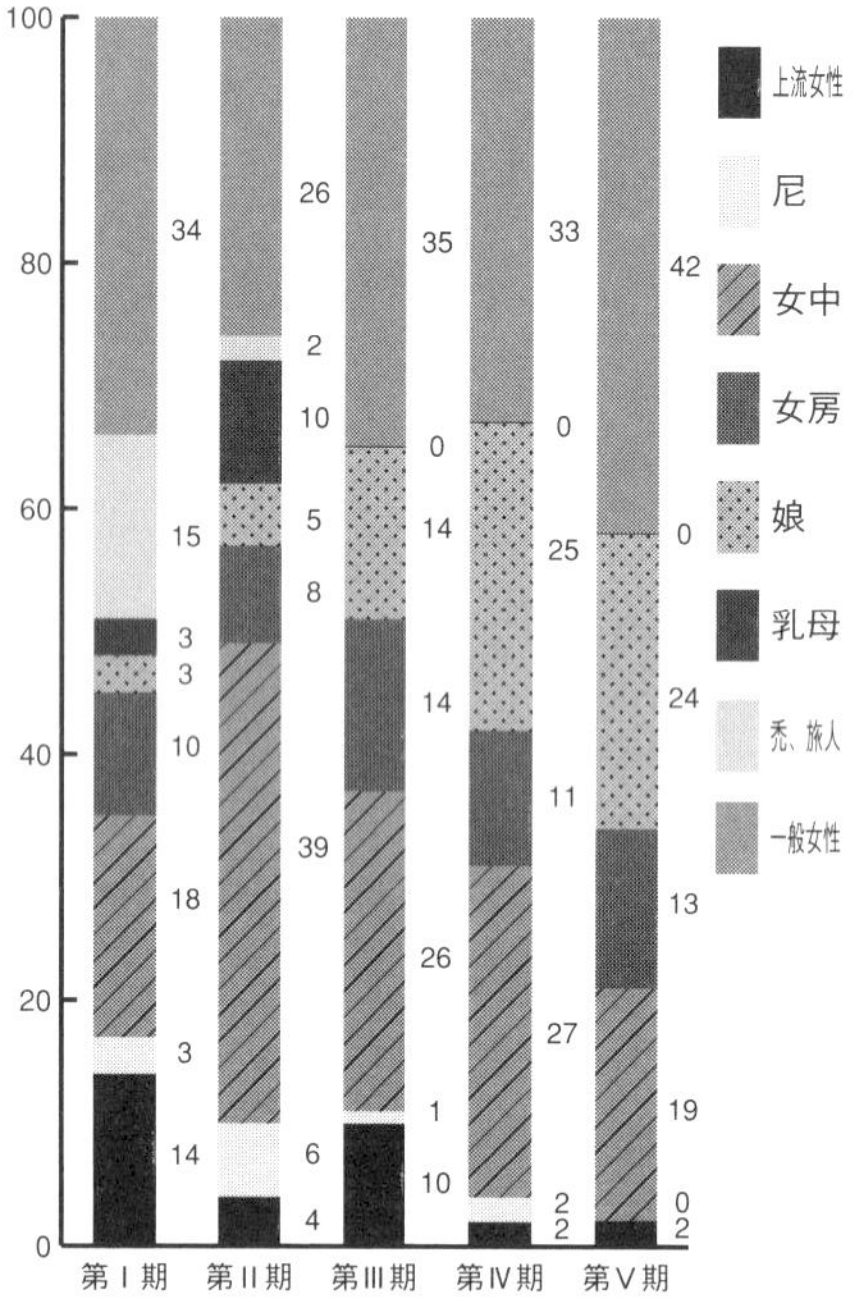

グラフ10　女性客の身分の割合

な変化がみられるようになった（グラフ9）。一方、一般女性はどの時期においても43%を超えることはない（グラフ10）。

こうしたことの理由として、以下のことが考えられる。

歌舞伎劇場の図では、刀や法被など男性客の身分を示す属性は、首から下に描かれることが多い。これに対して女性客は帽子や髪飾り、眉毛など、頭部だけで身分を見分けることができる。今回の分析方法では女性客の身分を判断することが容易だったため、一般女性は増えなかったのだろう。

ここで、一般客の増加が歌舞伎の大衆化を意味しているわけではないということに注意しなければならない。大名や武家、高位の僧侶など富裕層の観客が減少し、一般の町人や下男らが増えたのであれば〝大衆化〟したといえるが、ここまでの考察で、一般客の身分は明らかになっていない。実際にはさまざまな身分の観客が来場していたと考えられるだろう。

第2節　桟敷席の観客

歌舞伎劇場の絵図を検討していくと、徐々に男性客の身分を判別することが困難になり、一般男性客が増えていった。しかし、さまざまな身分の観客が桟敷席を利用していることを示す、別の資料があった。

本節では二代目團十郎の日記（第Ⅲ、Ⅳ期）と大和郡山藩藩主柳沢信鴻が記した日記（第Ⅳ、Ⅴ期）をもとに、歌舞伎劇場の桟敷席の観客について考察する。

二代目團十郎は日記五十六ヶ所に観客や団体について記載している。そのうち四十五ヶ所は男性客、十六ヶ所は女性客についての記述である（六ヶ所は男女とも現れる）。一覧を235ページ表7にまとめた。身分ごとに分類すると以下のようになる。

男性客

大名・旗本・武家	八ヶ所
僧侶	七ヶ所
町人・職人	九ヶ所
俳人	七ヶ所
医師	三ヶ所

力士　一ヶ所
劇場関係者　十ヶ所

女性客

上流の女性　二ヶ所
女中　一ヶ所
町人の女房・娘　一ヶ所
歌舞伎関係の女性　十ヶ所
力士関係の女性　一ヶ所
その他　一ヶ所

一方、柳沢信鴻は観劇の様子について百十九ヶ所で言及している。[*30] 信鴻は多くの場合側室お隆や妾お峰ら女性、また家臣五〜二十三人を伴って観劇したが、今回の調査ではこれら連れの者は数えていない。また桟敷席に挨拶に来る歌舞伎役者や芝居茶屋の関係者らも省くと、観客や団体が合計百六十二ヶ所に登場する。そのうち男性客は百十ヶ所、女性客は六十八ヶ所（十六ヶ所は男女ともに現れる）だった。一覧を238ページ表8にまとめた。

男性客

大名・旗本・武家　五十三ヶ所
僧侶　五ヶ所

町人　　　　　　　　十三ヶ所
医師　　　　　　　　十六ヶ所
劇場関係者　　　　　四ヶ所
未詳　　　　　　　　十九ヶ所

女性客

上流の女性（大名・旗本奥方）　二十五ヶ所
尼　　　　　　　　　三ヶ所
女中　　　　　　　　十三ヶ所
町人の女房・娘　　　十三ヶ所
婦人　　　　　　　　八ヶ所
芸者　　　　　　　　二ヶ所
妾　　　　　　　　　一ヶ所
法師の妻　　　　　　一ヶ所
後家　　　　　　　　一ヶ所
下女　　　　　　　　一ヶ所

なお、同じ団体にさまざまな身分の者がいる場合もある。
以下、身分ごとにおもな特徴について検討していこう。

武家

二代目團十郎の日記、享保十九（一七三四）年九月七日に「菊ヤ来ル　松平近江様今日御見物ニ御来儀ノ由公家衆寄合筆ノ十二月ノ色紙予拝領ス」（○）とある。「松平近江様」[*31]は松平信成《まつだいらのぶなり》[*32]で、旗本松平信周《まつだいらのぶちか》の次男として生まれた。兄信政《のぶまさ》が早生したため、享保十八（一七三三）年に近江守となった。信成はこのとき市村座の盆狂言「根源今川状《こんげんいまがわじょう》」を観劇、二代目團十郎に和歌が揮毫された色紙を贈った。この日二代目團十郎は、信成に桟敷席で挨拶し、差し入れの饅頭を受け取り、そのことを座元八代目市村羽左衛門《いちむらうざえもん》に告げている。

この頃、桟敷席の客は劇場に到着すると、差し入れの品を芝居茶屋に渡した。そして知らせを受けた芝居茶屋主人や役者らは桟敷席へ出向き、客に挨拶した。こうしたやりとりは柳沢信鴻の日記にも頻繁に見られ、江戸中期以降の歌舞伎界におけるしきたりであったようだ。

桟敷席での挨拶にまつわる、ちょっとしたエピソードがある。享保二十（一七三五）年三月十六日、奥高家畠《はたけ》山義寧《やまよしやす》[*33]が市村座を訪れ、「振分髪初買曾我《ふりわけがみはつがいそが》」を観劇した。義寧は元禄十四（一七〇一）年、江戸城松の廊下で播磨国赤穂藩藩主浅野長矩《あさのながのり》が幕府の高家吉良義央《きらよしたか》に切りかかった、有名な赤穂事件の現場にいた人物である。

このとき二代目團十郎は「予を御呼被成候故せつ〳〵の御来駕のよし申上候へは予が肩を御手にて御たゝき被成そちにほたされて来る〳〵との御意　有かたき事也」（▽）としている。桟敷に行って義寧の来場に対し謝意を述べると、ほだされたという義寧から親しげに肩を叩かれ、感激したというのだ。

二代目團十郎の日記には、大名肥前国平戸藩藩主松浦篤信《まつだいらあつのぶ》も登場する。篤信は市川家に贈り物を送り（享保十九年十月十六日○）、また市村座の看板役者ら関係者を屋敷に招いて、紅葉狩りを楽しんだ（同二十三日○、194ページ参照）。

二代目團十郎は、別の大名とも交流していた。

二代目團十郎は陸奥国弘前藩藩主津軽信寿《つがるのぶひさ》お抱えの工芸師で俳人の小川破笠《おがわはりつ》と親交があった。二代目團十郎自身俳諧を嗜み、また市川家の隣には江戸俳諧の中心的人物二代目深川湖十《ふかがわこじゅう》が住んでおり、市川家に出入りしていたことも遠因に挙げられるだろう。[34]

享保十九年八月八日（〇）、信寿の盆祝いのために島台（台の上に松・竹・梅などをあしらった飾物）を制作しており、この島台に何を取り付けるか思案していた破笠は、このとき市村座で上演していた盆狂言「根源今川状」に出演していた市村座座元八代目羽左衛門、立役初代坂東彦三郎《ばんどうひこさぶろう》、大谷広次《おおたにひろじ》、女形瀬川菊次郎《せがわきくじろう》、袖崎菊太郎《そでさききくたろう》らが揮毫した扇子を用いることを考え、二代目團十郎に相談した。すると二代目團十郎は染筆した扇子五本を届けたのだった。この島台がたいそうお気に召したのであろう、その後九月二十一日、津軽信寿は「東ガワヘ三間ツヾキ　津軽ノ御隠居見物」（〇）、弘前藩の面々を引き連れて市村座に来場し、観劇した。

柳沢信鴻の日記には高位の大名が多く登場する。

安永三（一七七四）年四月十一日「窓下、剃髪の隠居、向ふ茶や三川やより、女中七八人召連かへる。月影にみれば、行装、秋元休絃に似たり。声も似たり。多七に問ふ、休絃来たりし由。（月に四五度中村へ来由）」。秋元休絃とは武蔵国川越藩藩主秋元凉朝《あきもとすけとも》[35]を指し、月に四、五回も中村座に通うほどの常連客だったというのだ。凉朝は老中田《た》沼意次《ぬまおきつぐ》の権勢に抗議し、明和元（一七六四）年に老中を辞任する。明和三（一七六六）年、平賀源内《ひらがげんない》を招いて奥秩父中津峡の鉱山開発を行うが、意次の介入を嫌ったことによって結局成功しなかったともいわれている。[36]

安永五（一七七六）年二月十一日「市村前より行。新道角にて、細川中務、中川内膳、溝口主膳、連行。待合

すれど込合ふゆへ、新道をぬけ、人形町より大門通りへかゝる」。ここには肥前国宇土藩藩主細川興文《ほそかわおきのり》、豊後国岡藩藩主中川久貞《なかがわひささだ》の次男で当時岡藩の嫡子だった中川久徳《なかがわひさのり》、越後国新発田藩藩主溝口直養《みぞぐちなおやす》らが列記されている。信鴻は彼らを市村座近くで見かけたが、混雑していたため横道に入ったというのである。細川興文[37]は茶道、俳諧、さらに詩歌にもすぐれたとされている。溝口直養は[38]山崎闇斎《やまざきあんさい》学派の好学だったが[39]、随筆『明和九年辰評』で「大名ののけ者」と批判され[40]、恋川春町《こいかわはるまち》の黄表紙『三幅対《さんぷくつい》紫《むらさき》曾我《そが》』（安永七（一七七八）年刊）では粋人のモデルとされている[41]。溝口直養は安永五（一七七六）年十一月十一日、市村座「姿花雪黒主《すがたのはなゆきのくろぬし》」においても信鴻に目撃されているので、頻繁に観劇していたのであろう。

信鴻の日記には、桟敷客として牧野、松前、松山、本堂、武田、鞍岡、松平石見、周防、大岡、佐々木、一柳など大名や旗本の名あるいは藩名が、さらに六本木、日比谷、浜松町など大名屋敷の所在地を示す地名が頻出する。大名らが多く来場していたのだろう。

信鴻は安永九（一七八〇）年十二月九日、「恋女房染分手綱《こいにょうぼうそめわけたづな》」上演中の森田座を訪れたが「表坐敷ハ牧野家中二十人計」いたため、別の座敷を利用した。さらに桟敷に移動すると「右隣ハ大名方の子息と見へ、左隣も大名方成べし」とあり、また「南内翠簾二へ佐々木、三へ汝章□」も来るという。汝章[42]とは松平容章《まつだいらかたあき》[43]、陸奥国会津藩藩主容貞《かたさだ》の弟で、信鴻の俳諧仲間でもあった。これに加えて奉行所の役人や与力らも来場したという。つまり、この日の森田座は、少なくとも桟敷席八間が武士で占められていたことになる。この頃、中村座と市村座は桟敷席が六十二間あったが、森田座は両座よりやや小さかった。少なくとも森田座の桟敷席の13%以上[44]を武士が使用したことになる。前節で考察した全劇場図における武士の割合12%ともほぼ一致している。

僧侶

二代目團十郎の日記をみてみよう。

享保十九（一七三四）年六月十一日（○）、三縁山増正寺《ぞうじょうじ》（現東京港区）僧正*45と連れの雲光院《うんこういん》*46が目黒の祐天寺《ゆうてんじ》を訪ねた。ふたりはその途次、二代目團十郎の別荘の隣にある明王院《みょうおういん》*47で休憩するが、その際、雲光院は密かに二代目團十郎を訪ね、会話をかわしたという。当時、二代目團十郎は市村座で座頭を勤めていたが、客足が伸びず、悩んでいた。市村座の座元八代目市村羽左衛門の贔屓だった雲光院はこのとき、二代目團十郎に近松門左衛門《ちかまつもんざえもん》作「持統天皇歌軍法《じとうてんのううたぐんぽう》」の上演を勧めたのだ。二代目團十郎は「予思フ名高キ寺持ノイラヌコトハ知テ居」（○）ながらも、「殊勝成事哉」としている。

一週間後の享保十九年六月十九日（○）、二代目團十郎は初代團十郎命日のため目黒の祐天寺に参詣する。このとき祐天寺の方丈祐海《ゆうかい》と会い、「碁盤忠信狂言」に感動したと伝えられた。この演目は元禄十一（一六九八）年、中村座顔見世興行「吉野《よしの》静《しずか》碁盤忠信《ごばんただのぶ》」を指しているのであろう。*48祐海は「兵五郎ハオカシガラセント思ハデ出テモ出ルトオカシキ　兵介ハオカシカラセウト思フテ出ル故オカシカラズ」（○）、道化役の西国兵五郎《さいこくひょうごろう》の演技は人を笑わせようとしないからおかしいが、西国兵介は笑わせようとするのでおもしろくないという。役者評判記『役者口三味線《やくしゃくちじゃみせん》』*49は兵五郎について「あながちおかしい事をいふてわらはさるゝ計にあらず」、また兵介について「此人同名兵五郎殿をにせられ」として、祐海の感想は当時の評判記と一致している。さらに二代目團十郎も「コナタモコワガラセウト思ハズ出ラレ候ヘトモ人是ヲヨク見ル」（○）と、祐海から演技について褒められた。また二代目團十郎は「説法ニ引カケ真実ノ物語感涙ス」（○）と、現実の話を取り入れた祐海の説法に非常に感動したという。

元文五（一七四〇）年三月二十一日「長慶院様御見物　西側七間つゝき夜に入大黒や十左衛門方へ御入　予と少長参る（中略）夫より帰り又三升を遣す　御隠居様四つ前に御立也」（●）。このとき、二代目團十郎は市村座「姿視隅田川《すがたみすみだがわ》」に元興寺赤右衛門（じつは粟津六郎）役で出演、「七ッ面」の場面が大当たりした。[50]「御隠居様」とはおそらく京都の大本山妙心寺《みょうしんじ》に属する長慶院《けいちょういん》の高僧で、[51]芝居茶屋大黒屋十左衛門を通して市村座西側の桟敷席七間を予約した。観劇後、芝居茶屋に移動すると、二代目團十郎や二代目中村七三郎らを呼んだ。二代目團十郎は挨拶を済ませると帰宅し、代わりに三代目團十郎を送った。その後、長慶院らは「四つ」（午後十時）まで宴をしたようだ。

享保十九年八月十九日（〇）、麻布一松山長伝寺《ちょうでんじ》の僧は二代目團十郎の母お戌や姪お犬とともに市村座「根源今川状」の三番目を観覧した。[52]九月十八日には「長伝寺　所化二人見物サセ帰ス」（〇）、若い僧侶二名を観劇に招待したという。さらに十月一日には長伝寺関係者が市村座に多数来場、二代目團十郎の楽屋へ柿籠ふたつを付け届けした。句を所望された二代目團十郎は早速「水仙ヤ衣通姫ノナガメ物　才牛」「ヨツヒイテ瓢箪細工アタリケリ　徳弁」「ビイドロヲフクベカモトヤ棚涼ミ　十町」「輝クヤビイドロカゴノ月日星　薪水」と、自身（才牛）と三代目團十郎（徳弁）・大谷広次（十町）・板東彦三郎《ばんどうひこさぶろう》（薪水）三人のものも代作し、四句を届けた。

信鴻の日記[53]にも僧侶が登場する。

安永七（一七七八）年十一月七日「今日、森田坐、成慶院より振舞につき、昨日より村井を猿屋へ遣し、今朝六半より行」。成慶院《けいせいいん》とは高野山成慶院の僧侶で、信鴻と懇ろだったようだ。[54]成慶院が森田座「伊達錦対弓取《だてにしきついゆみとり》」を観劇することを知った信鴻はその前日、芝居茶屋猿屋に家臣を遣わせ、桟敷席と芝居茶屋の座敷を確保した。

信鴻は通常、観劇当日に桟敷席を予約していた。当日の朝屋敷を出発し、途中茶屋などで休憩するときに、家臣を先に劇場に行かせて予約した。ところが、このときはわざわざ前日に予約したという。信鴻の成慶院を思えばこその行動であろう。

町人

先行研究においては、豊かな財産をもつ町人らが桟敷席のおもな観客とされてきた。ところが、二代目團十郎と信鴻の日記には町人の記述がさほど多くない。

元文五（一七四〇）年七月二十六日（●）、市村座「花橘《はなたちばな》栄《さかえ》源氏《げんじ》」に出演していた二代目團十郎のもとに、乗物町の名主善兵衛から桟敷席を手配してもらった礼として大鮑が届いた。

同元文五年閏七月十七日（●）、ある町人から芝居茶屋松本屋の桟敷席の手配を依頼されると、母お戌と相談してこれを承諾した。

享保十九年八月二十九日「東かは下二間暁雨子見ゆる」（▽）。この日、市村座では「根源今川状」が上演されていた。暁雨子とは、大口屋治兵衛《おおぐちやじへえ》のこと。治兵衛は浅草蔵前の札差で、当時の粋人通人を一堂に掲げた番付表「十八大通」[*55]の筆頭に掲載され、助六のモデルとされた人物である。

寛保元（一七四一）年八月二十七日（▽）、治兵衛が中村座「潤《うるおい》清和《せいわ》源氏《げんじ》」にも来場、楽屋を訪れ、沖井丈[*56]の依頼で画家英一蜂《はなぶさいっぽう》の絵に二代目團十郎と息子の句を求めた。英一蜂は、初代團十郎の追善書『父の恩』（二代目團十郎編、享保十五〔一七三〇〕年、『資料集成二世市川団十郎』所収）の挿絵画家。本書には治兵衛の句も収録されている。

二代目團十郎の日記には治兵衛との交流についての記録が七ヶ所にあるが、大部分は治兵衛が二代目團十郎に句を依頼するものである。二人とも俳諧に熱心であったのだろう。他にも治兵衛が二代目團十郎に三句依頼したり（元文五（一七四〇）年三月十五日▽）、二代目團十郎が治兵衛に頼まれた別の句を大坂の住吉大社に奉納したりした（寛保二（一七四二）年九月二十一日●）。延享元（一七四四）年十一月十八日には「夜暁雨丈ヨリ頼ノ絵賛ヲ書」（○）いた。このように二人は合作するなど、芝居茶屋の主人が仲介することなく、高位の武家や僧侶よりはるかに気楽に交流していたようだ。身分の隔たりがなかったからであろうか。

享保十九年五月十五日「十九日ハ習魚丈見物」（○）。習魚とはどのような人物か不明だが、八月二十五日「昼習魚丈へ石印ノコト頼ム」（○）とあることから、彫師ではなかろうか。九月三日「昼過頃習魚丈ヨリ石章来ル是出増田殿頼ノ印石也」（○）。増田殿とは小川町（現神田小川町）の医師増田寿得で、[*57]この人物が二代目團十郎をとおして習魚に石印の製作を依頼した。九月十二日「昼過頃習魚丈へ印石遣す　予か夜雨庵の石印　才牛の印也」（▽）、また十月十一日「習魚子　湖十　子ガ印名遣ス　升五郎ガ冨士ノ印　人形ノ印ノコトモ頼遣ス」（○）とあるように、二代目深川湖十、二代目團十郎、息子三代目團十郎が習魚に落款製作を依頼した。享保二十（一七三五）年三月朔日「今日西側下栈敷もらひ習魚父子へ見する」（●）、また四月九日「習魚丈父子栈敷もらい見する」（●）とあり、二代目團十郎はしばしば習魚を劇場に招待していた。

別の人物について見てみよう。

享保十九年八月二十七日「此日岩橋幸庵老へ年賀ノ発句遣ス（中略）此序ニ玄周老ノ石印頼遣ス」（○）。幸庵については未詳。二代目團十郎は幸庵に年賀の発句を送ると同時に石印を注文している。彼も石印の彫師だったのだろうか。九月二日にも「下栈敷モラヒ見スル」（○）、幸庵が市村座で観劇した。

元文五（一七四〇）年四月二十七日、二代目團十郎は市村座「豊歳永代蔵《ほうねんえいたいぐら》」に吉田魚川《よしだぎょせん》を招待した（▽）。魚川は彫師で、かつ享保十九年に吉原遊女らの句集『さくらかゝみ』を編集した俳人でもある。これら彫師は二代目團十郎と俳諧仲間であったのであろうか。

柳沢信鴻も町人についてはさほど触れていない。*58

安永三（一七七四）年八月二十四日、市村座「義経千本桜《よしつねせんぼんざくら》」を観劇した信鴻は、左隣の観客について「有徳の町人らしき者六、七人来。千本桜の上るりを不知、評判可抱腹」と記す。豊かな財産をもつ町人でありながら、本作の浄瑠璃を知らなかったと笑いものにした。さらに、安永十（一七八一）年九月一日の観劇の際には、隣にいた町人について「五、六人甚騒し」と愚痴を言っている。

同安永三（一七七四）年三月八日、市村座「花形見《はながたみ》風折《かざおり》烏帽子《えぼし》」では、信鴻の隣に市村座の金主仙台屋八平がいた。八平はこのとき七十歳、信鴻の日記には珍しく、その名前まで記載されていた。

安永五（一七七六）年二月十一日、市村座「助六所縁初桜《すけろくゆかりのはつざくら》」*59を観劇した信鴻は「蔵前の陰居（隠居）」を見た。安永九（一七八〇）年九月二十四日、中村座「忠臣名残蔵《ちゅうしんなごりのくら》」では、隣の桟敷席に「蔵前町人」がいたという。

以上のように、二代目團十郎、信鴻両人の日記から、武家、僧侶、町人らが歌舞伎劇場の桟敷席で観劇していたことがわかる。これらの身分の観客は、前節で検討したように第Ⅲ期（正徳四年～享保二十年）以降、劇場図からは徐々に姿を消していったが、実際には劇場に来場していたことがわかる。

上流の女性

続いて、二代目團十郎の日記に現れる上流の女性客についてみてみよう。

元文元（一七三六）年十二月十日、「土佐や太七夫婦取次にて去る御方様へ御のぞみにしたがひ奉り野句をさし上る　右は御小袖の模様也　御小袖の上に発句三句御裾模様に碁盤とこいしのよし」（△）。「御方様」は未詳。

公家の内室を指すが、江戸中期以降、公家以外でも身分の高い人物の妻に使われるようになった。ここでは敬語が用いられていることから、上流の女性なのであろう。また芝居茶屋土佐屋太七が仲介を勤めたことから、芝居茶屋をとおして桟敷席を予約し、このとき二代目團十郎が出演していた河原崎座「順風太平記《じゅんぷうたいへいき》」を観劇したのだろう。

このとき、「御方様」から句の依頼とともに碁盤模様[*60]の小袖が送られた。すると二代目團十郎は、囲碁をテーマに次の三句を詠んだ。

蓬萊や橘匂ふ初碁盤
さゝれ石の岩につほみや福寿草
白梅に黒駒いさむ野遊かな

享保十九(一七三四)年九月七日、「板倉トノ御隠居御老女」(〇)が市村座「根源今川状」を観劇した。板倉氏は譜代大名で徳川家に仕えたが、「御隠居御老女[*61]」については未詳。二代目團十郎は御老女からの手紙を受け取ると「升五郎満蔵遣ス　両人共拝領物有」、息子三代目團十郎と座元八代目市村羽左衛門の息子九代目羽左衛門を挨拶に行かせ、ふたりは差し入れを受け取った。

信鴻の日記に登場する上流の女性客は、多くの場合、信鴻の親戚である。

安永三(一七七四)年二月十九日、同七(一七七八)年三月七日、同年十一月七日、翌八(一七七九)年二月十五日、上野国高崎藩藩主松平輝高《まつだいらてるたか》の次女で、信鴻の長男であり大和郡山藩藩主の柳沢保光《まつだいらやすみつ》の正室お永[*62]が、大勢の女中を連れて観劇した。

安永四（一七七五）年九月二十一日、同六（一七七七）年十一月七日、同八（一七七九）年四月二十七日、「六本木」と記された人物が、母や大勢の女中、家臣らを連れて森田座や市村座を訪れる。この人物は、信鴻の姉で麻布六本木在住の相模国小田原藩藩主大久保《おおくぼ》忠興《ただおき》の正室お幸である。*[63]

安永八（一七七九）年十一月二十七日、信鴻の五男で、越後国三日市藩藩主柳沢《やなぎさわ》里之《さとゆき》の正室お武*[64]（父は武蔵岡部藩藩主阿部信允）が、里之とともに中村座「帰花英雄太平記《かえりばなえいゆうたいへいき》」を観劇した。お武は天明五（一七八五）年十一月八日にも家臣らを連れて中村座「雪矯竹振袖源氏《ゆきもつたけふりそでげんじ》」を観劇した。

越後国三日市藩藩主柳沢信著《やなぎさわのぶあき》の正室で信鴻の養子おちえ*[65]（実父は信鴻の弟信昌《のぶあき》、信著の没後出家し貞操院と名乗った）は安永九（一七八〇）年十一月七日中村座「着帰錦若皃」、天明三（一七八三）年四月二十三日森田座「鏡山故郷錦絵《かがみやまこきょうのにしきえ》」、同年九月三日市村座「傾城帷子辻」、天明六（一七八六）年九月朔日桐座「室町殿婦女文章」を観劇した。

信鴻はその他の大名や旗本の正室、側室、女中らについても記している。

安永四（一七七五）年十二月四日、「松山侯後室」が森田座「菊慈童酒宴岩屋《きくじどうしゆえんのいわや》」を観劇した。この人物は出羽国松山藩藩主酒井《さかい》忠休《ただよし》の後室であろう。

安永五（一七七六）年九月十六日、本堂氏奥方が森田座「桔梗染女卦《ききょうぞめおんなうらかた》」を観劇した。この人物は旗本本堂親房の正室か則室であろう。

安永七（一七七八）年十一月十一日、「日比谷牧野奥方」が市村座「開増梅勝鬨《さきますやうめのかちどき》」を、天明四（一七八四）年三月十八日森田座「おさん茂兵衛《もへえ》情水上《なさけのみなかみ》」を観劇した。この人物は越後国長岡藩藩主牧野《まきの》忠精《ただきよ》の正室か側室であろう。

安永八（一七七九）年八月七日、「安中侯奥」が森田座「夏祭浪花鑑《なつまつりなにわかがみ》」を観劇した。この人物は上野安中藩藩主板倉勝清《いたくらかつきよ》の正室であろう。勝清は延享四（一七四七）年八月二十五日、江戸城の奥の舞台および大奥御園の普請を担当した。


天明三（一七八三）年八月二十七日、中村座では「勝相撲団扇揚羽《かちずもううちわあげは》」が上演されていた。ここに「桟敷北隣御用屋敷比丘尼衆、多く来る」。また天明四（一七八四）年九月二日、新しい演目（未詳）を上演中の森田座の「表に御用館の来客」があった。この「御用屋敷比丘尼衆」「御用館」とは誰なのだろうか。お世継ぎを産んだ女性以外の側室は将軍の没後「御用屋敷比丘尼衆」と呼ばれ、「御用館」に移居した。[*66] ここに書かれた女性らは「御用屋敷比丘尼」であろう。第九代将軍徳川家重《とくがわいえしげ》の側室で、家重の次男重好《しげよし》の母安祥院《あんしょういん》の周辺の女性だろうか。

女中

女中について見てみよう。

江戸城や江戸の大名屋敷にはさまざまな位の女中が奉公し、上流の女性らを世話していた。地方の農民の娘や町人の娘も才能やチャンスがあれば女中になれたが、多くは身分の高い武家出身の者で、自身もまた女中を雇った。結婚を期に奉公を辞すもの、結婚後も務め続けるもの、また結婚せず、女中を続けるものなどさまざまだった。

享保二十（一七三五）年三月十七日、二代目團十郎は「見物の女中二十人計れき〳〵と見へて後架をかり用事と〻のふ」（●）と記す。女性客のため、劇場に臨時の便所を設置したというのである。

信鴻は日記九ヶ所で女中について記している。これまで歌舞伎劇場に来場するおもな女性客は女中とされてきた。しかし信鴻の日記では、そのうち八ヶ所は主人とともに来場している。基本的に、女中らは主人に連れられて来場したのだろうか。

安永三（一七七四）年二月十九日、柳沢保光の正室お永は女中を二十人ほど連れ、中村座「其衛《そのちどり》夜半《よわの》髪梳《かみすき》」を観劇した。安永六（一七七七）年十一月七日、大久保忠興の正室お幸は女中十五人を連れ、市村座「夫婦《みようと》酒《ざけ》替《かわら》ぬなかなか」を観劇した。

女中のみで観劇した唯一の記録は安永三年十月六日で、「終日さわぎ甚不行儀也」とある。主人がおらず、女中らはかなり自由に振るまったようだが、観劇の目的は別のところにあったようである。

江戸城の大奥では年数回、歌舞伎、能、人形浄瑠璃、三味線など女中らが出演する興行が上演された。[*67] これらの興行を準備し、演出を担当する専業の女中は「お狂言師」と呼ばれた。

信鴻の屋敷でも歌舞伎が上演されており、[*68] 他の藩の江戸屋敷でも女中らによる歌舞伎興行が行われていたのだろう。これらの興行は舞台設備や衣装も本格的で、その準備のため、着付、鬘、大道具、小道具などを揃えた。こうした興行の参考にするため、女中らは歌舞伎劇場を訪れることもあったのではないか。

明治期の絵師楊洲《ようしゆう》周延《ちかのぶ》による「千代田之大奥」[*69] 収録の版画「初午」には「大津絵《おおつえ》道成寺《どうじようじ》」を演じる女中らが描かれており、大奥での歌舞伎上演は江戸後期まで続けられたであろう。

＊　＊　＊

劇場図を分析した結果、江戸歌舞伎劇場の観客は三割が桟敷席で、七割が土間席で観劇し、桟敷席の男女比は半々、土間席は男性75％女性25％、歌舞伎劇場全体としては、男性68％女性32％であることがわかった。

また、劇場図では時代を追うごとに一般客が増加するが、それは身分を示す属性が描かれなかっただけで、二代目團十郎と信鴻両者の日記から身分の高い観客が歌舞伎劇場を訪れていたことがわかった。江戸歌舞伎劇場は享保の改革で奨励された身分の分限が破れ、身分を超えてさまざまな人々が集まる場となっていたのである。

表6　江戸の劇場図

	作品名	成立	作者	所蔵・出典	劇場、演目
第Ⅰ期	江戸名所図屏風	寛永期		出光美術館	神田明神、勧進能「賀茂」、木挽町、女歌舞伎二舞台、浄瑠璃、軽業
	江戸名所記	寛文2年		国立国会図書館	説経天満八太夫座、演目「おぐり」、天下一大さつま、上るり「たかたち」、勘三郎太夫（茶屋あろびか）
第Ⅱ期	中村座舞台図屏風	延宝2、3年		ボストン美術館（11.4623）	中村座
	江戸雀	延宝5年	菱川師宣	国立国会図書館	中村座「さるわかつくし」、市村座「今川忍ひ車」
	古今役者物語	延宝6年	菱川師宣	霞亭文庫	中村座「武士四天王物三番続」
	中村座芝居興行図巻	貞享2年以降		太田記念美術館	中村座「和国花車（二字未詳）」、「霜夜の物かたり狂言」、「太平大おどり　惣役者　不残」、「公平六条かよひ　三番続」
	故郷帰乃江戸咄	貞享4年	菱川師宣か	国立国会図書館	中村座「さるわか勘三郎」
	北楼及び演劇図巻	貞享元禄期	菱川師宣	東京国立博物館（A-59）	市村座「風流和田酒盛」、中村座、「二人さるわか」
	中村座図屏風	貞享元禄期	菱川師宣	ボストン美術館（79.468）	中村座「四季大おとり」
	正月揃	貞享5年正月	北条団水		中村座正月興行
	上野花見歌舞伎図屏風	元禄3～6年か	菱川師宣	サントリー美術館	中村座「武蔵国角田川」
	歌舞伎図（中村座内外図）屏風	元禄年間	菱川師宣	東京国立博物館（A-11084）	中村座、大おどり、万歳など
	江戸風俗図屏風	元禄期末、宝永期か		出光美術館	中村座、猿若、風流踊り、丹前
	歌舞伎図屏風	元禄期		出光美術館	中村座か、女形踊り

関東名残の袂	宝永5年	奥村政信	国立国会図書館	中村座
芝居風俗巻	宝永正徳期か	宮川長春	Freer Gallery of Art（F1975.24）	中村座、人形浄瑠璃（「酒呑童子」か）
第 III 期				
中村座芝居図屏風	享保16年正月上演図		出光美術館	中村座「傾城福引名護屋」
市村座場内図屏風	享保18年正月上演図		早稲田大学演劇博物館（05796）	市村座「栄分身曾我」
第 IV 期				
市村座場内図	元文4年		『歌舞伎図説』	市村座「暫」
中村座図	延享元年	奥村政信	大英博物館（1908,0616,0.155）	中村座「百千鳥娘道明寺」
中村座図	延享2年	奥村政信	大英博物館（1910,0614,0.2）	中村座「矢の根五郎」
仮名手本忠臣蔵	寛延2年5月		神戸市立博物館	市村座「仮名手本忠臣蔵」
中村座仮名手本忠臣蔵	寛延2年6月	西村重長	神戸市立博物館	中村座「仮名手本忠臣蔵」
大芝居狂言浮絵図	宝暦7年2月	鳥居清広	早稲田大学演劇博物館（201-3704）	市村座「染手綱初午曾我」
百夜草鎌倉往来	宝暦13年	鳥居清経	神戸市立博物館	中村座「百夜草鎌倉往来」
仮名手本忠臣蔵	明和2年	鳥居清経	早稲田大学演劇博物館（118-0013）	中村座「仮名手本忠臣蔵」
絵本三家栄種	明和8年	北尾重政	国立国会図書館	市村座
第 V 期				
歌舞伎芝居図	天明8年	初代歌川豊春	太田記念美術館	中村座
歌舞伎芝居図	天明8年	初代歌川豊春	神戸市立博物館	市村座
歌舞伎芝居図	天明8年	初代歌川豊春	ボストン美術館	河原崎座「御曳花愛敬曾我」
御曳花愛敬曾我	寛政6年正月	初代歌川豊国	早稲田大学演劇博物館（118-0090）	市村座「歳男徳曾我」
歳男徳曾我	享和3年3月	初代歌川豊国	早稲田大学演劇博物館（118-0004）	中村座「曾我対面」
中村座内外の図	文化14年正月	初代歌川豊国	国立国会図書館	河原崎座「禮獅嗣扈物」
芝居大繁昌図	文化14年正月	初代歌川豊国	国立劇場（09142）	

表7　二代目團十郎の日記　観客一覧

月日（記録）	客	女	男	人物について	劇場名	演目
享保19（一七三四）年						
正月元日	母	○		二代目團十郎の母（お戌）	市村座	翁渡し
5月15日	素丸		○	溝口素丸、（吉田十太夫）長谷川馬光門人（正徳3年～寛政7年）	市村座	八棟菖源氏
5月15日	習魚		○	印刻師か、八十歳に近い	市村座	八棟菖源氏
5月15日	前川玄智老		○	医者か、八十歳余り	市村座	八棟菖源氏
7月26日	母、二代目團十郎	○	○		中村座	十八公時勢曾我か

8月19日	母、文声、於犬、長伝寺	○	○	二代目團十郎の母、手代（文声）、姪と麻布一松山長伝寺の僧侶	市村座	根源今川状、三番目初日
8月20日	惣十郎		○	初代沢村宗十郎	市村座	根源今川状、三番目
8月29日	湖萍		○	初代深川湖十	市村座	根源今川状、三番目
8月29日	暁雨		○	大口屋次兵衛。三升屋二三治の『十八大通』「御蔵前助六之事」で助六のモデルとされる。『栢莚連句集』『父の恩』に句が多数掲載	市村座	根源今川状、三番目
9月2日	岩橋幸庵老		○	八十歳、医者か書道師か（『写本家伝方記』享保14年写、泰成堂書店蔵）	市村座	根源今川状、三番目
9月7日	松平近江様		○	松平主膳信成（未詳～元文2年）	市村座	根源今川状、三番目
9月7日	板倉ノ隠居様御老女	○			市村座	根源今川状、三番目
9月8日	太夫聞番		○	留守居、また諸家の情報収集係	市村座	根源今川状、三番目
9月18日	長伝寺、所化二人		○		市村座	根源今川状、三番目
9月21日	母、叔母御、於犬、シゲ	○			辰松座	日蓮記ノアヤツリ
9月21日	津軽ノ御隠居		○	津軽信寿（寛文9年～延享3年）	市村座	根源今川状、三番目
9月23日	母	○			市村座	根源今川状、三番目
9月27日	新堀勘五郎・同又七		○	船頭		
9月30日	五山		○	僧侶か	市村座	根源今川状、三番目（新）
9月30日	人参座鈴木平兵衛		○	薬用人参専売の特権を与えられた商売人	市村座	根源今川状、三番目（新）
10月朔日	長伝寺出家客		○		市村座	根源今川状、三番目（新）
10月12日	三田玄道父子		○	目黒出身	市村座	根源今川状、三番目（新）
享保20（一七三五）年						
正月16日	團十郎、翠扇、お犬	○	○	二代目團十郎、妻、姪	中村座	名山累曾我
正月17日	松浦の御隠居		○	平戸藩藩主松浦篤信（貞享元年～宝暦6年）	市村座	振分髪初買曾我
2月12日	長水子、逸志、常仙		○	俳諧点者、長水子＝佐久間柳居（貞享3年～延享5年）、笠家逸志（延宝3年～延享4年）、志村常仙（延宝4年～未詳）	市村座	振分髪初買曾我
3月1日	習魚父子		○	彫師か	市村座	振分髪初買曾我
3月4日	闇磯殿孫殿弁太郎		○	未詳	市村座	振分髪初買曾我
3月16日	畠山様の御隠居		○	畠山義寧（寛文4年～延享3年）高家旗本	市村座	振分髪初買曾我
3月17日	女中二十人	○			市村座	振分髪初買曾我
3月17日	近木権右衛門殿		○	未詳	市村座	振分髪初買曾我
3月27日	長伝寺		○		市村座	振分髪初買曾我
閏3月26日	母	○			河原崎座	漁船霊験入間川
閏3月26日	何江袋	○		八代目市村羽左衛門の母	河原崎座	漁船霊験入間川
閏3月26日	二代目團十郎		○		河原崎座	漁船霊験入間川
4月9日	習魚父子		○	掘師か	市村座	振分髪初買曾我

4月13日	祐達和尚		○		市村座	振分髪初買曾我
4月22日	徳弁、さき之助、太七、長四郎		○	三代目團十郎、豊松崎之助、土佐屋太七（芝居茶屋）、木戸頭役の長四郎	河原崎座	漁船霊験入間川
元文元（一七三六）年						
12月10日	御方様	○			河原崎座	順風太平記
元文5（一七四〇）年						
正月24日	喬谷		○	苗字は指田、元文元年刊『名月帖』を編集	市村座	豊年永代蔵
正月28日	指田喬谷父子		○		市村座	豊年永代蔵
3月21日	慶長院様		○	京都の大本山妙心寺中の寺	市村座	姿視隅田川
4月27日	吉田魚川		○	彫り師、俳人、享保19年、吉原遊女の句集『さくらかゝみ』を編纂	市村座	姿視隅田川
4月27日	岩橋武老		○	岩橋幸庵老か	市村座	姿視隅田川
6月3日	二代目團十郎		○		中村座	三国伝来記
6月4日	二代目團十郎		○		市村座	阿弥陀池妹背鏡
7月26日	乗物丁名主善兵衛		○		市村座	阿弥陀池妹背鏡
閏7月17日	湖十		○	二代目深川湖十（未詳～延享3年）	市村座	阿弥陀池妹背鏡
閏7月17日	松本や庄右衛門		○		市村座	阿弥陀池妹背鏡
11月1日	笠翁		○	小川破笠（寛文3年～延享4年）	中村座	宮柱太平記
寛保元（一七四一）年						
4月17日	母、嫁、娘	○			市村座	躍鐘入曾我
8月25日	母	○			中村座	潤清和源氏
寛保2（一七四二）年						
5月20日	菖蒲太夫		○	二代目芳沢あやめ	佐渡島座	雷神不動北山桜
5月25日	榊山四郎太郎		○	（元禄10年～明和5年）、号仙声	佐渡島座	雷神不動北山桜
7月19日	悦	○			佐渡島座	星合栄景清
7月21日	堺屋のおはや	○			佐渡島座	星合栄景清
延享4（一七四七）年						
11月10日	丸山権太左衛門、母、女性	○	○	権太左衛門（正徳3年～寛延2年）、力士	中村座	伊豆軍勢相撲鑑

表8 『宴遊日記別録』観客一覧

花咲一男『柳沢信鴻日記覚え書』(三樹書房、一九九一年、以下「覚え書」)、『寛政重修諸家譜』(続群書類従完成会、一九六四年、以下『諸家譜』)

年月日	客	女	男	人物について	劇場名	演目
安永2(一七七三)年						
11月13日	一向宗法師、夫婦	○	○	法師五十歳、妻四十歳	森田座	女主初雪世界
11月13日	芸者二人	○			森田座	女主初雪世界
11月13日	諸侯奥方	○		綿帽子、しのびの体	森田座	女主初雪世界
11月26日	絶気の女	○			中村座	御贔屓勧進帳
安永3(一七七四)年						
2月15日	旗本家内	○			森田座	着初初買曾我
2月19日	お永、婢二十人	○		お永は郡山藩三代藩主甲斐守保光の正室で、幕府老中も務めた上州高崎・松平(大河内)右京大夫侍従輝高の娘。(「覚え書」、『諸家譜』)	中村座	其衛夜半髪梳
2月19日	未詳					
3月8日	仙台屋平八		○	市村座の金主、七十余の老人	市村座	花形見風折烏調子、路考一周忌追善「道成寺」初日
3月8日	隠居めきたるもの		○		市村座	花形見風折烏調子、路考一周忌追善「道成寺」初日
4月11日	剃髪の隠居、女中七八人	○	○	秋元涼朝(享保2年~安永4年)。大名、老中、武蔵国川越藩主、のち出羽国山形藩主(『諸家譜』)	中村座か	
8月24日	有徳の町人らしき物六、七人		○	千本桜の上るりを不知、評判可抱腹	市村座	義経千本桜
8月24日	芸者らしき者	○		桟敷にて衣を着かへなどする。甚高慢	市村座	義経千本桜
10月6日	女中(か)五人	○			森田座	姿花黒船頭巾
11月24日	哥川、勘左衛門、音八、此蔵、重八、中五郎、紋三郎		○	歌舞伎役者衆	中村座	顔見天岩戸
安永4(一七七五)年						
2月8日	婦女多く	○			市村座	栄曾我神楽太鼓
2月19日	喜多野和泉(水)		○	四つ過松(約三十二字不明)、市川勝三郎、跡より芳沢造酒蔵、さの川岑松、たいこ持一人、林蔵といふ太夫来る	中村座	色模様青柳曾我
3月23日	未詳				市村座	
3月30日	峯、母	○		信鴻の妾か(「覚え書」)	中村座	
3月30日	昌庵		○	昌庵、今朝呼にやり、四半前来	中村座	
3月30日	金井筒や			金井筒屋半九郎(金井三笑、享保16年~寛政9年)	中村座	
5月19日	松前		○	割り注「隠居対馬」	中村座	関取二代勝負附
9月11日	盗人				中村座	出世太平記

9月21日	新堀、六本木、母公	○	○	麻布六本木在住の信鴻の同腹の姉で相模小田原・大久保加賀守忠興の正室お幸。母は森氏、柳沢吉里の側室。（「覚え書」、『諸家譜』）	森田座	傾城月之都
9月21日	友菴		○	跡より友菴来		
11月6日	岡田□助		○		中村座	花相撲源氏贔屓
11月21日	十四、五人		○		森田座	菊士童酒宴岩
11月21日	婦人	○			森田座	菊士童酒宴岩
12月4日	松山侯後室	○		出羽松山藩藩主酒井忠休の後室か（『諸家譜』、『三百藩藩主人名事典』新人物往来社、一九八六年）	森田座	顔見せ
12月4日	出家、子供		○	右隣、出家児を連来	森田座	顔見せ
安永5（一七七六）年						
2月11日	鄽客				中村座	
2月11日	八丁堀の与力		○		中村座	
2月11日	未詳				中村座	
2月11日	細川中務、中川内膳、溝口主膳		○	細川中務少輔興文（享保8年～天明5年）、肥後宇土藩藩主主細川家五代。中川内膳正久徳（延享2年～文化8年）、豊後岡藩の世嗣であるが、不行跡のため天明3年に廃嫡。溝口直養（元文元年～寛政9年）、越後新発田藩藩主溝口家八代	市村座	
2月11日	蔵前の隠居		○		市村座	助六
2月20日	八丁堀役人今泉角兵衛門		○		市村座	冠辞曾我所縁（恋娘昔八丈）
2月20日	旗本の母、女多く	○			市村座	冠辞曾我所縁（恋娘昔八丈）
2月20日	武士		○		市村座	冠辞曾我所縁（恋娘昔八丈）
2月20日	大時昌従也		○	「甲斐殿」の医者	市村座	冠辞曾我所縁（恋娘昔八丈）
4月朔日	怪敷者		○		市村座	
9月13日	未詳				市村座	楓錦亀山通
9月16日	本堂氏奥方	○			森田座	桔梗染女占
9月16日	菊次妹虎供	○			森田座	桔梗染女占
11月7日	純右衛門		○		森田座	引連矢声太平記
11月7日	鞍岡		○		森田座	引連矢声太平記
11月11日	啜龍		○	武田信明（宝暦3年～天明8年）、高家旗本。柳沢信鴻の三男（「覚え書」、『諸家譜』）	市村座	姿花雪黒主
11月11日	溝口		○	溝口直養（安永5年2月11日記録参照）	市村座	姿花雪黒主
11月20日	湯島伊勢や母・子	○			中村座	咲此花顔見
11月20日	徳次		○		中村座	咲此花顔見
11月20日	未詳				中村座	咲此花顔見

11月20日	米社		○	六角広籌、大和郡山藩主柳沢信鴻の四男越後三日市藩主柳沢里之（「覚え書」、『諸家譜』）	中村座	咲此花顔見
安永6（一七七七）年						
2月26日	森元の高津、連女四・五人、山田主税	○	○		市村座	尽せぬ春羽衣曾我
4月21日	妙三家内	○			森田座	義経千本桜
4月21日	伊勢屋四郎兵衛女三人	○			森田座	義経千本桜
9月14日	未詳				市村座	忠臣蔵
11月7日	一兵衛夫婦、たか	○			市村座	夫婦酒替奴中仲
11月7日	六本木、御供女中十四、五人、深井	○		安永4年9月21日参照	市村座	夫婦酒替奴中仲
11月15日	米叔		○	俳人か	中村座	将門冠初雪
11月15日	佐内、遊佐		○		中村座	将門冠初雪
11月15日	町人客		○		中村座	将門冠初雪
安永7（一七七八）年						
3月7日	お永	○		安永3年2月19日参照	中村座	
4月25日	常仙		○		中村座	
4月25日	佐藤永務		○		中村座	
4月25日	未詳				中村座	
4月27日	六本木、工藤、せい、お幸	○	○	安永4年9月21日参照	市村座	
8月12日	市衛門、妻	○	○		中村座	伊達競阿国戯場
8月12日	未詳				中村座	伊達競阿国戯場
9月3日	町人		○		市村座	恋女房染分手綱
9月3日	未詳				市村座	恋女房染分手綱
9月14日	米社		○	安永5年11月20日参照	中村座	
11月7日	成慶院		○	高野山成慶院の高僧（「覚え書」）	森田座	伊達錦対弓取
11月11日	日比谷牧野奥方、女中十人	○		越後長岡藩藩主牧野忠精の正室満勢姫か側室菅浦か（『諸家譜』）	市村座	咲増や梅勝閧
11月11日	銀主		○	七十前後の隠居らしき者	市村座	咲増や梅勝閧
11月11日	町家男□□□		○		市村座	咲増や梅勝閧
11月15日	男		○		中村座	本見雪栄鉢木
11月15日	女（多数）	○			中村座	
安永8（一七七九）年						
正月22日	米社		○	安永5年11月20日参照	森田座	江戸名所所縁曾我
正月22日	男二、三人		○	四十前後の男	森田座	江戸名所所縁曾我
正月22日	葺屋町芝居者五、六人		○		森田座	江戸名所所縁曾我
2月15日	お永	○		安永3年2月19日参照	中村座	

2月20日	万屋息子		○	万屋は堺町・葺屋町の芝居茶屋か	森田座	
8月7日	安中侯奥	○		安中藩藩主板倉勝清の正室か（『諸家譜』）	森田座	夏祭浪花鑑
9月12日	誠、子供、母	○			中村座	敵討仇名かしく
9月23日	いさ、子供三人	○			森田座	仮名手本忠臣蔵
11月12日	侍四、五人、女十人	○	○		市村座	吾嬬森栄楠
11月23日	松本侯		○	松本藩藩主の関係者か（『諸家譜』）	森田座	哥競当世模様
11月27日	米社・妻	○	○	安永5年11月20日参照、米社は信鴻の五男、正室は武蔵岡部藩藩主阿部信允の娘お武（母は有馬左衛門佐真純の娘）（「覚え書」、『諸家譜』）	中村座	帰花英雄太平記
安永9（一七八〇）年						
4月4日	鞍岡女そよ	○			森田座	菅原伝授手習鑑
9月19日	丸山の幸夫婦連	○			市村座	兼聞浄瑠璃坂
9月19日	牧野浜町隠居		○		市村座	兼聞浄瑠璃坂
9月19日	松平石見侍四、五人、老尼、婦人等	○	○	三河奥殿藩の第三代藩主松平乗穏の侍か（『諸家譜』）	市村座	兼聞浄瑠璃坂
9月24日	麾下衆らしき奥	○	○	旗本の正室か	中村座	忠臣名残蔵
9月24日	蔵前町人		○	蔵前の札差か	中村座	忠臣名残蔵
11月7日	松悦		○	医者相原松悦（「覚え書」）	中村座	着帰錦若貞
11月7日	御城の誰か、仲間六人		○		中村座	着帰錦若貞
11月7日	貞□□と見し七、八人来る	○		貞操院か。貞操院は信鴻の養子おちえ、越後三日市藩主柳沢信著没後出家。実父は信鴻の弟信昌（「覚え書」、『諸家譜』）	中村座	着帰錦若貞
11月7日	中町のもの七、八人		○		中村座	着帰錦若貞
11月11日	松悦		○	安永9年11月7日参照	森田座	時栄御江戸初雪
11月11日	□□と婦人四、五人	○			森田座	時栄御江戸初雪
11月27日	松悦		○	安永9年11月7日参照	市村座	群高松雪白旗
11月27日	伊藤隠居所の婦人連中、侍四、五人	○	○		中村座	着帰錦若貞
11月27日	松平		○		市村座	群高松雪白旗
12月9日	松悦		○	安永9年11月7日参照	森田座	恋女房染分手綱
12月9日	牧野家中二十人		○		森田座	恋女房染分手綱
12月9日	大名の息子		○		森田座	恋女房染分手綱
12月9日	大名方		○		森田座	恋女房染分手綱
12月9日	佐々木		○		森田座	恋女房染分手綱
12月9日	汝章		○	松平容章、会津藩主容貞の弟	森田座	恋女房染分手綱
12月9日	役人二人		○		森田座	恋女房染分手綱
12月9日	与力数人		○		森田座	恋女房染分手綱
12月9日	田村屋半次郎、市、堺町下方数人	○	○		森田座	恋女房染分手綱

12月11日	周防家中		○		森田座	恋女房染分手綱
12月11日	諸家の公子		○	十五、六歳前髪の男四、五人	森田座	恋女房染分手綱
12月11日	お伝	○			森田座	恋女房染分手綱
安永10（一七八一）年						
4月8日	松悦		○	安永9年11月7日参照	中村座	廓通小町曾我
閏5月25日	深川辺の亭主		○		中村座	恋女房染分手綱
9月朔日	松悦		○	安永9年11月7日参照	中村座	信田長者柱
9月朔日	武士客七、八人		○		中村座	信田長者柱
9月朔日	町人五、六人		○		中村座	信田長者柱
9月朔日	後家、下女二人女児	○		四十歳の後家、下女二人と女児		
11月20日	松悦		○	安永9年11月7日参照	中村座	四天王宿直着綿
11月20日	しゅん、御城仲間三人	○			中村座	四天王宿直着綿
天明2（一七八二）年						
3月17日	松悦		○	安永9年11月7日参照	中村座	七種粧曾我
4月7日	松悦		○	安永9年11月7日参照	市村座	紅粉□□亀山染
4月7日	隠居した旗本		○	右隣桟敷旗本かたの隠居と見へ、七十歳過ぎ（岱翁の如し）	市村座	紅粉□□亀山染
9月2日	松悦		○	安永9年11月7日参照	中村座	伊達染仕形講釈
9月2日	深川者		○		中村座	伊達染仕形講釈
9月2日	未詳			「右又隣へ松助」	中村座	伊達染仕形講釈
11月16日	松悦		○	安永9年11月7日参照	中村座	五代源氏貢振袖
11月16日	旗本		○		中村座	五代源氏貢振袖
11月16日	草履取		○		中村座	五代源氏貢振袖
11月20日	米社、松悦		○	安永5年11月20日、安永9年11月7日参照	市村座	伊達平氏栄花暦
11月20日	侍客四、五人		○		市村座	伊達平氏栄花暦
11月20日	町人男女あまた	○	○		市村座	伊達平氏栄花暦
天明3（一七八三）年						
3月23日	女二、三人、男二人	○	○		市村座	寿万歳曾我
4月23日	貞操院	○		安永9年11月7日参照	森田座	鏡山故郷錦絵
8月27日	御用屋敷比丘尼衆	○		御用屋敷は将軍没後、世継ぎを出産した女性以外の側室が比丘尼として暮らした屋敷。西ヶ原牡丹園の近くにあった（「覚え書」、『旧事諮問録』）	中村座	勝相撲団扇揚羽
8月27日	春日町森田屋母妹女	○			中村座	勝相撲団扇揚羽
9月3日	貞操院	○		安永9年11月7日参照	市村座	傾城帷子辻
9月3日	一柳□□婦人多く	○	○	一柳とは一柳末栄（享保10年～寛政11年）。播磨小野藩の第五代藩主か、あるいはその息子末英か		

天明4（一七八四）年						
3月18日	牧野氏婢等老女	○			森田座	おさん茂兵衛情水上
8月12日	大岡木羽隠居、佐々木、日向		○		森田座	恋女房染分手綱
8月27日	松悦、息子の岩之助		○	安永9年11月7日参照	中村座	仮名手本忠臣蔵
9月2日	石河、後藤（庄□）、矢沢（新吾）、清水（十蔵）		○		森田座	恋女房ぬき、新狂言
9月2日	御用館の客	○		天明3年8月27日参照	森田座	恋女房ぬき、新狂言
11月11日	未詳				森田座	桜髪天女嫁
11月15日	松悦		○	安永9年11月7日参照	中村座	大商蛭小島
11月15日	孔阜大勢				中村座	大商蛭小島
11月28日	松悦		○	安永9年11月7日参照	桐座	十二一重小町桜と積恋雪関戸
11月28日	秋津隠侯息女、女七、八人	○			桐座	十二一重小町桜と積恋雪関戸
11月28日	柘値滝衛門幼息、七、八人		○		桐座	十二一重小町桜と積恋雪関戸
11月28日	河竹庄蔵		○		桐座	十二一重小町桜と積恋雪関戸
11月28日	侍		○		桐座	十二一重小町桜と積恋雪関戸
天明5（一七八六）年						
11月8日	お武、牧野、宮城、駒、侍二、三人	○	○	安永8年11月27日参照	中村座	雪持竹振袖源氏
11月8日	お蝶	○			中村座	雪持竹振袖源氏
天明6（一七八七）年						
4月15日	留主居十七人		○		森田座	花御江戸恵曾我
4月15日	町の若者頭		○		森田座	花御江戸恵曾我
4月15日	哥仙・珠来・沾山、沾仙、米叔		○	俳人か	森田座	花御江戸恵曾我
8月26日	珠来		○	俳人か	森田座	御国入奴此下
9月朔日	貞操尼、口子、浅子、秀子、吉子、園子、武子、りき子、石子、久米子、琴路	○		安永9年11月7日参照	桐座	室町殿婦女文章
11月15日	武士三人		○		中村座	雲井花芳野若武者
天明8（一七八八）年						
11月26日	旗本方男女数人	○	○		市村座	源氏再興金橋
11月26日	園枝・家橋・三朝		○		市村座	源氏再興金橋

注

＊1　森修著「近松の観客と読者」（『近松門左衛門』三一書房、一九五九年）、守屋毅著「『芝居』という空間」（『元禄文化』講談社、二〇一一年）、西岡直樹著「元禄後―享保期大坂における芝居観客層について」（「人文学」一四一号、同志社大学人文学会、一九八五年）、西岡直樹著「元禄後期～享保期役者評判記における『下の見物』について」（「文化史学」四一号、文化史学会、一九八五年一一月）、西岡直樹著「元禄後期～享保期役者評判記における〈上の見物〉について」（「人文学」一四七号、同志社大学人文学会、一九八九年三月）、服部幸雄著「江戸歌舞伎の観客」（『江戸歌舞伎論』法政大学出版局、一九八〇年）、服部幸雄著「江戸の芝居見物」（『歌舞伎の原郷』吉川弘文館、二〇〇七年）、神楽岡幼子著『歌舞伎文化の享受と展開』（八木書店、二〇〇二年）

＊2　森修著『近松門左衛門』（三一書房、一九五九年）

＊3　服部幸雄著『江戸歌舞伎論』（法政大学出版局、一九八〇年収録）、同『歌舞伎の原郷』（吉川弘文館、二〇〇七年）。

＊4　森修著『近松門左衛門』（三一書房、一九五九年）

＊5　河合真澄著「役者評判記の挿絵」（「国語と国文学」第九十二巻第九号、二〇一五年）。ここでは役者評判記の挿絵が舞台の場面を克明に表現しているとする。

＊6　服部幸雄著『江戸歌舞伎論』（法政大学出版局、一九八〇年）

＊7　「江戸名所図屏風」（明暦三〔一六五七〕年、出光美術館蔵）。「江戸名所図屏風」の依頼主は、家紋や向井邸が中心に描かれていることから、徳川水軍の中心的人物向井将監忠勝（天正十〔一五八二〕年～寛永十八〔一六四一〕年）の嫡子向井五郎左衛門正俊とする。正俊は若くして徳川家光の逆鱗に触れ廃嫡。慶安元（一六四八）年まで二十年間、幕府から役が与えられず、向井邸に住み、暇に明かして木挽町や元吉原に遊んだ（黒田日出男著『江戸名所図屏風を読む』KADOKAWA、二〇一四年）。

＊8　黒田日出男著『江戸名所図屏風を読む』（KADOKAWA、二〇一四年）

＊9　黒田日出男著『江戸名所図屏風を読む』（KADOKAWA、二〇一四年）

＊10　浅井了意著『江戸名所記』（寛文二〔一六六二〕年、国立国会図書館蔵）。本挿絵の作者は不明。著者浅井了意は江戸初期の仮名草紙の作者。ここに描かれるのは中村座だが、舞台上には女歌舞伎同様、能で使用される楽器しかなく、上演作品は「茶屋

遊び」か。中村座は寛永元（一六二四）年に旗揚げ、五年後に女歌舞伎が禁止された。慶安四（一六五一）年に堺町に移転しているため、記述は不正確。

＊11　関山直太郎著『近世日本の人口構造』（吉川弘文館、一九六九年）

＊12　作者未詳「中村座舞台図屏風」（延宝二、三〔一六七四、七五〕年、ボストン美術館蔵〔Photograph © [2019/2/28] Museum of Fine Arts, Boston.〕）「江戸芝居図屏風」ともいう。

＊13　林述斎原編『寛政重修諸家譜』（続群書類従完成会、一九六四年〜二〇一二年）朝倉三十郎重宣（元和元〔一六一五〕年〜延宝四〔一六七六〕年）、あるいは朝倉主膳景宣（寛永一八〔一六四〇〕年〜元禄元〔一六八八〕年）と関連する女性か。

＊14　作者不明「江戸風俗図屏風」（元禄宝永期、出光美術館蔵）

＊15　この作品は「江戸名所図屏風」（＊7）同様、船遊び、船上での手持ち花火、浜辺の盆踊りの様子が描かれている。屋形船の幕に「左三つ巴」が描かれている。依頼主は「左三つ巴」を利用する西園寺家、宇都宮氏、城井氏、小早川氏、蒲池氏、岡部氏、長沼氏のいずれかか。

＊16　作者不明「歌舞伎図屏風」（元禄期か、出光美術館蔵）

＊17　本作は元禄期作とされるが、舞台の引き幕や登場人物の衣装、土間席の混雑ぶりから享保期以降の作品であろう。桟敷席で豊かな町人の一家が観劇することから、この屏風の依頼主は豊かな町人か。

＊18　菱川師宣画「上野花見歌舞伎図屏風」（元禄三〔一六九〇〕年頃、サントリー美術館蔵、同館編『歌舞伎』二〇一三年所収）

＊19　本書では菱川師宣本人作とその門人作を区別せず、すべて「菱川師宣風」と記述する。

＊20　近行遠通著『江戸雀』（延宝五〔一六七七〕年）。江戸で初めて刊行された案内書。

＊21　菱川師宣著『古今役者物語』（延宝六〔一六七八〕年）。『江戸雀』の翌年刊行。芝居絵本とされることもあるが、堺町、葺屋町の様子が細やかに描かれており、ここでは案内書とする。

＊22　『故郷帰乃江戸咄』（貞享四〔一六八七〕年）。著者は不明。名所の由来に関わる伝説として雷神や龍、鳳凰、漢時代の仙人や在原業平、源義経の情婦静御前らの要素も盛り込まれている。元禄八年刊の補訂版もある。

＊23　北条団水著『正月揃』（貞享五〔一六八八〕年）。正月の行事に関する挿絵二十八枚に九十四名が描かれ、男性は七十二名（77％）。

*24 忍岡やつかれ著『関東名残の袂』（宝永五（一七〇八）年、国立国会図書館蔵）。著者については未詳。挿絵は奥村政信画。政信は版元や絵草紙問屋奥村屋としても活躍。

*25 奥村政信画「中村座芝居図屛風」（享保十六（一七三一）年、出光美術館蔵）。師宣風の画風。「海老屋さしき」として記された桟敷には「桐花」と思わせる家紋の一部が見られる（152ページ図15）。

*26 作者不明「市村座場内図屛風」（享保十八（一七三三）年、早稲田大学演劇博物館、請求番号：05796）。享保十八（一七三三）年十一月市村座「正本太平記」が描かれる。特定の依頼主は見出せないが、市村座座元の家紋「橘」が二ヶ所に見られる。座元であればこうした劇場の混雑ぶりを望むことから、座元本人が依頼主か。上演演目として屛風には「英分身曾我」と表記されているが、せりふ正本などから「栄分身曾我」か。

*27 鳥居清広画「大芝居狂言浮絵図」（宝暦七（一七五七）年、早稲田演劇博物館蔵、請求番号：201-3704）

*28 歌川豊春画「歌舞伎芝居図」（天明八（一七八八）年、ボストン美術館蔵（Photograph © [2019/2/28] Museum of Fine Arts, Boston.））

*29 歌川豊国画「中村座内外の図」（文化十四（一八一七）年、国立国会図書館蔵）

*30 柳沢信鴻著『宴遊日記別録』（藝能史研究會編『日本庶民文化史料集成』第十三巻、芸能記録（二）、三一書房、一九七六年）

*31 「柿表紙」（〇）の伊原青々園注「主膳信成、元文二年死、二十四才、祖父《ママ》信周」。

*32 享保元（一七一六）年生、元文二（一七三七）年没。（『寛政重修諸家譜』第一巻、続群書類従完成会、一九六四年）

*33 寛文四（一六六四）年生、延享三（一七四六）年没。延宝六（一六七八）年から表高家、元禄十二（一六九九）年奥高家、享保十八（一七三三）年に引退。赤穂事件については『梶川照頼日記』（東京大学史料編纂所所収）参照。

*34 白石悌三著「『犬新山家』解題」（『資料集成二世市川團十郎』和泉書院、一九八八年所収）

*35 享保二（一七一六）年生、安永四（一七七五）年没。

*36 入田整三著「秩父地方と平賀源内との関係」（『埼玉史談』四巻五、一九三三年）

*37 享保八（一七二三）年生、天明五（一七八五）年没。漢詩集『桂源遺稿』（享和元（一八〇一）年、国立国会図書館蔵）など。

*38 元文元（一七三六）年生、天明六（一七八六）年没。

＊39　梅沢芳男著「崎門学の名君溝口浩軒侯」（伝記六巻十一、一九三九年所収）
＊40　花咲一男著『柳沢信鴻日記覚え書』（一九九一年、三樹書房）
＊41　恋川春町著『三幅対紫曾我』（安永七〔一七七八〕年、『黄表紙集（一）』古典文庫、一九六九年所収）
＊42　汝章は松平容章の雅号（小野佐和子著「六義園に見る贈答品として庭の産物」「ランドスケープ研究」六十五巻五号、二〇〇一年）
＊43　享保十（一七二五）年生、天明六（一七八六）年没（『寛政重修諸家譜』続群書類従完成会、一九六四年）。
＊44　武士は桟敷席八間を占めている。全体が六十二間であるとすれば、桟敷席の13％を武士が占めていた。
＊45　第四十代大僧正衍誉利天（郡司正勝校注「老の楽しみ抄」『近世芸道論』日本思想大系61、岩波書店、一九七二年所収）
＊46　雲光院（現江東区にある龍徳山光厳教寺の属院）の僧侶。
＊47　松林山大円寺（現目黒行人坂）の属院。
＊48　祐海は「コナタ幼少ノ時勘三郎座ニテ」（〇）という。幼い二代目團十郎が出演した演目で「碁盤忠信」のつくものは元禄十一（一六九八）年十一月、中村座「吉野静碁盤忠信」のみ。
＊49　『役者口三味線』（元禄十二〔一六九九〕年三月）
＊50　『役者懐中暦』（元文六〔一七四一〕年正月）
＊51　下中邦彦編『京都市の地名』（平凡社、一九七九年）
＊52　二代目團十郎の母お戌は初代團十郎の没後尼となり、祖父母の法事もここで営まれた。
＊53　柳沢信鴻著『宴遊日記別録』（藝能史研究會編『日本庶民文化史料集成』第十三巻、芸能記録（二）、三一書房、一九七六年）
＊54　花咲一男著『柳沢信鴻日記覚え書』（三樹書房、一九九一年）。この日信鴻は「成慶院より甘糕折詰、お隆干糕貫ふ。お永より蕎麦貫、成慶院へ遣ハす。（中略）夜、成慶院に梅酒、鯛茶貫ふ」。お隆は信鴻の側室、お永は信鴻の長男で当時大和国郡山藩藩主甲斐守柳沢保光の正室。信鴻らは成慶院が持参したものを交換していた。
＊55　三升屋二三治著『十八大通』に収録のリスト（『日本随筆大成』第二期十二、吉川弘文館、一九七四年所収）
＊56　祇徳編『ちくば集』（元文三〔一七三八〕年、加藤定彦、外村展子編『関東俳諧叢書』第五巻、関東俳諧叢書刊行会、一九九三年所収）に「沖井倅　沖光」の一句がある。編者祇徳は浅草蔵前片岡町の札差で仲氏、通称近江屋伝兵衛とされるため、「沖

井」も蔵前の札差の関係者か。

＊57　享保十九（一七三四）年十月十六日（〇）、二代目團十郎が芝居茶屋の土佐屋太七の治療について相談する。

＊58　柳沢信鴻著『宴遊日記別録』（藝能史研究會編『日本庶民文化史料集成』第十三巻、芸能記録（二）、三一書房、一九七六年）

＊59　伊原敏郎（青々園）著『歌舞伎年表』（岩波書店、一九五六年）は三月から上演とする。

＊60　宝永三（一七〇六）年初演竹本座「碁盤太平記」（近松門左衛門作）で用いられた囲碁の場面にちなむか。

＊61　板倉家は備中国松山藩藩主、備中国庭瀬藩藩主、上野国安中藩藩主、陸奥国福島藩藩主に分家。享保十九（一七三四）年、板倉氏に「御隠居」や「御老女」を確認できない。あるいは享保六（一七二一）年に死去した福島藩藩主板倉重寛関係の女性か。重寛は一度隠居したが、跡継ぎの重泰が享保三（一七一八）年に早生したために、孫勝里の後見として、享保三年から享保六（一七二一）年まで「大殿」を勤めた。

＊62　花咲一男著『柳沢信鴻日記覚え書』（三樹書房、一九九一年）

＊63　花咲一男著『柳沢信鴻日記覚え書』（三樹書房、一九九一年）

＊64　花咲一男著『柳沢信鴻日記覚え書』（三樹書房、一九九一年）

＊65　花咲一男著『柳沢信鴻日記覚え書』（三樹書房、一九九一年）

＊66　花咲一男著『柳沢信鴻日記覚え書』（三樹書房、一九九一年）

＊67　三田村鳶魚著「柳営最後の御狂言師」（『三田村鳶魚全集』第一巻、中央公論社、一九七六年）

＊68　畑尚子著『徳川政権下の大奥と奥女中』（岩波書店、二〇〇九年）、畑尚子著『江戸奥女中物語』（講談社、二〇〇一年）

＊69　楊洲周延画「千代田之大奥」（明治二十七年〜二十九年成、江戸東京博物館蔵）

おわりに

現在ヨーロッパでは、哲学者ユールゲン・ハーバーマスが提唱する「公共圏」[*1]の概念を用いて十七紀以降の演劇研究が進められている。

中世ヨーロッパの封建社会では、身分は生来個有のものとされていた。身分によって職業、結婚相手、居住地、権利等が定められ、身分が低い者は通常、身分の高い者と同等に行動することはできなかった。しかしやがて、身分を問わず誰でも平等に行動することができる空間が生まれた。公園、劇場、博物館、美術館、カフェ、レストランなどがそれで、無料もしくは料金を支払うことで、誰もが利用することができた。[*2]

このような場所は「公共圏」と呼ばれる。公共空間である劇場や美術館において、人々は身分によらず同一の作品を鑑賞し、また政治や社会問題について互いに議論することも可能になっていった。こうした行動によって、身分を超えた文化が醸成されることとなり、民主化を促した。公共圏の出現は、民主主義成立のさきがけと考えられているのである。

社会学者ブリューワーは、十七、十八世紀イギリスにおける美術、文学、音楽、演劇などの社会的意義について考察している。それまでは、パトロンである貴族のみが芸術作品の鑑賞を許されてきた。しかし、ブルジョワが台頭してくるにつれ、彼らもパトロンとして芸術作品の制作を依頼するようになっていった。[*3]すると注文を受けたアーティストは、それまでの貴族趣味ではなく、ブルジョワの好みに合わせた作品を制作するようになった。やがてアーティストらは誰からの注文でもなく、一般販売するために作品を制作するようになり、こうして芸術は商品化していった。こうした作品は身分を問わず誰もが購入でき、貴族らも手に入れるようになった。その結果、身分制度を越えて社会全体に共通する文化が生まれ、これが民主化の基礎になった。[*4]

演劇研究者ワーグナーらによる十九世紀ドイツ演劇研究において、当時の劇場は公共圏であると位置づけられている。[*5] 商業演劇としての上演機会が増えると入場券が一般販売され、ブルジョワらが多数来場した。すると彼らが好むテーマの演劇が上演されるようになり、貴族や政治を批判する作品が増加した。その結果、さらに民主化が加速したと論じているのである。

ヨーロッパでのこうした研究を踏まえ、筆者は江戸歌舞伎劇場も公共圏として捉えられるのではないかと考えている。

これまで日本でも、劇場とは単に演劇が行われるだけでなく、さまざまな業者が関わる「場」であり、多くの社会的役割を担うとされてきたが、いまだ公共圏としての位置づけはなされていない。

本書で考察してきたように、江戸歌舞伎劇場は、これまで歌舞伎のおもな観客とされてきた町人のほか、大名や上流の女性、高位の僧侶らさまざまな身分のひとが入場していた（第5章、第8章）。また、古典文学を取り入れた演出が好評を博すなど、歌舞伎関係者と観客が文学的教養を共有し（第1章）、煙草などを演出に取り入れると、喫煙の文化が社会に広がり、ここでも歌舞伎関係者と観客が、また観客同士が身分を超えて文化を共有することになった（第4章）。

入場料を支払うことで観客は自由に演劇を鑑賞することができ、こうして歌舞伎が商業化していった。助六や不動明王などの演技・演出は定型化され、市川家のお家芸として定着していった。いわば著作権が認められ、芸そのものが、役者が所有する商品となっていったのである（第2章、第4章）。

ヨーロッパと違い江戸歌舞伎劇場において、政治的・社会的問題を直接扱う作品が上演されることはなく、民主主義の萌芽もなかった。しかし人々は身分を超えて劇場を訪れ、文化が共有され、演技・演出が商品化された。江戸歌舞伎劇場は公共圏と認めるだけの要件を備えているといえるであろう。

公共圏としての江戸歌舞伎劇場が、なぜ享保期に発生したのだろうか。それは、この時期に江戸歌舞伎劇場をめぐって形成された商業圏と関連しているのではないか。

江戸の歌舞伎興行と寺社の開帳興行は互いに影響し合いながら、両者とも集客に努めた（第2章）。芝居茶屋は歌舞伎劇場の桟敷席を管理し、飲食のサービスを提供するようになった（第7章）。歌舞伎役者はもぐさなどの商品を宣伝し、せりふ正本や番付など出版物を制作した（第3章）。このように歌舞伎劇場はさまざまな業者を巻き込み、大きな商業圏を形成していた。江戸歌舞伎劇場はその要《かなめ》だった。

経済の中心にいた江戸歌舞伎劇場が経営不振により休座に追い込まれると、商業圏の崩壊を恐れた近隣の地主や芝居茶屋らは、劇場関係者と一致協力して「控櫓」の仕組を生み出し、歌舞伎劇場の消失を回避した。商業圏の維持につとめたのだった（第6章）。

このように江戸歌舞伎劇場は商業圏の成立に不可欠な存在であった。そのため、当時御法度とされていた、劇場内における身分を越えた人々の同席さえ黙認されていた。享保期の江戸歌舞伎劇場は、民主化の流れからではなく、経済的な要請から公共圏として成立したといえるであろう。

＊　＊　＊

今後、歌舞伎劇場の誕生から不即不離の関係にあった芝居茶屋の商業圏における位置付けをすすめていく。芝居茶屋がいつから桟敷席を管理するようになったか、また、芝居茶屋が歌舞伎の上演期間や演目、舞台上の演技・演出にどのような影響を与えていたか。こうした歌舞伎劇場と芝居茶屋の関係については、今後さらに明確にしていきたい。

さらに、さまざまな身分の人が利用した芝居茶屋では句会が開催されるなど、文化サロンが形成された。こうした身分を超えた人々の関係性などについても研究を深め、芝居茶屋も公共圏として位置付けられることを試みる。享保期江戸歌舞伎のさまざまな面を照らし出す二代目市川團十郎の日記の研究を、今後も継続していく。

注

＊1　Juergen Habermas, *Strukturwandel der Öffentlichkeit*, Suhrkamp Verlag, 1962.

＊2　Christopher Balme, *The Theatrical Public Sphere*, Cambridge University Press, 2014.

＊3　Ann Bermingham and John Brewer, *The Consumption of Culture*, Rootledge, 1995.

＊4　John Brewer, *The Pleasures of the Imagination*, HarMerCollisn, 1997.

＊5　Maike Wagner, *Theater und Öffentlichkeit im Vormär*, Akademie Verlag, 2013.

あとがき

二〇〇五年、立教大学に留学したとき、同大学の教授渡辺憲司先生から二代目市川團十郎の日記の存在を教えていただいた。目を通してみると、鯨が行徳浦の浜に流れ着いたこと、二代目團十郎が大名らと大酒を飲み、喜々として煙草を吸っていることなど、三百年も前の様子をありありと感じることができた。さらに読み進めると、江戸歌舞伎がテレビドラマのように上演されていたことや、集客のためにさまざまな工夫を行っていたことなど、それまでの歌舞伎に対する先入観を揺るがす記述に溢れていた。そして研究するに価する資料だと直感した。

こうして研究をはじめたのだが、読解はなかなか進まなかった。まず登場人物を選出していったのだが、俳号でしか表記されてないため特定しにくく、難読の俳諧や狂歌が頻出し、関連資料も未翻刻だった。そこで立教大学教授加藤定彦先生の丁寧なご指導、加藤睦先生や水谷隆先生からご助言をいただき、徐々に理解を深めることができた。諸先輩、また後輩の皆様の応援にも深く感謝している。

また、国文学研究資料館名誉教授武井協三先生にはお忙しいなか、本書校正刷りにお目通しくださり、数々の貴重なご指摘をいただいた。また、東京大学教授で国文学研究資料館館長ロバート　キャンベル先生からは推薦文を賜った。まことにありがとうございます。

本書の出版に当たり、版元の文学通信、また編集・校正を手伝っていただいた中嶋一郎氏に感謝申し上げる。

二〇一九年二月

ビュールク　トーヴェ

初出一覧

第1章　二代目團十郎の読書体験と演技・演出――「享保期歌舞伎典拠考―二代目団十郎の日記をもとに」（歌舞伎学会、平成二十八年度秋季大会、発表）

第2章　江戸の開帳興行――「二代目団十郎と江戸の開帳興行―不動明王を中心に―」（『大衆文化』第九号、二〇一三年九月）

第3章　宣伝の演出と印刷物の制作――「二代目市川団十郎の宣伝活動―もぐさ売り初演やせりふ正本を中心にして」（『歌舞伎―研究と批評』第五十二号、二〇一四年九月）

第4章　「助六」と喫煙の演出――「二世団十郎と歌舞伎における喫煙の演出」（『立教大学日本文学』第百五号、二〇一〇年十二月）

第5章　享保期江戸歌舞伎の劇場経営――「二代目市川団十郎と劇場経営―享保十九年の江戸歌舞伎」（『立教大学日本文学』第百九号、二〇一三年一月）

第6章　森田座の休座と控櫓による河原崎座の旗揚げ――書きおろし

第7章　享保期の芝居茶屋――Early Modern Theatre Teahouses and Theatre-Goers, European Association for Japanese Studies, 2017.（発表）

第8章　江戸歌舞伎の観客――「江戸中期歌舞伎の桟敷客一考」（『演劇研究会会報』第四十二号、二〇一六年三月）

本書は独立行政法人日本学術振興会平成三十年度科学研究費補助金（研究成果公開促進費・課題番号 18HP5035）の交付を受けて出版するものである。

人名・役名索引

か

さ

た

な

は

ま

や

ら

わ

書名・作品名・事項索引

さ

た

な

は

ま

や

ら

わ

著　者

ビュールク　トーヴェ・ヨハンナ　BJÖRK, Tove Johanna

1974年フィンランド生まれ。2000年、アーボ・アカデミー大学（フィンランド・トルク）大学院博士前期課程修了、修士（国際法）。2002年、フンボルト大学（ドイツ・ベルリン）で日本学研究を開始、2014年、立教大学日本文学博士課程後期課程修了、博士（文学）。2014年10月より埼玉大学人文社会科学研究科・准教授（現職）。

二代目市川團十郎の日記にみる享保期江戸歌舞伎

ビュールク　トーヴェ

2019（平成31）年2月28日　第1版第1刷発行

ISBN978-4-909658-09-8　C0095　

発行所　株式会社 **文学通信**

〒115-0045　東京都北区赤羽1-19-7-508

電話 03-5939-9027　Fax 03-5939-9094

メール info@bungaku-report.com ウェブ http://bungaku-report.com

発行人　岡田圭介

装　丁　岡田圭介

組　版　岡田圭介

印刷・製本　モリモト印刷

ご意見・ご感想はこちらからも送れます。上記のQRコードを読み取って下さい。

※乱丁・落丁本はお取り替えいたしますので、ご一報下さい。書影は自由にお使い下さい。